JASMIN TABATABAI
Schauspielerin („Amelie rennt")

DAVID HASSELHOFF
Schauspieler und Sänger („Baywatch")

FAHRI YARDIM und CHRISTIAN ULMEN
Schauspieler („Jerks")

KATRIN GÖRING-ECKARDT
Fraktionsvorsitzende von BÜNDNIS 90/DIE GRÜNEN

GUIDO MARIA KRETSCHMER
Modedesigner

JAKE GYLLENHAAL und REBECCA FERGUSON
Schauspieler („Life")

LESLIE MANDOKI und KLAUS DOLDINGER
Musik-Legenden

SAMI KHEDIRA
Fußball-Weltmeister

VALENTINA PAHDE, ULRIKE FRANK und WOLFGANG BAHRO
Schauspieler („GZSZ")

Herausgeber: Julian Reichelt
Redaktionelle Leitung & Text:
Ralph Große-Bley
Art Director: Jan Gerke
Fotoredaktion: Silke Brüggemeier,
Julia Spitczok von Brisinski
Layout & Produktion:
Vivian G. Gödicke (Ltg.),
Ina Buschner
Technische Koordination:
Melanie Seidel
Bildbearbeitung:
Imagepool
Druck und Weiterverarbeitung:
Mohn Media Mohndruck GmbH, Gütersloh
Printed in the EU
ISBN 9783942656191

BILD DAS JAHR 2017

WAS UNS BEWEGTE

Herausgegeben von Julian Reichelt

INHALT

DAS JAHR WAR

STRESSIG

Es kommt vor, dass einem die Arbeit zum Hals heraushängt – wie Hütehund Izzy auf der Insel Tasmanien (Australien).

DAS JAHR WAR

LÄSSIG

Mit 50 Euro in der Tasche ist Christopher Schacht (23) aus Schleswig-Holstein vier Jahre um die Welt gereist. Sein Foto von einem Großsegler in der Südsee macht neidisch.

DAS JAHR WAR

ABGESTÜRZT

Martin Schulz wollte mit der SPD ins Kanzleramt stürmen. Im Abschluss haperte es bei dem Hobby-Kicker aber gewaltig.

DAS JAHR WAR

AUFGESTANDEN

Das Comeback der FDP bei der Bundestagswahl machte Christian Lindner stark. Beim Machtpoker in Berlin verließ er aber als Erster entnervt den Tisch.

DAS JAHR WAR

TÖDLICH

Das Auge des gewaltigen Hurrikans Irma, der durch die Karibik auf die USA zurast, fotografiert aus dem Weltall. Rot ist der Tod.

DAS JAHR WAR

RÖTLICH

Irgendwas ist da ins Auge gegangen, bei Superstar Helene Fischer. Lächeln kann die Schlager-Königin bei der Bambi-Verleihung trotzdem.

DAS JAHR WAR

TEUER

Für die Weltrekord-Summe von 381 Mio. Euro hat ein saudischer Prinz das um 1500 gemalte da-Vinci-Bild „Salvator Mundi" ersteigert. Es hängt künftig in Abu Dhabi.

DAS JAHR WAR

WERTLOS

Der Videobeweis in der Bundesliga und beim Confed-Cup in Russland erweist sich als Eigentor. Es wird nicht weniger, sondern mehr gestritten.

DAS JAHR WAR

ENDE

Es ist nicht viel übrig von dem Reisebus, der auf der A9 einen Lkw-Anhänger gerammt hat und in Flammen aufgegangen ist. 18 Menschen sterben im Feuer.

DAS JAHR WAR

ANFANG

Prinz George guckt etwas motzig, der Papa, Prinz William, erklärt ihm sicher, dass ein Royal von Anfang an lächeln soll, wenn die Menschen winken, wie hier in Warschau.

DAS JAHR WAR

EINFLUSSREICH

Influencerin Pamela Reif verzaubert täglich meherere Millionen Follower mit ihren Fitness-Tipps bei Instagram.

DAS JAHR WAR

MACHTLOS

In Venezuela (Südamerika) begehrt das Volk erfolglos gegen den sozialistischen Präsidenten Nicolás Maduro auf. Steine fliegen. Und Kugeln gegen die Demonstranten.

DAS JAHR WAR

IN DER SCHWEBE

Angela Merkel startet mit der Flugbereitschaft zu einem Wahlkampftermin.
Einer der unzähligen, schwebenden Momente 2017 – politisch.

s.Oliver

VORWORT

Julian Reichelt, Vorsitzender der BILD-Chefredaktion

Liebe Leserinnen, liebe Leser,

Sie halten ein historisches Jahrbuch in den Händen, denn wenn diese Seiten in Druck gehen (und höchstwahrscheinlich auch, wenn das Buch im Laden liegt), hat Deutschland keine Regierung. Das gab es noch nie. Natürlich funktioniert Deutschland trotzdem weiter, aber das liegt vor allem an den normalen Menschen, die jeden Morgen aufstehen, zur Arbeit gehen, die besten Produkte der Welt herstellen und so ihre Familien ernähren.

In Deutschland bricht nichts zusammen, wenn wir mal keine Regierung haben, aber Politik „Made in Germany" war 2017 nicht gerade ein Gütesiegel. Die Bundestagswahl war ein verhallter Alarmschrei: Fast jeder vierte Abgeordnete in unserem Parlament gehört nun einer Partei an, die entweder die Wehrmacht verherrlicht oder sich nie wirklich von den Todesschüssen an der Mauer distanziert hat. Welch bitteres Wahlergebnis für ein Land mit unserer Geschichte. Und wie hat die Kanzlerin das kommentiert? „Ich kann nicht erkennen, was wir jetzt anders machen müssen", sagte sie nach dem Wahlabend. Der Satz ist für mich symptomatisch für Politiker, die den Kontakt zur Realität verlieren. Merkel hielt im Wahlkampf die „Ehe für alle" für wichtiger als die Frage, wie Deutschland das mit den Flüchtlingen schaffen soll – und was sie dazu beiträgt. Was für eine grandiose Fehleinschätzung.

2017 war das Jahr, in dem unser Staat beim G20-Gipfel in Hamburg dem tobenden Hassmob die Straße überließ, während Merkel, Putin, Trump und Co. in der wunderschönen Elbphilharmonie „Freude schöner Götterfunken" hörten. Draußen kamen die einzigen Funken von brennenden Barrikaden. Der Mob bewies: Wenn er die Straße haben will, dann kriegt er sie. Was für eine bittere Erkenntnis. Bis heute haben die politisch Verantwortlichen (Bürgermeister Scholz, auch hier wieder Angela Merkel) nicht verstanden, wie viel Vertrauen in den Staat dort verloren gegangen ist. Und sie haben deswegen auch nichts getan, um dieses Vertrauen zurückzugewinnen. Für 2018 hoffe ich sehr, dass sich das ändert, bevor sich jemand anderes das Vertrauen der Deutschen erschleicht.

Mein Highlight des Jahres 2017 war eine Nacht in London. Im Wembley-Stadion sah ich das Ende einer Ära und den Beginn einer neuen: Wladimir Klitschko scheiterte in einem spektakulären Kampf um die Weltmeister-Krone gegen Anthony Joshua. Es gibt selten würdevolle Abgänge im Boxen. Klitschko war der Größte und hat im rechten Moment erkannt, dass es Zeit für die Zukunft ist. Das wünsche ich mir auch für 2018.

JANUAR 2017

Donald Trump schwört Amerika auf sich ein

■ Es ist 12.01 Uhr an diesem 20. Januar 2017. Donald Trump (70) legt vor dem Kapitol in Washington die Hand auf die Bibel seiner Mutter und die rote Lincoln-Bibel und schwört den Amtseid als 45. Präsident der Vereinigten Staaten von Amerika. Seine Ehefrau Melania (46) hält die Bibeln und versucht, ein bisschen auszusehen wie einst Jackie Kennedy. Ja, es ist wirklich wahr: Dieser ungehobelte Milliardär, der das Land wie ein Unternehmen führen will, ist jetzt tatsächlich der mächtigste Mann der Welt. Sein „America First" macht vielen Angst. Nicht zu Unrecht.

HOLY BIBLE
REVISED STANDARD VERSION

Er spricht nicht, er brüllt: Trump wettert gegen die Politiker, die nur für sich selbst gesorgt hätten

Mit geballter Faust hält Donald Trump seine Antrittsrede als US-Präsident. Er rechnet mit dem Polit-Establishment ab

Die Trump-Show „America First“

Er ist der 45. US-Präsident, obwohl der Republikaner bei der Präsidentschaftswahl am 8. November fast drei Millionen Stimmen weniger bekam als die Demokratin Hillary Clinton (69). Das amerikanische Wahlmänner-System macht es möglich.

Und jetzt ist seine Zeit gekommen, der 20. Januar ist SEIN Tag: Donald Trump (70) tritt sein Amt an – 4000 geladene Gäste verfolgen die Zeremonie vor dem Kapitol in Washington, rund 900 000 auf den Straßen der US-Hauptstadt.

Nachdem er den Amtseid gesprochen hat, legt Trump in seiner 14-minütigen Antrittsrede los: „Ab jetzt gilt America First“. Wie kein neu gewählter US-Präsident vor ihm rechnet Trump mit seinen Vorgängern ab – mit dem Polit-Establishment in Washington: „Heute übergeben wir nicht nur die Macht von einer Partei an die andere, von einem Präsidenten an den anderen. Heute nehmen wir die Macht von Washington D.C. und geben sie zurück: euch, den Bürgern!“

Und: „Wir werden zwei Maximen folgen: Kauf amerikanisch und stell Amerikaner ein.“ America First.

Trumps Botschaft an die Welt: HÄRTE, STOLZ, STÄRKE.

Die Europäer sollen mehr für die Nato zahlen, große Konzerne (z.B. die Automobil-Hersteller) sollen in den USA produzieren, die Mauer zu Mexiko soll her und Muslime aus vielen islamischen Ländern sollen nicht mehr einreisen dürfen. Das entsprechende Dekret – eine der ersten Maßnahmen Trumps. Sein erster Fehlschlag: ein US-Bundesgericht kippt das Einreiseverbot. Aber im Frühling wird Trump ein neues, entschärftes Einreiseverbot vorlegen, das nicht illegal ist.

4000 geladene Gäste erlebten die Zeremonie bei regnerischem Wetter vor dem Kapitol

Seit dem 20. Januar ahnt die Welt, was auf sie zukommt. Ein US-Präsident, der den Klimawandel für Spinnerei hält, der Medien für Staatsfeinde hält und am liebsten per Twitter regiert.
Es werden raue Zeiten. Das war schon absehbar nach dem exklusiven Interview mit Trump, das BILD am 16. Januar veröffentlichte. Da sagt Trump Sätze wie: „Die Nato hat Probleme, sie ist obsolet". Und: „Merkel hat einen äußerst katastrophalen Fehler gemacht, und zwar, all diese Illegalen ins Land zu lassen." Das Interview, das BILD-Herausgeber Kai Diekmann im Trump-Tower in New York führte, macht weltweit Schlagzeilen. Meint dieser Mann, der deutsche Wurzeln hat und Ordnung mag, das, was er sagt, auch wirklich?

Trump mit seinem engsten Stab im Oval Office

Donald Trump mit seiner Familie (v. l. n. r.): Ehefrau Melania (46), Sohn Barron (10), Sohn Donald Jr. (39) und die Töchter Ivanka (35) und Tiffany (23)

Immerhin lächeln sie gemeinsam: Barack Obama mit seiner Frau Michelle (l.) und seinem Nachfolger Donald Trump mit Ehefrau Melania

Trumps Vize-Präsident Mike Pence bei der Vereidigung

BILD-Herausgeber Kai Diekmann beim Exklusiv-Interview mit Donald Trump in New York

Hillary Clinton kam mit ihrem Mann Bill, sah immer noch angegriffen aus

HERBERT BAUERNEBEL
BILD-Reporter

Ein Trump-Anhänger grölt am Kapitol: „Du siehst nicht amerikanisch aus"

Vor mir steht auf der Terrasse des Kapitols Donald Trump. Hinter ihm auf festlich dekorierten Tribünen sitzen die Mächtigsten Amerikas: Kongress-Abgeordnete, Ex-Präsidenten, Höchstrichter, Wirtschaftskapitäne, sonstige Prominente.
Gerade hat der New Yorker Milliardär die Hand zum Amtseid erhoben: „I solemly swear ...". Jetzt also ist er gekommen, der Moment: Donald J. Trump ist 45. Präsident der USA. Trump reckt bei einer wahren Donnerrede das Kinn nach vorne. „Amerika zuerst! Amerika zuerst!", dröhnt er. 15 Minuten und 1433 Worte später ist klar: Es war ein frommer Wunsch zu glauben, Trump würde sich als Präsident um einen versöhnlicheren Kurs bemühen. Stattdessen präsentiert er sich eher als Führer des weißen Provinz-Amerikas. Schon bei meiner Ankunft in Washington D.C. erlebe ich, dass ein anderer, kälterer Wind weht. Unweit des Bahnhofes beschimpft ein weißer Souvenirverkäufer einen Afroamerikaner mit dem N-Wort. Dann spuckt er ihn auch an. Ich beobachte die Szene wie schockgefroren.
Bei der Parade vom Kapitol zum Weißen Haus ist der Enthusiasmus der Trump-Anhänger offensichtlich: Sie tragen die roten „Make America Great Again"-Kappen, schwenken US-Flaggen, recken aufgeregt ihre Köpfe nach oben bei der Vorbeifahrt des Konvois. Aber ganze Straßenblöcke entlang der Route bleiben menschenleer. Es ist ein erster Rückschlag für den eitlen Republikaner: Er wird von weit weniger Menschen gefeiert als Barack Obama bei seinem Amtsantritt. Zum Schlüsselerlebnis für mich an diesem 20. Januar wurde jedoch der Moment, als ich selbst von einem Trump-Anhänger beflegelt wurde. Der beschwert sich, dass wir Reporter ihm die Sicht verstellen würden. „Haut ab, verdammte Presse", brüllt er. Ich drehe mich um: „Ja du! Du siehst nicht amerikanisch aus!", grölt er. Ich schüttle den Kopf: Wenn man als Weißer nicht mehr amerikanisch genug aussieht, was erwartet jetzt Minderheiten im Trump-Amerika?

Montag, 2. Januar

Dienstag, 3. Januar

Mittwoch, 4. Januar

Donnerstag, 5. Januar

FRAUCHEN WURDE ERMORDET

Ein neues Zuhause für Deutschlands traurigsten Hund

„Isamu" mit seinem neuen Frauchen – die beiden verstehen sich

■ Das Happy End einer traurigen Geschichte wärmt Anfang Januar die Herzen der BILD-Leser. Mehr als 14 Monate saß Schlittenhund „Isamu" (9) apathisch im Münchner Tierheim. Der Rüde, ein Alaskan Malamute, hatte im Oktober 2015 den Mord an seinem Frauchen (30) mit ansehen müssen, war seitdem traumatisiert. Jetzt gibt ihm die Kunstmalerin Friederike Turek (62) ein neues Zuhause.

November 2015: Traurig, apathisch liegt der Schlittenhund auf seiner Decke im Tierheim

Gas-Tragödie in Unterfranken

Ermittler vor der Gartenlaube, in der die Teenager starben

Sechs Jugendliche sterben bei Geburtstags-Party in Gartenlaube

■ In Arnstein (Unterfranken) macht sich morgens ein Vater auf den Weg zu seiner Gartenlaube. Seine Tochter hat dort am Vorabend mit ihrem Bruder (19) und vier gleichaltrigen Freunden ihren 18. Geburtstag gefeiert. Und jetzt sind alle tot. Vergiftet. Der Vater ruft sofort den Notarzt, aber es ist nichts mehr zu retten.
Die Ursache der schier unfassbaren Katastrophe ist schnell ermittelt. Aus einem mit Benzin betriebenen Stromgenerator sind große Mengen giftiges Kohlenmonoxid ausgetreten. Die Abgasleitung war laienhaft zusammengebastelt. Der Stromgenerator, den der Vater in die Laube gestellt hat, hätte nur im Freien betrieben werden dürfen. So kommt Andreas P. (52), der seine beiden Kinder verloren hat, im Oktober wegen fahrlässiger Tötung vor Gericht. Das Urteil: 2 Jahre auf Bewährung. Bestraft ist der Mann genug.

TECHNIK

Das iPhone feiert 10. Geburtstag

■ Viele Kinder glauben, das iPhone gibt es schon seit dem Mittelalter, tatsächlich wird das revolutionäre Smartphone am 9. Januar erst zehn Jahre alt. In San Francisco hatte Apple-Mitgründer **Steve Jobs** († 56) auf einer Entwickler-Konferenz wie nebenbei „one more thing" („eins noch") angekündigt: das erste iPhone. Seitdem hat Apple 15 Modelle auf den Markt gebracht – und ist steinreich geworden.

BAHNHOF VERPASST

Mann zieht bei Tempo 160 Zug-Notbremse

■ Die Polizei fahndet im Raum Bremen nach einem Bahn-Fahrgast – wegen gefährlichen Eingriffs in den Bahnverkehr. Der Unbekannte zog zwischen Nordenham und Bremen bei Tempo 160 die Notbremse, weil der Zug nicht an dem von ihm gewünschten Bahnhof hielt. Er hat sich darüber auch beim Lokführer beklagt. Nach der Notbremsung sprang der Mann aus dem Zug und verschwand. Auf keinen Fall nachmachen!

Freitag, 6. Januar

Samstag, 7. Januar

Montag, 9. Januar

Dienstag, 10. Januar

Hamburg strahlt im Glanz der Elbphilharmonie

Die „Elphi", Hamburgs neues Wahrzeichen an der Elbe. 120 000 qm groß, mit Hotel und 44 Luxus-Wohnungen

Nach 10 Jahren Bauzeit ist Deutschlands spektakulärster Konzert-Tempel endlich fertig

Das NDR Elbphilharmonie Orchester im Großen Saal

■ Ein großer Tag für die Kultur in Deutschland. Am 11. Januar wird endlich, endlich, endlich die Elbphilharmonie eröffnet. Der spektakuläre Bau der Stararchitekten Jacques Herzog (66) und Pierre de Meuron (66) hat viele schier zur Verzweiflung gebracht: immer neue Bauverzögerungen, immer neue Kosten. Einst für 77 Mio. Euro geplant, hat die „Elphi" am Ende satte 786 Mio. Euro verschlungen. Aber jetzt sind alle glücklich: Kanzlerin Angela Merkel (62) kommt zur Eröffnung, Bundespräsident Joachim Gauck (76) auch. Insgesamt 2000 Gäste staunen im Großen Saal: dieser Klang, diese Architektur! Weltklasse! Die „Elphi" wird zum Kassenschlager: Glücklich ist, wer Konzertkarten ergattern kann.

Hamburgs Generalmusikdirektor Kent Nagano (65)

Roman Herzog war von 1994 bis 1999 Bundespräsident

„Das Fragenstellen ist das schärfste Schwert, das der Bundespräsident hat"

■ Er hat gefragt. Er hat gemahnt. Gelacht und geliebt. Nach 82 Jahren endet am 10. Januar 2017 das Leben von Altbundespräsident Roman Herzog in Bad Mergentheim (BaWü). Mit seiner Berliner Rede schrieb Herzog im April 1997 Geschichte. „Durch Deutschland muss ein Ruck gehen", forderte er. Ein Satz für die Ewigkeit. Womöglich lässt sich Herzog, von 1994 bis 1999 der siebte Bundespräsident, durch solche Sätze am besten verstehen.

Seine Reden schrieb er mit dem Bleistift. Ein Niederbayer mit dem Ohr am Volk. Roman Herzog – Uniprofessor, Minister, Präsident des Bundesverfassungsgerichts. Zwei Söhne, Ehefrau Christiane stirbt 2000 im Alter von 63 Jahren. „Ich wäre am liebsten mit meiner Frau gestorben", sagte er damals. Lebensmut fand Herzog bei seiner neuen Frau, Alexandra.

Was bleibt von Roman Herzog? Seine Bodenständigkeit, sein Witz, sein unendlicher Optimismus. „Es gibt einen alten Spruch: Die ganze Dunkelheit der Welt reicht nicht aus, das Licht einer einzigen Kerze zu löschen." Das sagte Herzog Weihnachten 1998. Roman Herzogs Stimme wird weiter leuchten, wie die Kerze in der Dunkelheit.

ROMAN HERZOG

Der Altbundespräsident blieb bis zum letzten Tag ein überzeugter Optimist

Mittwoch, 11. Januar

Donnerstag, 12. Januar

Freitag, 13. Januar

Samstag, 14. Januar

SPAR-SCHWEINEREI

Erste Bank nimmt keine Münzen mehr an

■ Ist das etwa die Zukunft? Die Sparda-Bank Hannover nimmt in 23 ihrer 25 Filialen keine Münzen mehr an – und gibt auch keine mehr raus. Für die meisten ihrer Kunden spielten „Münzen eine immer kleinere Rolle". Ist das wirklich so? Oder wollen die Banken nur Kosten sparen? Viele Institute verlangen inzwischen Gebühren für die Münz-Annahme. Verrücktes Geld.

TERROR IN BERLIN

War Attentäter Amri ein V-Mann der Behörden?

■ Gut drei Wochen nach dem ISIS-Anschlag auf den Berliner Weihnachtsmarkt (12 Tote) werfen neue Erkenntnisse über Attentäter **Anis Amri** († 24) Fragen auf: War der abgelehnte tunesische Asylbewerber ein V-Mann des Verfassungsschutzes? Wussten staatliche Stellen von den Anschlägsplänen? Ein V-Mann des Landeskriminalamtes NRW fuhr Amri im März 2016 von Dortmund nach Berlin. Amri erzählt, dass er für Allah töten will. Niemand hat ihn gestoppt. Der Fall wird zum Skandal.

EINGENICKT

Polizei muss Streit in der Oper schlichten

■ In Nürnberg wird die Polizei zum Opernhaus gerufen. Es gibt Ärger, weil ein Mann (50) bei der Aufführung eingeschlafen ist und beim ruckartigen Aufwachen ungewollt die Brille seiner Sitznachbarin kaputt gemacht hat. Es gibt Streit. Die Polizei kann der Frau nur raten, den Schaden (600 Euro) einzuklagen, wenn der Schläfer nicht zahlen will.

Der Weihnachtsmarkt-Anschlag in Berlin

Der Tatort am Breitscheidplatz: Zwölf Menschen starben bei dem Anschlag

BILD gibt den Opfern des Terrors ein Gesicht

■ Man weiß wenig, sehr wenig, über die Opfer des Anschlags auf dem Weihnachtsmarkt in Berlin. Bis sich eine Studentin an BILD wendet: Valeriya (22) hat ihre Eltern bei dem Attentat verloren. Erst nach Tagen erfuhr sie die schreckliche Wahrheit. Valeriya war mit ihrem Freund in Hamburg, an jenem 19. Dezember. Um 19.53 Uhr schickte ihr Vater eine WhatsApp-Nachricht mit einem Foto, das Valeriyas Mutter Anna (44) mit Glühwein-Becher auf dem Weihnachtsmarkt am Breitscheidplatz zeigt – Minuten vor dem Lkw-Attentat.
In einer großen BILD-Serie schildert Valeriya ihre schlimmen Erfahrungen mit den Behörden danach. Wie sie nach Tagen die ganze Wahrheit erfahren hat („Ihre Eltern sind tot. Haben Sie noch Fragen?"). Wie sie statt Hilfe eine Rechnung der Charite bekommt – für die Untersuchung eines unbekannten Toten. BILD-Leser helfen der jungen Studentin großzügig, weil es der Staat offenbar nicht kann. Verstörend.

Die Eltern Anna und Georgiy waren aus der Ukraine nach Berlin gekommen

Valeriya ist schockiert, wie die Behörden sie behandelt haben

MONTAG, 16. JANUAR 2017
Bild
EXKLUSIV
Erstmal zu Penny
GROSSER PENNY WSV
-75%
PENNY.
DSCHUNGELCAMP
DR. BOB MACHT DEN KANDIDATEN-CHECK
Trump spricht in BILD!
Amerikas neuer Präsident

Montag, 16. Januar

DIENSTAG, 17. JANUAR 2017
Bild
BERLINER STUDENTIN (22)
Meine Eltern starben auf dem Weihnachtsmarkt
DIE REAKTIONEN
Podolski nach Japan?

Dienstag, 17. Januar

ANGRILLEN
So, 28.01.
Wer ist nur ein bisschen irre und wer ist wirklich krank?
Psycho-Akte Dschungel-Camp!
MITTWOCH, 18. JANUAR 2017
Bild
UNSERE JUNGS WEITER
WEIHNACHTSMARKT-ANSCHLAG
Valeriya So erfuhr ich vom Tod meiner Eltern

Mittwoch, 18. Januar

DONNERSTAG, 19. JANUAR 2017
Bild
Inflation
Was jetzt plötzlich teurer wird
Höchster Preisanstieg seit mehr als drei Jahren • Die große Produkt-Liste
Valeriyas trauriger Abschied von den Eltern
Millionen Frauen jubeln
FIFA WILL ABSEITS ABSCHAFFEN
DSCHUNGEL-CAMP
Hankas Mutter „Ich habe kein Mitleid"

Donnerstag, 19. Januar

VIER SOLDATEN TOT

Palästinenser verübt Lkw-Anschlag in Jerusalem

Mit diesem Lkw raste der Palästinenser in die Soldaten

■ Im Osten von Jerusalem rast am 8. Januar ein Palästinenser (28) mit einem Lkw absichtlich in eine Gruppe junger israelischer Soldaten, die gerade aus einem Bus ausgestiegen waren. Vier Menschen (drei Frauen, ein Mann) sterben bei dem Terror-Anschlag, mehr als ein Dutzend weitere werden verletzt.
Der Attentäter, der sich offenbar von der Terror-Bande ISIS inspirieren ließ, wird noch auf dem Fahrersitz des Lkw erschossen. Die Tat erinnert an das Lkw-Attentat beim Berliner Weihnachtsmarkt drei Wochen vorher. Die radikalislamische Hamas begrüßte den Terror-Anschlag von Jerusalem. Ekelhaft.

KLAUS WILDBOLZ (†79)

■ Ein Gentleman ist gegangen. Klaus Wildbolz ist tot. Der beliebte Seriendarsteller starb mit 79 Jahren nach kurzer, schwerer Krankheit in Wien. Bekannt geworden ist Wildbolz vor allem durch seine Rollen in „Schlosshotel Orth", „Der Bergdoktor" und „Rosamunde Pilcher". Wildbolz, dessen Familie Schweizer Wurzeln hat, wurde 1937 in Wien geboren und begann seine Karriere als Theaterschauspieler. Später moderierte er auch die beliebte ARD-Quiz-Show „Schnick-Schnack". Wildbolz hinterlässt seine 41 Jahre jüngere Freundin Nadine. Seine Ehe mit Barbara (starb 2008 an Krebs) war kinderlos geblieben.

DIETZ-WERNER STECK (†80)

■ Hut, Trenchcoat, schwäbischer Dialekt – das waren seine Markenzeichen: Kult-Kommissar Bienzle ist im Alter von 80 Jahren gestorben. Zwischen 1992 und 2007 jagte Dietz-Werner Steck als Hauptkommissar Ernst Bienzle im Stuttgarter „Tatort" Verbrecher. Dann machte der SWR Schluss mit Bienzle. Steck war gerade 70 – und todtraurig: „Der Bienzle war ein Teil von mir. Ich habe geheult." Seinen 80. Geburtstag feiert er im Pflegeheim. Anfang Januar wird bekannt, dass er dort zum Jahreswechsel gestorben ist. Seine letzte Ruhe findet Bienzle zwischen den Wurzeln einer großen Linde in Stuttgart. Er hinterlässt seine Frau Hanna (79, seit 1959 verheiratet), Kinder und Enkel. Ade, Bienzle.

REICHER RENTNER

3100 € pro Tag für Ex-VW-Chef Winterkorn

■ Sein Name steht für „Diesel-Gate", den mit Abstand schlimmsten Skandal in der VW-Geschichte. Bis zu 18 Milliarden Euro kann der Abgasbetrug den Konzern kosten und Zehntausende Mitarbeiter den Job. Aber der Ex-Vorstandschef **Martin Winterkorn** (69, musste im September 2015 gehen) darf sich im Januar freuen. Er kassiert jetzt 3100 Euro Betriebsrente – am Tag! Bis Ende 2016 hatte Winterkorn noch sein Managergehalt von VW kassiert. Logisch.

HAPPY NEW YEAR!

Stefan Mross liebt Puppen-Spielerin

■ ARD-Moderator Stefan Mross (41) und „DSDS"-Sternchen Anna-Carina Woitschack (24) sind frisch verliebt. Sie war in der Mross-Show „Immer wieder sonntags" aufgetreten – mit einer selbst gebastelten Stefan-Mross-Marionette.

Hollywood feiert sich selbst bei der 74. Verleihung der begehrten Preise

Schauspielerin Jessica Biel (in „Elie Saab")

Groß in Sachen guter Laune: Nicole Kidman (1,80 m) mit Reese Witherspoon (1,56 m)

Veronica Ferres (in „Dior")

★ **WO?** ★
Beverly Hills, Beverly Hilton Hotel
★ **WER?** ★
Stars und Sternchen aus der globalen Filmwelt
★ **WARUM?** ★
Preise für die besten Filme, Darsteller und Serien

Globe-Gewinnerin Meryl Streep wetterte gegen Doald Trump

Goldie Hawn und Gatte Kurt Russell

Überraschungsgast Brad Pitt

Kleine Häppchen: Kylie und Kendall Jenner

GOLDEN GLOBES

Das Musical-Drama „La La Land" ist der ganz große Abräumer

Die „La La Land"-Hauptdarsteller: Emma Stone und Ryan Gosling strahlen

★ Ein beinah historischer Triumph: Bei der 74. Golden-Globes-Verleihung räumt das Musical „La La Land" in sieben Kategorien ab – u.a. bestes Musical, beste Regie, bester Schauspieler (Ryan Gosling) und beste Schauspielerin (Emma Stone)! 1200 Gäste feiern im „Beverly Hilton Hotel" in L.A. die Sieger – und sich selbst.

Schnittige Kombi: Matt Damon (2. v. l.) mit Ehefrau Luciana Barroso (l.), Sienna Miller und Ben Afleck

Schneemassen und Geröll begraben das Luxushotel. Ausgelöst wurde die Lawine von einer Erdbebenserie in Mittelitalien. Helfer suchen tagelang nach Überlebenden

29 Tote! Lawine verschüttet Ski-Hotel in Italien

Die Anlage vor dem Unglück. Auch George Clooney soll hier schon Gast gewesen sein

Eine weiße Decke liegt über dem Berghotel. Circa 700 Meter breit war die Wand aus Schnee und Eis, als sie das Hotel niederwalzte

Dieses Foto aus dem Hotel zeigt, dass die Lawine nicht alle Räume zerstört hat

Die Retter wurden für ihre unermüdliche Arbeit belohnt: Helfer ziehen drei Hundewelpen aus den Trümmern

■ Es sind Tage des Zitterns und Betens. Stunde um Stunde kämpfen Retter am Berghotel „Rigopiano" in den italienischen Abruzzen um das Leben von 40 Menschen. 60 000 Tonnen Schnee und Geröll haben das Hotel Ende Januar verschüttet.

Nach einer Woche Suche steht fest: 29 Menschen haben nicht überlebt. Die Lawine hat das Hotel in 1200 m Höhe am Fuße des Bergmassivs Gran Sasso mit Tempo 300 überrollt.

Die gewaltige Walze zerquetschte das vierstöckige Gebäude innerhalb weniger Augenblicke. Das Hotel wird zur Todesfalle, aus der es nur elf Menschen, darunter vier Kinder, lebend schaffen – nach zwei Tagen und Nächten in den Trümmern. Unter den Toten ist auch eine Italienerin, die noch 40 Stunden und 47 Minuten nach dem Kollaps des Hotels lebte. Sie hält im Tod ihr Handy in der Hand. Ihr letzter Eintrag im WhatsApp-Chat der Familie am 20. Januar um 7.37 Uhr: ein rotes Herz.

Freitag, 20. Januar

Samstag, 21. Januar

Montag, 23. Januar

Dienstag, 24. Januar

SPRACHE

„Volksverräter" ist das Unwort des Jahres

■ Worte, die unsere Sprache nicht braucht: „Volksverräter" ist das Unwort des Jahres 2016, entscheidet eine Jury aus Sprachwissenschaftlern in Darmstadt. Es sei ein „Erbe von Diktaturen", beliebt bei Pegida- und AfD-Anhängern. 2015 war das Unwort „Gutmensch", 2014 „Lügenpresse". Dass diese Unworte aus derselben politischen Ecke kommen. – Zufall?

ABSCHIED VOM „TRAUMSCHIFF"

Heide Keller geht von Bord

Ahoi! Heide Keller mit ihren „Traumschiff"-Kollegen Nick Wilder (l.) und Sascha Hehn

■ Es war eine lange tolle Reise: Nach mehr als 35 Jahren geht Heide Keller (75) beim „Traumschiff" von Bord. Als Chef-Stewardess Beatrice war sie aus dem ZDF-Serienhit nicht wegzudenken. „Ich wollte gehen, solange ich noch auf Stöckelschuhen die Gangway runterkomme." Die letzte Folge mit ihr lief Neujahr 2018. Es war schön mit Ihnen, Beatrice!

Sie sollen die Erinnerung weitertragen: die Kinder von Hashomer Hatzair, einer internationalen Jugendorganisation in Berlin

Weltweite Aktion gegen das Vergessen des Holocaust

■ Es ist ein eindrucksvolles Zeichen gegen das Vergessen, gegen Gleichgültigkeit – und gegen Rassismus jeder Art! Zum Holocaust-Gedenktag (27. Januar) startet der Jüdische Weltkongress die Aktion „We remember" („Wir erinnern uns"). 75 Jahre nach der Wannsee-Konferenz, auf der die Nazis das systematische Töten der Juden beschlossen, zeigen Menschen aus aller Welt ihr Gesicht mit dem „Remember"-Spruch. Viele deutsche Prominente folgen dem Aufruf, den BILD unterstützt, aus Überzeugung: Schauspielerin Iris Berben, FDP-Chef Christian Lindner, Bundesjustizminister Heiko Maas (SPD), Schwimm-Legende Michael Groß, Berlins Bürgermeister Michael Müller. Sechs Millionen Beiträge sollen es bis Ende April werden – einer stellvertretend für jedes ermordete Opfer.

AUSTRALIAN OPEN

SPD-KANZLERKANDIDAT · SPD-VORSITZENDER
MITTWOCH, 25. JANUAR 2017
Bild
Gabriel wirft hin, Schulz tritt an!
ANGRILLEN
So, 28.01.
Star-Autor Wohlleben schrieb „Das geheime Leben der Bäume"
Burnout nach Bestseller!

Mittwoch, 25. Januar

DONNERSTAG, 26. JANUAR 2017
Bild
Schlägereien! Suff! Porno-Drehs! Ausbilder sind entsetzt!
Die Wahrheit über den POLIZEI-Nachwuchs!
Wie viel Macht hat TUCHEL noch?
Heide Keller hört auf!
DAS WILL SPD-SCHULZ

Donnerstag, 26. Januar

Mischa Zverev begeistert in Melbourne mit seinem Serve and Volley

Mischa hat Spaß in Melbourne, Angelique nicht

■ Bei den Australian Open in Melbourne sorgt der Hamburger Mischa Zverev (29) für Furore: Er schafft es ins Achtelfinale, trifft dort auf den Weltranglisten-Ersten Andy Murray (29) – und besiegt den Schotten klar in vier Sätzen. Im Viertelfinale ist zwar gegen den bärenstarken Roger Federer (35) Endstation. Doch Mischa Zverev steigt jetzt bis auf Platz 35 der Weltrangliste (Anfang 2016 war er nur 171.). Tendenz: steigend. Die Weltrangliste-Erste, Angelique Kerber (29), kann ihren Titel in Melbourne nicht verteidigen. Sie verliert im Achtelfinale, rutscht in der Weltrangliste auf Platz 2. Tendenz: stark fallend.

Feierabend: Angelique Kerber fliegt schon im Achtelfinale raus

Freitag, 27. Januar

Samstag, 28. Januar

Montag, 30. Januar

Dienstag, 31. Januar

ABSCHIED

Ecclestone ist nicht mehr Mister Formel 1

■ Alt genug ist er ja: Nach mehr als 40 Jahren Alleinherrschaft in der Formel 1 wird **Bernie Ecclestone** (86) von den neuen Besitzern in Rente geschickt. Der australische Medien-Milliardär John Malone (75) will mit der Formel 1 noch mehr Profit machen (bisher 2 Mrd. Euro/Jahr). Geht das?

FÜR 1 EURO

Fußball-BILD startet am 20. Januar

■ Zum Rückrundenstart der Bundesliga startet die Axel Springer SE die erste deutsche Fußball-Tageszeitung: Fußball-BILD, 32 Seiten, für 1 Euro. Fußball, Fußball, Fußball! Jede News von jedem Verein. Und Kolumnen prominenter Fußballer wie Lukas Podolski. Es ist ein Abenteuer. Ein erfolgreiches!

FÜR 43 MIO

Julian Draxler versucht sein Glück in Paris

■ Am 2. Januar landet **Julian Draxler** (23) in seiner neuen Heimat Paris. Bis zu 43 Mio. Euro zahlt PSG für den Ex-Wolfsburg-Star. Beim französischen Meister wird der Nationalspieler später im teuersten Team der Welt spielen – mit Leuten wie Neymar, di Maria, Cavani, Mbappé, Verratti. Den Scheichs sei Dank.

HANDBALL-WM

Holger Glandorf (r.) stemmt sich in den Wurf von Bertrand Roine

Die Handball-KATARstrophe

■ Bei der der Handball-WM in Frankreich läuft es für das Team von Bundestrainer Dagur Sigurdsson (43) zunächst wie geschmiert. Fünf Gruppenspiele, fünf Siege. Dann wartet im Achtelfinale das mit „Wüsten"-Legionären (Franzosen, Bosnier, Ägypter, Kubaner) gespickte Team von Katar. Gegen die sind wir schon 2015 bei der WM rausgeflogen. Und diesmal: 17:13 führen die Deutschen nach 46 Minuten. Aber es reicht nicht. Weil vorne zu wenig geht. 20:21 heißt es nach 60 Minuten. Eine KATARstrophe. Das letzte Spiel für Sigurdsson, der nach Japan geht. Ein Zeitenwechsel steht an. Weltmeister wird der Gastgeber, die Franzosen bezwingen im Finale Norwegen 33:26.

BILD-LESER-WAHL

Schumi & Neuner neu in der „Hall of Fame"

■ Die BILD-Leser stimmen über zwei neue Namen für die „Hall of Fame" der Deutschen Sporthilfe ab. Das Ergebnis der Abstimmung ist eindeutig: Formel-1-Legende Michael Schumacher (48, vor drei Jahren schwer verunglückt) und Biathlon-Idol Magdalena Neuner (29) gewannen mit großem Abstand vor Lothar Matthäus (55) und Franzi van Almsick (38).
Schumi und Neuner sind die Mitglieder Nummer 103 und 104 in der Ruhmeshalle (vorher u. a. Fritz Walter, Max Schmeling, Steffi Graf).

▲ Olympiasiegerin, Weltmeisterin: Magdalena Neuner dominierte das Biathlon bis 2012

◀ 7 x Weltmeister: Michael Schumacher, der 2014 beim Skifahren schwer verunglückte

Nach der Sturzgeburt singt Schulz aus dem alten Liederbuch der SPD

Es war DIE Topmeldung in allen Nachrichtensendungen am 24. Januar 2017: Martin Schulz wird die neue Nummer 1 der SPD! Eine Riesenüberraschung. Für die SPD, für politische Beobachter. Und für die Hauptstadt-Journalisten in Berlin.

Für mich allerdings nicht! Mir war klar, dass Sigmar Gabriel auf die SPD-Kanzlerkandidatur verzichten und Martin Schulz den Vortritt lassen würde. Und ich hatte gehofft, dass Schulz in diesem Falle auch den Parteivorsitz übernehmen würde. Das hatte ich ihm jedenfalls im November 2016 geraten. Aus leidvoller Erfahrung. Denn 2013, als ich selbst Kanzlerkandidat der SPD war, erwies es sich als Nachteil, dass Parteivorsitzender und Kanzlerkandidat nicht in einer Hand lagen. Meine war es jedenfalls nicht …

Nun also Martin Schulz. Europapolitiker von Format – aber im politischen Berlin nicht wirklich gut verdrahtet. Bodenständig und aufrichtig – aber weitgehend ohne bundespolitisches Profil. Unbelastet von Entwicklungen, die von vielen in der SPD für falsch gehalten worden waren. Kurzum: der Richtige für einen Neustart. SPD reloaded. Vor allem aber: Er WOLLTE die Kanzlerkandidatur, was ich gut und richtig fand.

Und Sigmar Gabriel wusste Ende 2016 endgültig, dass er selbst keine Chance haben würde, Angela Merkel bei der Bundestagswahl aus dem Kanzleramt zu vertreiben. Zwei vertrauliche Umfragen hatten das bestätigt: Sowohl innerhalb der SPD als auch bei den Wählern waren die Werte für den noch amtierenden Vorsitzenden und Wirtschaftsminister verheerend. Also beschloss Gabriel um den Jahreswechsel herum, die Reißleine zu ziehen.

PEER STEINBRÜCK
SPD-Kanzlerkandidat 2013

Aber – und das ist in der SPD fast schon zu einer schlechten Angewohnheit geworden – die Nominierung des Kanzlerkandidaten war auch 2017 wieder eine unkontrollierte Sturzgeburt. Wie schon 2009 und auch 2013. Per Interview im „stern“ statt vor den Gremien der Partei. Oder wenigstens mit einer Pressekonferenz. Es gab mal Zeiten, da war Organisation die große Stärke der Sozialdemokratie. Ist lange her! Egal. Der Wechsel war notwendig und am 24. Januar war es so weit. Genau acht Monate vor der Bundestagswahl. Immer noch eine lange Strecke. Viel Zeit, einen Kanzlerkandidaten zu verschleißen. Oder auch für eine Aufholjagd.

Und genau danach sah es zunächst aus. Denn was in den Wochen nach Schulz' Nominierung passierte, war in der Tat atemberaubend! Im Willy-Brandt-Haus wurden binnen kurzer Zeit 10 000 neue Mitglieder gezählt, die Umfragen zogen gewaltig an. Schnell sprach man von einem Schulz-Hype. Vom „Schulz-Zug“, der die SPD direkt ins Kanzleramt transportiert. Auf Juso-Plakaten war sogar von „Gottkanzler“ die Rede. Der Grat zwischen (Selbst-)ironie und Irrsinn ist ziemlich schmal. Denn, wie das so ist: Ein Feuer ernährt sich selbst – bis das Flammen keine Nahrung mehr finden. Danach bleibt nur heiße Asche.

Es hätte nicht so kommen müssen. Doch es wurden schwerwiegende Fehler gemacht: Der Kandidat war nicht präsent genug. Auch deswegen gingen die Landtagswahlen im Saarland, in Schleswig-Holstein und NRW verloren. Die SPD verzichtete darauf, ein schlagkräftiges Team aufzubauen. Deshalb passierten organisatorische Pannen.

Und was das Schlimmste war: Martin Schulz ließ sich von den Funktionären der SPD einreden, noch einmal aus dem alten Liederbuch der SPD von der sozialen Gerechtigkeit zu singen, anstatt Zukunftsmusik zu präsentieren. Das ging aber an den Ohren der Bürger vorbei, weil in ihrer Lebenswirklichkeit andere Fragen drängender erschienen. Zudem beschädigte es das Image des Kanzlerkandidaten Martin Schulz als neues, unverbrauchtes Gesicht. Alter Wein in neuen Schläuchen. So was merken die Menschen. Und seine Kernkompetenz, das Thema Europa, ließ er sich ganz ausreden.

Er hätte sich dagegen durchsetzen müssen. Spätestens, nachdem er am 19. März mit unfassbaren 100 Prozent zum SPD-Vorsitzenden gewählt worden war, hätte er die Kraft dazu gehabt. Aber er nutzte sie nicht. Dass sich damit die Chancen auf einen erfolgreichen Wahlkampf rapide verschlechterten, das konnte auch einem so begnadeten Instinkt-Politiker wie Sigmar Gabriel nicht verborgen bleiben.

Das Ende ist bekannt. Die SPD holte bei der Bundestagswahl 20,5 Prozent … Aber auch die „Wahlsieger“ wurden ihres Erfolges nicht froh – die Verhandlungen über eine sogenannte Jamaika-Koalition scheiterten nach quälenden Wochen des Verhandelns. Für die SPD und Martin Schulz allerdings ein schwacher Trost.

24. Januar, Berlin, Willy-Brandt-Haus: Bei der SPD geht ab jetzt Martin Schulz voran, Sigmar Gabriel lässt ihm den Vortritt, als Parteichef und Kanzlerkandidat

Ein deutscher Journalist in türkischer Geiselhaft

■ Sein Gesicht steht für die Krise, in der die deutsch-türkischen Beziehungen 2017 stecken: Deniz Yücel (43), in Hessen geboren, Sohn türkischer Einwanderer, Korrespondent der WELT/N24-Gruppe. Ein unbequemer, mutiger Journalist. Am 14. Februar wird er in Istanbul festgenommen und am 27. Februar in U-Haft geschickt. Yücel sei ein „terroristischer Agent", behauptet Präsident Recep Tayyip Erdogan (62). Kein Zweifel: Die Türkei hat Yücel als Geisel genommen. Die Bundesregierung ist empört. Aber alle Versuche, Yücels Freilassung durchzusetzen, scheitern.

Ist die Türkei noch eine Demokratie? Die Verhaftung eines unliebsamen Journalisten zeigt den Deutschen, wie gefährlich das Land unter Erdogan geworden ist

Solidarität mit Deniz Yücel

Andere wären an seiner Stelle eher nicht mehr in die Türkei gereist. Aber Deniz Yücel gehört nicht zu den anderen. Der Korrespondent der WELT/N24-Gruppe weiß, dass ihn die türkischen Behörden im Visier haben. Er berichtet kritisch über die Entwicklung des Landes, aus dem seine Eltern stammen, über den Abbau des Rechtsstaates seit dem gescheiterten Putschversuch im Sommer 2016, über willkürliche Verhaftungen von Erdogan-Gegnern, über den Abbau der Meinungsfreiheit. Yücel interviewt auch einen PKK-Kommandanten, bezweifelt, dass die Gülen-Bewegung hinter dem Putschversuch steckt.
Am 14. Februar stellt sich Yücel in Istanbul der Aufforderung zu einer Befragung durch die Polizei. Er wird in Gewahrsam genommen – und landet zwei Wochen später im Istanbuler Untersuchungs-Gefängnis Silivri. Die Vorwürfe: Aufwiegelung der Bevölkerung und Terror-Propaganda. Kanzlerin Angela Merkel nennt den Haftbefehl gegen Yücel Ende Februar „bitter und enttäuschend".
In Deutschland löst der Fall eine Welle der Sympathie für Yücel aus. Demos, Mahnwachen, ein Solidaritätskonzert am Brandenburger Tor in Berlin – Prominente und Nicht-Prominente setzen sich ein.
Erdogan reagiert mit Härte. Er ist dabei, sich zum allmächtigen Präsidenten aufzuschwingen, mit einem Verfassungsreferendum. Kritik aus Deutschland kontert er mit Beschimpfungen. Die Visa-Freiheit für Türken – in weiter Ferne. Ein EU-Beitritt – schier undenkbar. Wohl noch nie waren Deutschland und die Türkei so weit voneinander entfernt.
Das Nato-Mitgliedsland, außer Kontrolle, so scheint es. Nur der Flüchtlings-Deal mit der EU, der den Türken Milliarden Euro einbringt, der hält (noch).
Auch nach Monaten gibt es keine Anklage gegen Yücel – und Erdogan lässt weitere Deutsche verhaften. Yücel lässt sich in der U-Haft nicht entmutigen, sagen Besucher, die im Gefängnis mit ihm (hinter Glas) sprechen konnten. Was er fordert, ist ein fairer Prozess. Das ist das Wenigste.

Eine Hochzeit und ein Spatzenpaar

Am 12. April hat Deniz Yücel hinter Gittern seine Lebensgefährtin Dilek Mayatürk geheiratet. Einmal pro Woche darf sie ihn besuchen, bringt oft seine Eltern mit. Nach 100 Tagen in Isolationshaft konnte Yücel einem seiner Anwälte einen Brief diktieren, den die WELT veröffentlichte. Yücel schreibt, dass er im Gefängnis als „Agentterrorist" geführt wird, dass in der Nachbarzelle ein Richter sitzt, und im Mini-Hof seiner Zelle ein Spatzenpaar nistet.

Mit blauen Luftballons erinnern Berliner im September an den inhaftierten Deniz Yücel

Kurz nach der Verhaftung Yücels protestieren viele vor der türkischen Botschaft in Berlin

Demo mit Solidaritäts-Konzert für Denis Yücel am 3. Mai vor dem Brandenburger Tor. U.a. unterstützen „Reporter ohne Grenzen", Amnesty International und BILD die Kundgebung

PETER TIEDE
BILD-Reporter

Deniz Yücel war auf alles vorbereitet, nur nicht auf Erdogan

Eine Farm bei Manchester im November 2015: Journalisten lernen von Ex-Elite-Soldaten, wie man sich bei Geiselnahmen, Überfällen in Kriegsgebieten und in Schurken-Staaten verhält.
Mit mir dabei: Deniz Yücel, gerade von der „taz" zur WELT gewechselt als Türkei-Korrespondent.
Zweikampf, Geiselnahme, Erste Hilfe, Übungsgranaten, Verhalten an Checkpoints, unter Beschuss und bei rabiaten Verhören. Wir alle kriegen: das volle Programm. Und 'ne Prise Abenteuer.
Nur auf eines kann uns kein Elite-Kämpfer vorbereiten: auf einen Staat, der einen als Geisel nimmt.
Deniz Yücel trifft es am 14. Februar 2017 in Istanbul.
DIE TÜRKEI NIMMT IHN ALS GEISEL!
Dauereinzelhaft. Keine Anklage. Überdosis Ungewissheit. Ein Deutsch-Türke als Faustpfand gegen Deutschland. Er ist Geisel eines Nato-Staates, der in die EU will und sich immer weiter entfernt.
Der Fall Yücel beendet das In-die-Tasche-Lügen der EU und vor allem Berlins. Jeder kann jetzt sehen: Unter Erdogan rottet die einstige EU-Hoffnung Türkei dahin.
Ich habe es erlebt: 2014, als Erdogan Twitter abschalten lässt, bin ich auf einem Nato-Stützpunkt im Südosten des Landes. Und unsere Verteidigungsministerin redet von der Wertegemeinschaft – die Türkei zählt sie dazu.
Die Opposition ist nur noch unterdrückt. Der Blick in die Knäste zeigt, wie überall, wie es um die Freiheit steht: Journalisten, Künstler, Politiker sitzen für nichts und wieder nichts ein – monatelang ohne Anklage. Meinungsfreiheit? Pustekuchen! Pressefreiheit? Pfft!
Die Kollegin Viktoria Bräuner und ich interviewen Oppositionsführer Kemal Kilicdaroglu („Erdogan ist ein Diktator"). Erste Warnungen kommen: Pass auf, auch als Deutscher bist du nicht sicher! Mein Handy ist gehackt.
Ich will von Griechenland aus für eine Flüchtlingsgeschichte in die Türkei. Der dezente Hinweis: Bei Einreise drohen Probleme.
So geht es vielen Kollegen. Wir reisen nicht mehr ein.
Und Deniz Yücel kommt nicht mehr raus.
Aber wir denken an ihn: #freedeniz

Mittwoch, 1. Februar

Donnerstag, 2. Februar

Freitag, 3. Februar

Samstag, 4. Februar

Ex-Außenminister Frank-Walter Steinmeier ist neuer Bundespräsident

Blumen für Steinmeier: Kanzlerin Merkel gratuliert, in der Mitte SPD-Fraktionschef Thomas Oppermann

◀ Ursula Steinmeier zu Tränen gerührt im Reichstag: Ihr Sohn ist Bundespräsident

STEINMEIERS MUTTER

„Dass ich das erlebe“

■ Am 12. Februar wird im Berliner Reichstag ein neuer Bundespräsident gewählt, weil Joachim Gauck (77) auf eine zweite Amtszeit verzichtet hat. Über den Gewinner gibt es schon vorher keinen Zweifel: Ex-SPD-Außenminister Frank-Walter Steinmeier (61) räumt im ersten Wahlgang 74 Prozent der Stimmen ab. SPD, Union, FDP und Grüne unterstützen ihn – zumindest mehrheitlich.

Im Publikum kämpft Steinmeiers Mutter Ursula (87) mit den Tränen: „Dass ich das erlebe ...“ In seiner kurzen Antrittsrede sagt Steinmeier, der 12. deutsche Bundespräsident: „Wir brauchen den Mut zu sagen, was ist – und was nicht ist. Lasst uns mutig sein.“

Am 19. März übernimmt Steinmeier das Amt von Gauck, der die Wahl seines Nachfolgers sichtlich gerührt verfolgt hat.

Joachim Gauck ringt um Fassung, als die Bundesversammlung ihn feiert

MONTAG, 6. FEBRUAR 2017
Bild
FAN-SKANDAL bei Dortmund – Leipzig
Fußball-Ultras jagen Frauen und Kinder!
Erstmal zu Penny
Tatort-Kommissare über ihre Freundschaft
CASH CALL Bei Anruf Geld Heute bis zu 600 000 Euro Sofort-Gewinne

Montag, 6. Februar

DIENSTAG, 7. FEBRUAR 2017
Bild
Die dicken Lohn-Jahre sind vorbei
Was Sie jetzt wissen müssen!
DIE SCHANDE VON DORTMUND Rangnick-Hetzer entlarvt!
CASH CALL Heute anrufen und bis zu 400 000 Euro gewinnen!
Wir sind BILD-Girls des Jahres

Dienstag, 7. Februar

MITTWOCH, 8. FEBRUAR 2017
Bild
BILD-Report ASYL-ABZOCKE!
So wird der Staat noch immer ausgetrickst!
Bayern 1:0 Lahm tritt ab!
CASH CALL Heute anrufen und bis zu 1 Mio. Euro gewinnen
Das BILD-Girl des Jahres!

Mittwoch, 8. Februar

DONNERSTAG, 9. FEBRUAR 2017
Bild
19 Jahre nach dem fatalen Crash
Die ganze Wahrheit über Falcos Tod!
Abgas-Skandal PIËCH PACKT AUS
CASH CALL Heute anrufen und bis zu 680 000 EURO gewinnen!

Donnerstag, 9. Februar

UNGEDULDIG

Scheidungen meist schon im 6. Jahr

■ Laut Statistischem Bundesamt ist das 6. Jahr das gefährlichste für die Ehe. Jedenfalls gilt das für die 163 335 Scheidungen im Jahr 2015, die jetzt ausgewertet wurden. Das Scheidungsrisiko ist übrigens in Bremen am höchsten, in Mecklenburg-Vorpommern am geringsten!

UNBESCHÄDIGT

Geraubter Kirchenschatz endlich wieder da

■ Das 2013 aus der St. Nikodemus-Kirche in Steinfurt-Borghorst (NRW) gestohlene Stiftskreuz (Foto) aus dem 11. Jahrhundert ist wieder da. Das mit 7,75 Mio. Euro versicherte Kreuz ist unbeschädigt. Die Diebe wurden schon 2015 gefasst und abgeurteilt. Gott sei Dank!

UNFÄLLE

Weniger Tote im Straßenverkehr

■ Die Zahl der Verkehrstoten hierzulande ist 2016 im Vergleich zum Vorjahr gesunken – um 7,1 % auf 3214. Der niedrigste Stand seit mehr als 60 Jahren! Allerdings gab es 2,6 Mio. Unfälle (+ 2,8 %) und 396 700 Verletzte (+ 0,8 %).

UNGESUND

Deutsche werden immer dicker

■ 59 % aller Männer und 37 % aller Frauen in Deutschland sind zu dick, meldet die Deutsche Gesellschaft für Ernährung. Beim Eintritt ins Rentenalter sind es sogar 75 % (Männer) bzw. 57 % (Frauen). Zu wenig Bewegung, falsche Ernährung – ein schlimmer Mix!

STIMMUNGS-HOCH

SPD mit Martin Schulz in Wahl-Umfrage vor der CDU

Da sieht er wie ein Sieger aus: Martin Schulz im Februar in Hessen

■ Gerade mal zwei Wochen, nachdem die Partei Martin Schulz (61) zu ihrem neuen starken Mann gemacht hat, zieht die SPD in der BILD-Wahlumfrage an der Union vorbei: Laut INSA käme die SPD auf 31 Prozent, die CDU/CSU nur auf 30 Prozent, wenn Anfang Februar Bundestagswahl wäre. Schulz, der im März mit 100 Prozent auch SPD-Parteichef wird, auf Wolke sieben. „Es gibt eine Wechselstimmung", sagen die Meinungsforscher. Kann Schulz wirklich Kanzler werden? Gewählt wird im September, da ist das Schulz-Hoch längst vorbei.

GLANZ IM KANZLERAMT

Richard Gere bei Angela Merkel

■ Zur Berlinale kommt Weltstar Richard Gere (67, „Pretty Woman") am 9. Februar in die Hauptstadt – und ins Kanzleramt. Gere, Buddhist und Freund des Dalai Lama (81), hat um einen Termin bei Angela Merkel (62) gebeten. Er bekommt ihn – und spricht mit der Kanzlerin über sein Herzensanliegen, die Menschenrechte in Tibet. Ob sie ihm etwas versprochen hat? Wohl kaum.

Entspannte Unterhaltung bei Kaffee, Wasser und Tee: Angela Merkel und Richard Gere

BILD Besuch

UKRAINE-PRÄSIDENT POROSCHENKO ENTSCHLOSSEN

Die Krim bleibt ukrainisch!

Petro Poroschenko mit den BILD-Reportern Julian Reichelt und Paul Ronzheimer (r.)

■ Trotz einer erneuten Feuerpause bleibt die Lage in der Ost-Ukraine auch nach dem 20. Februar extrem kritisch. Ukraines Präsident Petro Poroschenko (51) wirft Russlands Präsident Wladimir Putin (64) im BILD-Interview vor, er wolle dort „ein ukrainisches Aleppo" schaffen. Täglich breche Russland, das 2014 die Krim annektierte, seine Versprechen. Poroschenko: „Wir verteidigen in der Ukraine Europa gegen die russischen Aggressionen!" Und: „Die Krim ist und bleibt ukrainisch."

Freitag, 10. Februar

Samstag, 11. Februar

Montag, 13. Februar

Dienstag, 14. Februar

Der Tatort: Ganz links das Auto des Mörders, rechts, an der Straße, wollten ihn zwei Polizisten stoppen

IM RAUSCH Oma-Mörder fährt zwei Polizisten tot

Gutachter hielt den Täter (24) für ambulant therapierbar

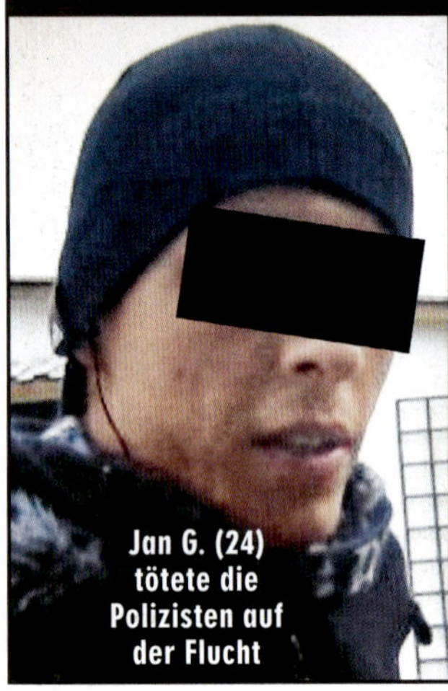

Jan G. (24) tötete die Polizisten auf der Flucht

■ Eine unfassbare Bluttat erschüttert Deutschland Ende Februar: Im Drogenrausch ersticht Jan G. (24) seine Großmutter Marianne – an ihrem 79. Geburtstag.
Auf der Flucht überfährt er in ihrem Auto absichtlich zwei Polizisten († 49, 52).
Sie wollten den Mann mit einem Nagelbrett stoppen.
Monate zuvor hatte Jan G. vor Gericht gestanden: Es ging um Raub und Diebstahl. Das Landgericht Frankfurt (Oder) erklärte ihn aufgrund einer „undifferenzierten Schizophrenie" für schuldunfähig.
Ein Gutachter attestierte Jan G. Behandlungsfähigkeit, er musste nicht in eine Psychiatrie. Zuflucht fand er bei seiner Oma in Müllrose (Brandenburg). Sie ließ ihren Enkel nie fallen. Die Mutter (54) des Killers hatte sich nach Morddrohungen längst abgewandt.
Im Herbst kommt Jan G. vor Gericht.
Kann es eine andere Strafe als lebenslang geben?

FÜR DIE LESER

Ernst Elitz ist jetzt der BILD-Ombudsmann

■ In einer Zeit, in der viel über „Fake News", über falsche und gefälschte Nachrichten, über „alternative" und manipulierte Fakten diskutiert wird, setzt BILD einen Ombudsmann ein. **Ernst Elitz** (75), erfahrener TV-Journalist und Gründungs-Intendant des Deutschlandradios, vertritt künftig die Interessen der Leser, die glauben, dass ein Thema falsch oder verzerrt dargestellt wird. Adresse: ombudsmann.elitz@bild.de.

FEINSTAUB-ALARM

Städte rechnen mit mehr Diesel-Fahrverboten

■ Im besonders durch Feinstaub belasteten Stuttgart soll es ab 2018 Fahrverbote für ältere Diesel-Autos geben, wenn bestimmte Grenzwerte überschritten sind. Ausgenommen wären dann nur Fahrzeuge, die die Abgasnorm Euro 6 erfüllen. Das Verbot ist umstritten, Bundesverkehrsminister Alexander Dobrindt 46, CSU) hält nicht viel davon. Diesel-Fahrverbote drohen auch in Großstädten wie Berlin, München, Köln, Düsseldorf, Essen, Wiesbaden, Mainz und Frankfurt.
Das Verwaltungsgericht Stuttgart verfügt im Juli tatsächlich das Diesel-Fahrverbot für Baden-Württembergs Landeshauptstadt. Aber das Land zieht dagegen vors Bundesverwaltungsgericht. Das Urteil steht zum Jahreswechsel noch aus.

6 JAHRE HAFT

Mutter (22) versteckt Säugling im Koffer

■ Der Fall machte im Herbst 2016 Schlagzeilen: **Laura S.** (22) versteckte ihr Neugeborenes tagelang in einem Koffer, in dem bereits das Skelett eines Säuglings lag. Als die Hotelangestellte bei der Arbeit war, hörte der nichts ahnende Freund (19) Geräusche aus dem Koffer. Im Prozess sagt die Frau, sie habe ihr Baby nicht töten wollen. Das Gericht glaubt ihr nicht – sechs Jahre Haft.

Filmreife Panne bei der 89. Verleihung des wichtigsten Filmpreises...

OSCARS 2017

Faye Dunaway und Warren Beatty mit dem falschen Gewinner-Umschlag

★ **WO?** ★
Los Angeles, Dolby Theater

★ **WER?** ★
Die Großen und die ganz Großen der Filmbranche

★ **WARUM?** ★
Preise für die Kino-Highlights des Jahres

Irrtum: Die „La La Land"-Produzenten nehmen „ihren" Oscar entgegen

Chaos: Produktionsverantwortliche bringen den richtigen Umschlag

Die 3500 Gäste im Dolby Theater sind fassungslos wegen der Panne

„La La land"-Produzent Jordan Horowitz (l.) klärt den Irrtum auf

Verwirrung um den besten Film des Jahres

★ Bei der 89. Oscar-Verleihung im Dolby Theater in L.A. verkünden Faye Dunaway (76) und Warren Beatty (79) den Sieger in der Hauptkategorie „Bester Film": das Liebes-Musical „La La Land". Eine Verwechslung, der falsche Briefumschlag! Tatsächlich gewonnen hat der Mini-Film „Moonlight" (nur 5. Mio. Euro teuer). Verrückt, dass so was in Hollywoods perfekter Glitzerwelt passiert. „La La Land" ist trotzdem der Sieger des Abends: 6 Oscars, 3 gehen an „Moonlight".

Beste Hauptdarstellerin: Emma Stone („La La Land")

Model-Doppel: Adriana Lima (l.) und Heidi Klum

Elton John, Bernie Taupin und Quincy Jones

Bild
BVB 0:1! Aubameyang verballert Elfer
Heute 1 Mio. € bei Cash Call!
ARMUTS-REPORT TEIL II
Die Rente reicht nicht! Wir müssen Flaschen sammeln

Mittwoch, 15. Februar

Cash Call
Heute 400 x 200 € gewinnen
Guido Maria Kretschmer
So lebt und liebt der TV-Star!
Bild
Champions League
5:1
Bayern zeigt's Europa

Donnerstag, 16. Februar

GUIDO MARIA KRETSCHMER
Was in meinem Testament steht
Die 25 größten DIÄT-Lügen!
Bild
Titel-Opfer Müller

Freitag, 17. Februar

Bild
RTL-ÄRGER
„Bauer sucht Frau"-Hochzeit abgesagt!
Barbara Hendricks
Ministerin verbietet Fisch und Fleisch für Gäste
Biathlon-Königin Dahlmeier 4. GOLD!

Samstag, 18. Februar

Das Messer ist echt, die Angst nicht: Hollywoodstar Udo Kier posiert im „Borchardt" mit Sophia Thomalla

Teuflisch guter Typ: Christian Berkel

★ **WO?** ★
Berlin, In-Restaurant „Borchardt"
★ **WER?** ★
VIPs aus Show, Sport und Wirtschaft
★ **WARUM?** ★
Die wildeste Party der „Berlinale" feiern

PLACE TO B

Klare Ansage! Bundestrainer Jogi Löw

Till Lindemann (l., „Rammstein") und Klaus Meine („Scorpions")

Iris Berben posiert mit einem Männer-Model

Großes Kino! 500 VIPs feiern mit BILD zur Berlinale

★ Sie gehört schon zur Berlinale wie der Goldene Bär (geht 2017 an „On Body and Soul" der Ungarin Ildikó Enyedi): „Place to B", DIE Party der Filmfestspiele. 500 Prominente feiern mit BILD im In-Lokal „Borchardt", Star-Fotografin Ellen von Unwerth hält das wilde Treiben für die Ewigkeit fest. Mit dabei: Veronica Ferres, Jan Josef Liefers, Alexandra Maria Lara, Sonja Kirchberger, Christiane Paul und und und. Das glamouröse Ambiente, eine Hommage an das legendäre New Yorker „Studio 54". Die Party tobt – wie immer – bis zum Morgen. Wiedersehen macht Freude, bei der 68. Berlinale.

Topmodel Franziska Knuppe (l.) mit den Tatort-Stars Wotan Wilke Möhring und Franziska Weisz

HERTHA GEGEN BAYERN
Bild
MONTAG, 20. FEBRUAR 2017
Das Skandal-Spiel!
Bayern-Trainer und Schiri von Fans bespuckt · Stinkefinger! Ancelotti droht DFB-Strafe · Neue Diskussion um Bayern-Bonus
5 WM-SIEGE! BILD erklärt unsere Gold-Laura
Gladbach – Leipzig 1:2
Köln – Schalke 1:1
Erstmal zu Penny
Die BND-Akte Marika Rökk

Montag, 20. Februar

DIENSTAG, 21. FEBRUAR 2017
Bild
So holen Sie mehr Geld raus
Lebensversicherung
Baufinanzierung
Riester-Anlage
KAREL GOTT KNAPP AM TOD VORBEI
Harald Schmidt
Rätselhafte TATORT-ABSAGE!
Dortmund Alles klar mit DAHOUD?

Dienstag, 21. Februar

Kaufen und Mieten
MITTWOCH, 22. FEBRUAR 2017
Bild
103 Städte im Vergleich
Deutschland-Schreck schießt Bayer ab
Ist Fremdgehen im Karneval okay?
Nowitzki zeigt sein Baby-Glück

Mittwoch, 22. Februar

DONNERSTAG, 23. FEBRUAR 2017
Bild
DSDS-Star Menowin
Knast nach Kokain-Fahrt!
TV-MODERATORIN CAROLINE BEIL Schwanger mit 50
BUNDESLIGA Aufstand gegen Flegel-Profis
Griechen tricksen wieder

Donnerstag, 23. Februar

PHILIPPINEN

Deutscher Segler (70) entführt und enthauptet

■ „Jetzt tötet er mich!" Die letzten Worte von **Jürgen K.** († 70) auf einem Video, das die philippinische Terrormiliz Abu Sayyaf Ende Februar ins Internet stellt. Es zeigt die Enthauptung des deutschen Seglers, der im November 2016 mit seiner Partnerin († 59) auf der Jacht „Rockall" überfallen wurde. Die Frau musste sofort sterben, für Jürgen K. wollten die Terroristen Lösegeld. Sie bekamen es nicht.

LIED DES JAHRES

„Hello"! Adele räumt fünf Grammys ab

■ **Adele** (28) ist die große Gewinnerin der Grammy-Verleihung in Los Angeles. Fünf der wichtigsten Musikpreise gehen an die Britin. Ihr Song „Hello" ist die „Aufnahme des Jahres" und „Lied des Jahres". Auch in der Haupt-Kategorie „bestes Album des Jahres" räumte Adele ab. Mit fünf Grammys in kleineren Kategorien wird das letzte Studioalbum („Blackstar") des 2016 gestorbenen **David Bowie** († 69) ausgezeichnet.

Justiz-Sensation nach Todesrennen auf dem Ku'damm

Der Tatort zwischen KaDeWe und Gedächtniskirche

Richter Ralph Ehestädt: Die Raser nahmen den Tod des Opfers in Kauf

Richter verurteilt illegale Raser als Mörder

■ Berliner Landgericht, Saal 700, 11.06 Uhr, 27. Februar. Dieser Moment, dieses Urteil geht in die Justizgeschichte ein: Richter Ralph Ehestädt (62) verurteilt zwei Raser zu lebenslanger Haft. Der bundesweit erste Fall, in dem Raser des Mordes schuldig gesprochen werden.

Hamdi H. (28) und Marvin N. (25) hatten sich nachts in einer Shisha-Bar kennengelernt, waren danach bei einem illegalen Rennen mit ihren Sportwagen über den Kurfürstendamm gerast.

Elf Ampeln, davon die meisten rot, sollen sie überquert haben, bevor sie an einer Kreuzung beim KaDeWe auf Rentner Michael W. (69) trafen. Mit fast 170 km/h krachte Hamdi H. in dessen Jeep, der 72 Meter weit geschleudert wurde. Der Rentner war sofort tot.

Die Todes-Raser wollen das Urteil beim Bundesgerichtshof anfechten, bleiben in Untersuchungshaft.

23,7 MILLIARDEN EURO ÜBERSCHUSS

Staat schwimmt in unserem Geld

■ Soll man sich freuen oder ärgern? Der Staat hat 2016 satte 23,7 Milliarden Euro Überschuss gemacht! Also 23 700 Millionen Euro mehr eingenommen als ausgegeben! Der Bund hat ein Plus von 7,7 Mrd. gemacht, bei den Ländern waren es 4,7 Mrd. und bei den Gemeinden 3,1 Mrd. – macht 15,5 Mrd. – plus 5,4 Mrd. Überschuss bei der Arbeitslosenversicherung und 1,5 Mrd. bei den Krankenkassen. Die große Frage: Wann bekommen die Bürger was vom Gewinn zurück? Die Abgabenlast ist in Deutschland deutlich höher als in vergleichbaren Ländern. Immerhin: Deutschland geht's gut, ziemlich gut sogar.

Freitag, 24. Februar

Samstag, 25. Februar

Montag, 27. Februar

Dienstag, 28. Februar

Laura Dahlmeier ist DER Goldhamster der Biathlon-WM

Laura Dahlmeier holt fünf WM-Titel

Bei der Biathlon-WM in Österreich ist Laura Dahlmeier (23) aus Partenkirchen erfolgreich wie kein Athlet je vor ihr: 5 x Gold und 1 x Silber! „Ich könnte mir gerade nichts Besseres vorstellen", sagt Laura nach der WM, „ich hätte das nie für möglich gehalten." Für die Geschichtsbücher: Gold in der Mixedstaffel, Verfolgung, Einzel, Staffel und Massenstart sowie Silber im Sprint. Was für ein Triumph!

Voller Hass: Die Südtribüne vor Spielbeginn. Beim nächsten BVB-Spiel ist sie gesperrt

Am Stadion muss die Polizei Gästefans vor gewaltbereiten Hooligans schützen

BAYERN-HSV 8:0

Der meistgespielte deutsche Klatschiker

Sicher, man kann bei den Bayern verlieren, auch deutlich. Aber jedesmal eine fette Klatsche? 22. Bundesliga-Spieltag, der HSV zu Gast in München. Das Ergebnis: 8:0. Deutschland lacht, immer kriegt der HSV dort die Hütte voll: 0:5, 0:6, 2:9, 0:8 – alles schon gehabt seit 2011. Der HSV ist wieder auf Relegationskurs – wie der VfL Wolfsburg, der nach einem 1:2 gegen Bremen Trainer **Valerien Ismael** (41) feuert.

WELTMEISTER INS KRANKENHAUS EINGELIEFERT

Großkreutz nach Puffbesuch verprügelt

Geschlagen, getreten: Kevin Großkreutz im Krankenhaus

Das ist eine Geschichte, mit der ein Fußballer nirgendwo punkten kann: Kevin Großkreutz (28), BVB-Urgestein und nach einem missratenen Abenteuer bei Galatasaray Istanbul beim VfB Stuttgart gelandet, wird Ende Februar schwer verletzt in eine Stuttgarter Klinik eingeliefert. Er ist nachts auf der Straße verprügelt worden, als er mit zum Teil minderjährigen VfB-Nachwuchsspielern aus einem Bordell kam. Die beiden Schläger (17, 18) werden gefasst. Sie sind vorbestraft und kassieren im Herbst Haftstrafen für die Attacke auf Großkreutz. Der Weltmeister fliegt beim VfB raus, startet im Sommer neu: beim Absteiger Darmstadt 98. Die letzte Chance?

SAISON-AUS FÜR DEN WELTMEISTER

Rätselhafte Krankheit stoppt Mario Götze

■ Mario Götze (24) kann dem BVB im Kampf um die Meisterschaft ab Ende Februar nicht mehr helfen: Der häufig von Verletzungen geplagte Weltmeister leidet an einer rätselhaften Stoffwechsel-Störung, fällt auf unbestimmte Zeit aus. Erst zur neuen Saison im August meldet sich Super-Mario, der Deutschland 2014 mit seinem wunderbaren Final-Tor gegen Argentinien zum Weltmeister schoss, zurück! Das Nationalelf-Comeback muss aber noch warten!

Mario Götze kehrte im Sommer 2016 von den Bayern zum BVB zurück

FUSSBALL-ULTRAS JAGEN FRAUEN UND KINDER

Die Wand der Schande bringt Dortmund in Verruf

■ Europas größte Stehtribüne (25 000 Plätze) im Dortmunder Signal-Iduna-Park verwandelt sich am Abend des 4. Februar – aus der berühmten Gelben Wand wird die Wand der Schande.
Dutzende Schmähplakate gegen die Gäste von RB Leipzig werden vor Spielbeginn gezeigt: „Leipziger Hurensöhne", „Bullen schlachten" und „Pflastersteine auf die Bullen" steht da zu lesen. Und: Auf einem Plakat wird Leipzigs Sportdirektor Ralf Rangnick (58, von einem Burn-out genesen) zum Suizid aufgefordert. Rund ums Spiel machen 400 Hooligans Jagd auf Fans der Roten Bullen, die vor dem Spiel 11 Punkte vor Dortmund liegen. Selbst Frauen und Kinder werden zur Zielscheibe. Flaschen und Steine fliegen. Am Ende sind mehrere Polizisten und Gästefans verletzt.
Der Dortmunder Polizei-Einsatzleiter sagt: „Solche hasserfüllten Fratzen habe ich noch in keinem meiner Polizeieinsätze gesehen."
Der BVB gewinnt 1:0, aber das ist egal. Wichtig ist, dass 156 Strafverfahren eingeleitet und 56 Tatverdächtige identifiziert werden.

BAYER-STAR

Hakan Calhanoglu 4 Monate gesperrt

■ Abruptes Ende seines Gastspiels bei Bayer Leverkusen: Anfang Februar wird **Hakan Calhanoglu** (22) vier Monate gesperrt – wegen eines Vertrags-Streits mit dem türkischen Klub Trabzonspor. Die Saison ist damit gelaufen, im Sommer kauft Milan den in Mannheim geborenen türkischen Nationalspieler für 22 Mio. Euro.

SKI-WM

Felix Neureuther holt Bronze im Slalom

■ Bei der Alpinen Ski-Weltmeisterschaft in St. Moritz (Schweiz) fahren die Deutschen hinterher – bis **Felix Neureuther** (32) im Slalom zum 2. Lauf antritt und von Platz 10 noch auf Platz 3 rast. Sensations-Bronze, die einzige deutsche Medaille! „Schöner kann's nicht werden", sagt Felix nach seinem vielleicht letzten WM-Rennen. Stimmt!

Die Wahrheit über meinen Rücktritt beim FC Bayern

„Warum?“ Keine Frage ist mir öfter gestellt worden, nachdem ich angekündigt hatte, meine Karriere zu beenden. Was für mich selbst ein völlig logischer Schritt war, haben viele Menschen – auch aus meinem engeren Umfeld – erst nicht richtig nachvollziehen können.

Egal wohin ich kam, überall war es dieselbe Frage, auf welche die Leute eine Antwort wollten. „Warum hörst du auf, Philipp?“

Wie schon bei meinem Rücktritt aus der Nationalmannschaft habe ich auch bei dieser Entscheidung voll auf mein Gefühl vertraut. Gerade als Kapitän war es für mich immer entscheidend, in jedem Training und jedem Spiel Top-Leistungen abzurufen. Mir war für mich einfach klar, dass ich das über die laufende Saison hinaus keine weitere Spielzeit lang mehr hätte leisten können.

Da dies ein sehr subjektives Gefühl war, verstehe ich, dass die meisten Menschen zunächst gar nicht nachempfinden konnten, dass sich für mich etwas geändert hatte. Aber ich bin sicher, hätte ich weitergemacht, wäre der feine Unterschied, den ich schon früh gespürt habe, irgendwann sichtbar geworden. Auch wenn sie für mich logisch war, war das eine Entscheidung, vor der ich großen Respekt hatte. Anders als bei meinem Abschied aus der Nationalmannschaft, bedeutete die Auflösung meines Vertrages bei den Bayern das definitive Ende meiner Fußballerzeit. Mir hat dabei auch geholfen, dass ich schon sehr genau vor Augen hatte, wie meine Zukunft nach dem Fußball aussehen könnte. Ich hatte mir frühzeitig darüber Gedanken gemacht und wusste, dass mir als Gesellschafter meiner Unternehmensbeteiligungen weiterhin spannende und fordernde Aufgaben bevorstehen.

PHILIPP LAHM
Fußball-Weltmeister

Und noch etwas hat eine große Rolle bei meinem Entschluss gespielt. Ich wollte mir nach der Geburt meiner Tochter im August die Zeit mit meiner Familie endlich frei einteilen können. Wenn ich dem FC Bayern heute beim Spielen zusehe, dann bin ich überzeugt, dass mein Rücktritt auch für die Mannschaft der richtige Schritt war. So konnte sich das Team erneuern und eine neue Hierarchie entstehen.

Ich habe seit meinem 11. Lebensjahr für den FC Bayern München gespielt. Abgesehen von den beiden Jahren in Stuttgart habe ich immer das Trikot dieses Vereins getragen. 384 Einsätze – das hieß für mich 22 Jahre maximale Vorbereitung, Konzentration und Einsatzwille. In meiner Profizeit bedeutete das jeden dritten Tag auf dem Platz zu stehen, höchste Ziele zu haben, stetig zu lernen – zunächst von anderen, später dann selbst Wissen und Erfahrung weiterzugeben.

Ich habe schon immer gerne Verantwortung übernommen. Bis ins Kapitänsamt war es ein langer Weg, das richtige Gespür und Verständnis für das Spiel und meine Mitspieler hatte ich aber schon früh. Als Kapitän habe ich dann schnell gemerkt, dass besonders die jungen Spieler sehr auf meine kooperative Art ansprangen. Es begannen ein Austausch und ein Miteinander, das es vorher so nicht gegeben hatte. Das jedenfalls wurde mir zurückgespiegelt.

Aber als Kapitän muss ich mich mehr noch als andere reflektieren, um vorangehen zu können und Vorbild zu sein. Vor jeder Saison habe ich mich daher selbst hinterfragt – erfülle ich noch meine eigenen Ansprüche? Kann ich das noch? Ich wollte nicht während einer laufenden Spielzeit feststellen müssen, dass ich das nicht mehr kann.

Daher habe mich frühzeitig dem Verein mitgeteilt und bin auf offene Ohren gestoßen. In all meinen Jahren beim FC Bayern habe ich stets ein hochgradiges Vertrauen gespürt. Mit der Vereinsführung, ob Karl-Heinz Rummenigge oder Uli Hoeneß, hatte ich immer ein gutes und konstruktives Arbeitsverhältnis, wir haben uns stets offen ausgetauscht. Auch deshalb wurde mein Entschluss schnell akzeptiert. Warum ich nicht direkt Sportdirektor geworden bin, wurde ich danach oft gefragt. Natürlich kann ich mir immer noch vorstellen, irgendwann wieder mit dem FC Bayern zusammenzuarbeiten. Aber wer mich kennt, der weiß, dass ich gerne vorbereitet bin.

Daher war es mir wichtig, erst einmal Abstand zu gewinnen, in aller Ruhe die lange Zeit im Fußball zu reflektieren und mir gemeinsam mit meiner Familie Gedanken zu machen, wo und in welcher Form ich meine Erfahrungen einbringen kann. Jetzt habe ich als Botschafter für die Bewerbung des DFB um die Europameisterschaft 2024 eine neue, herausfordernde Aufgabe übernommen.

Ansonsten gilt, was ich schon nach meinem Abschied vom aktiven Fußball gesagt habe: Wenn ich meine Karriere zusammenfassen müsste, dann hoffe ich, dass mich die Fans als einen guten Fußballspieler in Erinnerung behalten. Nicht mehr und nicht weniger, genau das war ich, würde ich von mir behaupten.

Vor dem Pokal-Spiel gegen Wolfsburg (1:0) am 7. Februar dankt Klub-Boss Karl-Heinz Rummenigge (l.) Kapitän Philipp Lahm mit Blumen. Da hat der Weltmeister gerade das Ende seiner Karriere zum Saisonende verkündet

MÄRZ 2017

Die Kinder von Mossul träumen vom Frieden

■ Rana (5) hält schüchtern eine weiße Fahne in der Hand, ihr Bruder Bashar (13) zeigt eine notdürftig versorgte Schusswunde am Bauch. Die beiden Kinder stehen an einer staubigen Straße in Mossul im Nord-Irak. Im Sommer 2014 hat die Terror-Bande ISIS in der Millionenstadt die Herrschaft übernommen. Ein Terror-Regime, das Abertausende das Leben kostete. Aber jetzt, im März 2017, haben die ISIS-Terroristen den Kampf um ihre Hochburg praktisch verloren.

Die BILD-Reporter Paul Ronzheimer und Claas Weinmann in Mossul

BILD-Reporter in der Hölle von Mossul

Es ist die größte Stadt, die der ISIS je in seine Gewalt gebracht hat: Mossul im Norden des Irak, am Ufer des Tigris. Fast drei Millionen Menschen haben hier vor einigen Jahren noch gelebt, zumeist sunnitische Muslime. Aber die Stadt, in der es im Sommer oft heißer als 40 Grad wird, war multireligiös.

Im Juni 2014 hat der ISIS die Stadt unter seine Herrschaft gebracht. Wer sich der Terrorbande nicht angeschlossen hat, musste fliehen – oder wurde ermordet.

Bashar, der 13-Jährige, der mit seiner kleinen Schwester Rana (5) am Straßenrand steht, erzählt: „Ich habe selbst gesehen, wie sie die Leute hier auf den öffentlichen Plätzen geköpft haben. Manche nur, weil sie ferngeschaut haben oder ein Handy besaßen."

Bashar ist von einem ISIS-Scharfschützen angeschossen worden, offenbar wegen der weißen Fahne. Bashar: „Sie bringen Menschen um, die vor dem Krieg flüchten wollen."

Auf Kinder schießen, die eine weiße Fahne tragen, viel mehr können die ISIS-Mörder nicht mehr, seit die irakische Armee im Oktober 2016 mit der Rückeroberung von Mossul begonnen hat. Unterstützt wird sie von kurdischen Kämpfern und von der US-geführten Anti-ISIS-Koalition, die mit Luftschlägen ISIS-Stellungen und -Einrichtungen zerstört.

Anfang März ist der Ostteil von Mossul vom ISIS befreit, die irakische Armee rückt auch im Westen der Stadt vor. BILD-Reporter erleben, wie täglich Zivilisten versuchen, unter dramatischen Umständen aus den immer noch besetzten Stadtteilen zu fliehen.

ISIS nutzt alle Waffen, die sie haben. Neben Heckenschützen, Selbstmordattentätern und Sprengstofffallen sind selbst gebaute Drohnen mit Bomben im Einsatz.

Das Sterben geht weiter in Mossul, jeden Tag. Aber der ISIS wird seine Hochburg verlieren. Im Juni meldet die irakische Armee die vollständige Rückeroberung von Mossul: „Ihr erfundener Staat ist zusammengebrochen." Der erfundene Staat, das ist das Kalifat, das ISIS-Chef Abu Bakr al-Baghdadi genau drei Jahre zuvor in Mossul ausgerufen hatte.

Die Stadt ist weitestgehend zerstört. Kommt jetzt Frieden, von dem nicht nur die Kinder von Mossul träumen?

Mossul, eine weitgehend zerstörte Millionenstadt. Die ISIS-Terroristen haben auch die mittelalterliche Al-Nuri-Moschee gesprengt

PAUL RONZHEIMER
BILD-Reporter

Die Zerstörung erinnert an den Zweiten Weltkrieg

Es ist der Geruch des Todes, den ich nie wieder vergessen werde.
Mossul, Anfang Juli, 43 Grad im Schatten: Die ehemalige ISIS-Hochburg ist befreit, nach zehnmonatigem Krieg und Tausenden Toten. Die Leichen der Kämpfer liegen noch immer in den Straßen, Sprengstoffgürtel umgeschnallt. Der Preis ist hoch, den die Menschen in der Stadt für die Befreiung gezahlt haben. Die Zerstörung erinnert an die Bilder nach dem Zweiten Weltkrieg. Es gibt kaum ein Haus im Zentrum, das unversehrt geblieben ist. Als wir durch die Straßen laufen, warnen die Kämpfer vor den Sprengfallen, viele Häuser sind vermint. „Es wird noch Hunderte Opfer geben, die durch diese Sprengfallen umkommen. Bis alle entsorgt sind, wird es Jahre dauern", sagt ein Kämpfer. Vor der „Al-Nuri-Moschee" machen Soldaten Selfies. Die Zerstörung steht symbolisch für das Ende, weil hier einst der Schrecken begann.
Auf der Kanzel präsentierte sich am 4. Juli 2014 der Anführer von ISIS, Abu Bakr al-Baghdadi der Öffentlichkeit und bekannte sich zu einem selbsternannten Kalifat. Wo Baghdadi wirklich ist, weiß bis heute niemand. Die einen glauben, dass er längst tot ist, die anderen vermuten ihn jetzt in den Bergen im syrisch-irakischen Grenzgebiet.
Die Menschen, die nach der Befreiung zurückkommen nach Mossul, sind skeptisch. Viele feiern das Ende des ISIS, aber die Menschen fragen auch: Was kommt nach den Terroristen?
Den Horror gibt es nicht nur aufseiten von ISIS. Folter-Vorwürfe gegen die irakische Armee bestätigen sich. Menschenrechtsorganisationen sprechen von Hinrichtungen auch gegen Unschuldige.
Dass Mossul, dass der Irak zur Ruhe kommt, glaubt hier kaum jemand. Zu groß ist der Hass zwischen den beiden religiösen Gruppen, Sunniten und Schiiten. Und so droht nach dem Krieg bereits ein neuer Konflikt …

Deutscher Reporter sitzt im türkischen Gefängnis
WIR FORDERN
BITTE BLÄTTERN SIE UM
MITTWOCH, 1. MÄRZ 2017
Bild
DROGEN-RAUSCH
Oma-Mörder fährt zwei Polizisten tot
Tatort-AUS

Mittwoch, 1. März

Wer Diesel fährt, ist bald der DEPP!
Fahrverbote & Wertverlust drohen
DONNERSTAG, 2. MÄRZ 2017
Bild
Großkreutz verprügelt
SCHOCK-FOTO
HSV – Gladbach 1:2
Bayern – Schalke 3:0

Donnerstag, 2. März

FREITAG, 3. MÄRZ 2017
Bild
DIE GELIEBTE VON ADOLF HITLER
Eva Brauns geheimes Foto-Album
Poldi verdient 20 Mio.
Framstag
PENNY

Freitag, 3. März

SAMSTAG, 4. MÄRZ 2017
Bild
GROSSKREUTZ
Das Protokoll der Puff-Nacht!
Silbereisen jetzt Schiffs-Offizier
Özils Hymnen-Geheimnis
Türkei-Streit eskaliert

Samstag, 4. März

++ TERROR IM HERZEN VON LONDON ++ 5 TOTE, 50 VERLETZTE ++

■ Der Blick ist weltberühmt: Westminster, Big Ben – ein Touristen-Magnet. Am 1. Jahrestag der Anschläge von Brüssel (35 Tote) wird diese Postkarten-Idylle zerstört. Schreiende Menschen, Schüsse, Blut – Terror-Angriff im Herzen Londons! Es ist der 22. März, ein Mittwoch, als fünf Menschen sterben und 50 weitere verletzt werden. Khalid Masood (52) ist mit einem gemieteten Geländewagen auf den Gehweg der Westminster Bridge gerast. Zwei Passanten sind sofort tot, eine Frau stirbt im Krankenhaus.

Masood rammt kurz darauf den Zaun des Westminster-Palastes, rennt auf einen unbewaffneten Polizisten (48) zu, ersticht ihn, bevor ihn Zivil-Polizisten erschießen. Der Attentäter, als Adrian Russell Ajao in der Nähe von London geboren, ist vorbestraft, soll sich bei einem Aufenthalt in Saudi-Arabien radikalisiert haben.

Der Tatort vor dem Big Ben: Zahlreiche Rettungswagen sind vorgefahren

Terrorist rast mit Geländewagen in Touristenmenge am Big Ben

◄ Ein Überlebender des Terroranschlags schildert Polizisten, was geschehen ist

► Auf einer Trage wird der Attentäter vom Tatort weggebracht. Auf dem Boden liegen zwei Messer

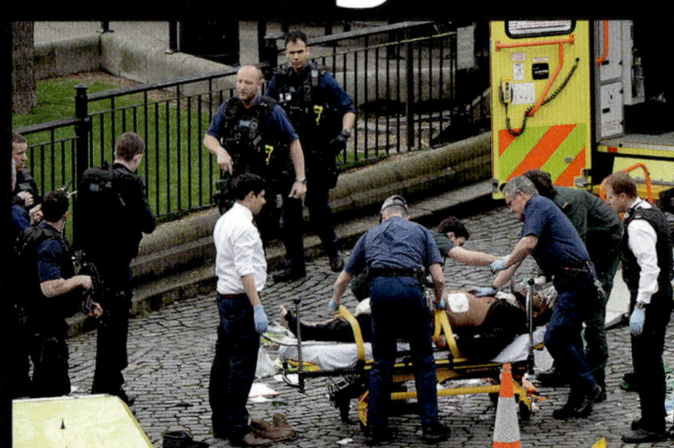

Montag, 6. März

Dienstag, 7. März

Mittwoch, 8. März

Donnerstag, 9. März

FISKUS

Schon sechs Millionen zahlen Rentensteuer

■ Laut Bundesfinanzministerium zahlen 5,94 Millionen Senioren Steuern auf ihre Rente. 2004 waren es nur rund 3,7 Millionen. Die neuesten Zahlen stammen allerdings aus 2012. Inzwischen dürfte die Zahl deutlich höher liegen, weil für Neu-Rentner immer größere Teile des Altersgeldes steuerpflichtig werden. Durchschnittlich mussten pro Kopf 4567 Euro/Jahr an den Fiskus gezahlt werden. Viel Geld!

SPD SCHWER GESCHLAGEN

CDU sahnt bei Saarland-Wahl ab

Strahlende Siegerin: Annegret Kramp-Karrenbauer

■ Bei der Landtagswahl im Saarland erlebt die SPD-Euphorie einen schweren Dämpfer: Die CDU unter Ministerpräsidentin Annegret Kramp-Karrenbauer (54) legt um 5,5 % auf 40,7 % zu, die SPD landet bei schwachen 29,6 % (– 1,1 %). Die Linken kommen noch auf 12,8 % (– 3,3 %). Grüne und Piraten fliegen aus dem Landtag, die FDP scheitert wieder. Dafür schafft es die AfD mit 6,2 %. Die Große Koalition macht weiter, mit einer geschwächten SPD.

ERNÄHRUNG

Deutsche verzichten öfter auf Fleisch

■ Essen die Deutschen immer weniger Fleisch oder essen immer weniger Deutsche Fleisch? Sicher ist: Der Fleischkonsum in Deutschland lag nach einer neuen Statistik 2016 noch bei 60 Kilo (mehr als die Hälfte vom Schwein) pro Kopf – 1996 waren es satte sechs Kilo mehr. Dafür ernähren sich in Deutschland schon acht Millionen Menschen vegetarisch und 1,3 Millionen Menschen vegan (rein pflanzlich). Und es werden immer mehr.

NICHT NUR IN STUTTGART

Bald Fahrverbote für Diesel?

■ „Wer Diesel fährt, ist bald der Depp!", titelt BILD am 2. März. Fahrverbote für alle Diesel-Autos, die nicht die Abgasnorm 6 erfüllen, bei Feinstaubalarm scheinen unausweichlich. Vor allem in Stuttgart, aber auch anderen Großstädten wie München, Hamburg und Düsseldorf. Logische Folge: ein massiver Wertverlust von Diesel-Autos. Aber: Wenig später bremst Baden-Württemberg, das Land klagt gegen das Fahrverbots-Urteil.

Feinstaubalarm gibt es nicht nur in Stuttgart häufig

WENIGER IST MEHR

Der Deutsche hat im Schnitt drei Freunde

■ Haben Sie schon mal kurz durchgezählt? Hamburger Meinungsforscher haben ermittelt, dass der durchschnittliche Deutsche im Alter zwischen 18 und 70 Jahren drei wahre Freunde hat. Die meisten davon schon seit der Jugendzeit. Freundschaften gehen am ehesten durch berufliche Verpflichtungen, Partnerschaften und Kinder in die Brüche, sagen die Meinungsforscher. Aber: Wahre Freunde verliert man nie. Soviel ist sicher.

Arm in Arm: Parteichef Martin Schulz (l.) mit Amts-Vorgänger Sigmar Gabriel

ÜBERFLIEGER

100 Prozent für neuen SPD-Chef Martin Schulz

■ Die SPD ist schier besoffen vor Glück: Am 19. März wählt die Partei Martin Schulz (61) zum SPD-Chef – mit exakt 100 Prozent auf dem Sonderparteitag in Berlin. Und dann per Handzeichen zum Kanzlerkandidaten. Die SPD ist weiter im Umfragehoch, es scheint möglich, dass die SPD die Union bei der Bundestagswahl schlägt. „Die SPD hat den Willen zur Macht wieder", ruft Schulz. Macht nichts.

Freitag, 10. März

Samstag, 11. März

Montag, 13. März

Dienstag, 14. März

GEBÜHREN FÜRS GELDABHEBEN

Die nächste Spar-Schweinerei

■ Zinsen fürs Ersparte gibt es schon lange nicht mehr – aber jetzt sollen die Kunden von 40 deutschen Sparkassen auch noch Geld bezahlen, wenn sie bei der eigenen Bank vom eigenen Konto Geld am Automaten abheben. Einzelne Sparkassen verlangen das Entgelt schon ab der ersten Abhebung, andere ab der fünften (je 1 Euro). Die Verbraucherzentrale: „Das geht zu weit!" Wann kassiert die erste Bank Eintrittsgeld für ihre Filialen?

SCHOCK IM MUSEUM

100-Kilo-Münze geklaut

■ So einen spektakulären Diebstahl hat es lange nicht gegeben: Ende März verschwindet eine 100-Kilo-Goldmünze aus dem Berliner Bode-Museum! Durchs Fenster gelangen Diebe ins Museum, klauen dort die kanadische „Big Maple Leaf" (Materialwert: 3,7 Mio. Euro). Sie zeigt Königin Elizabeth II., ist eine Leihgabe einer Privatperson. Die Berliner Polizei verhaftet Wochen später vier Männer – darunter ein Wachmann des Museums! Er soll seine Komplizen über die Alarmsysteme informiert haben. Die Münze bleibt verschwunden. Ein Berliner Juwelier steht im Verdacht, sie zerlegt und eingeschmolzen zu haben.

Von der 2007 geprägten Münze gibt es nur fünf Exemplare

OPEL IST JETZT EIN FRANZOSE

Peugeot zahlt 2,2 Milliarden Euro

■ Vielleicht ist es wirklich eine Chance! Anfang März ist die Übernahme des Opel-Konzerns durch den französischen PSA-Konzern (Peugeot, Citroën) perfekt. Als Kaufpreis gehen 1,3 Milliarden Euro an den bisherigen Mutterkonzern General Motors. Weitere 900 Millionen Euro zahlt PSA für das europäische GM-Finanzgeschäft (u. a. Opel-Bank). Opel hat seit 1999 keinen Gewinn mehr gemacht. Und jetzt? Bis 2020 soll die Marke aus der Verlustzone – dafür sollen 1,7 Milliarden Euro/Jahr gespart werden – überwiegend bei Opel selbst. Dafür sollen die Opel-Modelle nicht mehr nur (wie bisher) in Europa verkauft werden. Die 19000 Opelaner (Rüsselsheim, Eisenach, Kaiserslautern) haben ihre Jobs bis Ende 2020 sicher. PSA-Chef Carlos Tavares (58): „Wir geben den Menschen eine Chance." Fabrik-Schließungen seien kein Thema. Hoffentlich!

Zufrieden: GM-Chefin Mary Barra, PSA-Boss Carlos Tavares und Opel-Chef Karl-Thomas Neumann (r.)

2,6 MILLIONEN

Arbeitslosenzahl auf tiefstem Stand seit 1991

■ Die deutsche Wirtschaft brummt weiter, das zeigt auch der Arbeitsmarkt. Ende März sind 2,66 Millionen Menschen arbeitslos gemeldet (Quote: 6,0 %), 100000 weniger als im Februar. Die Arbeitslosenzahl ist damit so niedrig wie zuletzt im März 1991. Deutlich gestiegen ist allerdings die Zahl der Arbeitslosen aus nichteuropäischen Asylländern – auf 188000 (+54 % zum Vorjahres-März).

KERKELING

Hape ist dann mal verheiratet

■ Deutschlands Top-Comedian, Moderator, Schauspieler und Autor **Hape Kerkeling** (52, „Ich bin dann mal weg") hat geheiratet, enthüllt die Zeitschrift „Bunte". In Bonn gab er seinem Partner **Dirk** (45) das Jawort. Seit 2011 sind die beiden ein Paar. Was Hape an Dirk liebt, hat er in seinem Buch „Der Junge muss an die frische Luft" geschrieben: „Er hat einfach immer gute Laune." Viel Glück!

BOOM

Dax überspringt die 12300-Punkte-Marke

■ Der Dax, der die Entwicklung der 30 größten und umsatzstärksten deutschen Unternehmen widerspiegelt, auf Rekordjagd: Ende März klettert er auf 12312 Punkte – gut 700 Punkte mehr als zu Jahresbeginn. Nur einmal, im April 2015, stand er noch höher. Aber der Höhenflug am Aktienmarkt geht weiter. Auch, weil es weiter praktisch keine Zinsen für Sparer gibt.

„Ich interessiere mich für ein gutes Leben, nicht für ein langes“

Schon mit 17 gewann Christine Kaufmann einen Golden Globe („Stadt ohne Mitleid“)

■ Eine Rose ist verblüht. Ende März stirbt in München Schauspielerin Christine Kaufmann mit 72 Jahren an Leukämie.
„Für mich ist Freiheit eine rein innere Angelegenheit“, sagte sie einmal. „Frei von Zwängen und frei von Ängsten.“
Christine Kaufmann nimmt sich oft die Freiheit, Dinge zu tun, die andere nicht getan hätten – und wird so zum Weltstar: Mit 9 ist sie Kinderstar („Rosen-Resli“, 1954), mit 15 entdeckt sie Hollywood („Stadt ohne Mitleid“ mit Kirk Douglas). Mit 18 heiratet sie Tony Curtis (†85), lässt sich scheiden, heiratet noch dreimal.
Sie ist die geheime Geliebte von Regisseur Helmut Dietl (†70, „Schtonk!“), sie dreht Filme, Serien. Tanzt Ballett und ist immer auf der Suche nach Glück, nach Aufgaben. Sie schreibt 16 Bücher. Ist Playmate, zuletzt mit 54. Sie ist Mutter zweier Töchter (50, 52). Oma, Ur-Oma. Und bis zum Ende verführerisch und stolz.
Christine Kaufmann ist im Familiengrab bei Paris beerdigt.

1965: Christine Kaufmann mit Ehemann Tony Curtis und Töchterchen Alexandra

CHRISTINE KAUFMANN

Die Schauspielerin stirbt mit 72 Jahren an Leukämie

Mittwoch, 15. März

Donnerstag, 16. März

Freitag, 17. März

Samstag, 18. März

MERKEL BEI TRUMP

Das Lächeln sitzt beim ersten Mal noch nicht so richtig

Eher kühl ist die Atmosphäre beim ersten Treffen im Oval Office

Merkel mit Trumps Tochter Ivanka bei einer Diskussion mit Wirtschaftsbossen

■ Knapp zwei Monate nach seiner Amtsübernahme empfängt US-Präsident Donald Trump (70) Kanzlerin Angela Merkel (62) zum ersten Mal im Weißen Haus.

Es ist ein schwieriger Besuch in einer stürmischen Zeit: Trump liegt im Clinch mit der Bundespolizei FBI und dem Geheimdienst NSA, es geht um mögliche Deals zwischen dem Trump-Team und dem Kreml im Wahlkampf 2016. Nie ist ein Präsident so schnell so unbeliebt geworden, sagen US-Meinungsforscher.

Jetzt also die erste Begegnung mit der mächtigsten Frau der Welt. Merkel sagt hinterher: „Wir hatten einen sehr guten, offenen ersten Austausch." Und: „Es ist besser, miteinander zu reden als übereinander."

Immer wieder lächeln sich Merkel und Trump vor der Presse an, aber das Lächeln ist nur für die Kameras.

Trump, der eine Mauer an der Grenze zu Mexiko bauen will, sagt: „Einwanderung ist ein Privileg, kein Recht."

Macron (r.) mit den BILD-Redakteuren Nikolaus Blome und Tanit Koch

FRANKREICHS NEUER POLIT-STAR

Macron zu Besuch bei BILD

■ Er ist noch nicht Präsident, aber er soll es werden: Im März besucht Emmanuel Macron (39) die BILD-Redaktion in Berlin, erklärt im Interview seinen pro-europäischen Kurs: „Europa ist mehr als nur ein ultra-freier Markt, wie ihn die Briten wollen. Die EU kann die Menschen und ihre Jobs schützen, z. B. gegen Dumping aus China."

Einen Monat vor der ersten Runde der Präsidentschaftswahlen spürt man: Dieser Mann will gewinnen. Er kann gewinnen. Er muss gewinnen – damit Frankreich nicht an den rechtsextremen Front National fällt.

TREFFEN IM KREML

Putin nimmt sich im Kreml Zeit für Seehofer

Er braucht Freunde: Putin (l.) begrüßt Seehofer im Kreml

■ Die Reise löst nicht überall Begeisterung aus: Was will Bayerns Regierungschef Horst Seehofer (67) ausgerechnet jetzt bei Russlands Präsident Wladimir Putin (64)? Am 16. März reden die beiden fast zwei Stunden im Kreml miteinander. Putin kann verständnisvolle Gesprächspartner brauchen – sein Land leidet unter den Sanktionen seit der Annexion der Krim und dem Krieg in der Ost-Ukraine. Was besprochen wurde, will Seehofer nachher allerdings nicht verraten. Nur so viel: Bis zu einem Frieden in der Ukraine sei es noch ein weiter Weg. Aber Recht hat der CSU-Chef doch: Nicht reden ist auch keine Alternative.

NIEDERLANDE

Wahl-Schlappe für Rechtspopulist Wilders

■ Lange sah es so aus, als könnte Rechtspopulist **Geert Wilders** (53, Foto) mit seiner „Freiheits-Partei" die Parlamentswahl in den Niederlanden gewinnen. Der Islam-Hasser will mit seinem Land aus der EU. Bei der Wahl Mitte März kommt Wilders aber „nur" auf 13,1 %. Regierungschef **Mark Rutte** (50) kann mit seiner rechtsliberalen Volkspartei trotz Verlusten weiterregieren. Aber erst im Herbst steht die neue Koalition.

HORST EHMKE (†90)

■ Er war in der SPD einst der „Spezialist für alles": Horst Ehmke, in Danzig geborener Jura-Professor, war ab 1969 unter Bundeskanzler Willy Brandt (†78) Chef des Kanzleramtes und mitverantwortlich für die Umsetzung der neuen Ost-Politik. Ehmke gehörte 25 Jahre dem Bundestag an, war Minister für Justiz, für Forschung, für die Post und für „besondere Aufgaben". Bis 1991 gehörte Ehmke, der in der SPD als Wortführer der „linken Mitte" galt, im Parteivorstand. 1994 schied er aus dem Bundestag aus, schrieb seither deftige Kriminalromane. Ehmke starb wenige Wochen nach seinem 90. Geburtstag in einer Krlinik in Bonn.

TOTAL GAGA

Mörder hat Recht auf sein Toupet im Knast

■ Auch hinter Gittern gilt das Recht auf freie Entfaltung der Persönlichkeit. Darum muss die Gefängnisleitung in Auckland (Neuseeland) einem verurteilten, kahlköpfigen Mörder (37) sein Toupet zurückgeben. Der zu „lebenslang" Verurteilte hatte geklagt, weil er ohne Toupet von Mithäftlingen lächerlich gemacht werde. Außerdem sei sein Haarteil ein „Kunstwerk". Stimmt, entschied ein Gericht in der Hauptstadt Wellington.

Harry & Meghan ganz vertraut auf Jamaika

■ Sie sind schon seit Monaten ein Paar, aber diese Bilder sind doch überraschend: Anfang März sieht man Prinz Harry (32) und seine Meghan (35) ganz vertraut auf der Karibik-Insel Jamaika. Meghan legt den Arm um die Schulter ihres Prinzen, hält liebevoll seinen Arm. Sie sind Gäste bei der Hochzeit eines Freundes von Harry, im Round Hill Resort in Montego Bay. Und die eigene Hochzeit? Gerüchte gibt es immer mehr, Verlobung, Heirat 2018. Es ist ernst, sehr ernst.

Harry und Meghan bei der Hochzeitsfeier eines Freundes auf Jamaika. Ob die beiden gerade über ihr eigene Zukunft sprechen?

GOLDENE KAMERA

Colin Farrell freut sich über seine Goldene Kamera

Oscar-Preisträgerin Nicole Kidman

Geehrt für sein Lebenswerk: Dieter Thomas Heck (79). Howard Carpendale und Barbara Schöneberger singen für ihn

★ **WO?** ★
Hamburg Messe
★ **WER?** ★
Stars und Sternchen aus der Glitzerwelt
★ **WARUM?** ★
Preise für Glanzleistungen in Film und Fernsehen

Spitzenmäßiger Auftritt: Uschi Glas

Jan Josef Liefers und Anna Loos

Jane Fonda wurde für ihr Lebenswerk ausgezeichnet

Marie-Luise Marjan („Mutter Beimer")

Moderatorin Laura Wontorra

Ed Sheeran, ausgezeichnet für die beste Musik international

Ein Gala-Abend mit echten und falschen Stars

★ Große Namen, großes Kino: Bei der 52. Verleihung der Goldenen Kamera („HÖRZU") gehören in der Hamburg Messe Nicole Kidman (49), Colin Farrell (40), Jane Fonda (79) und Ed Sheeran (26) zu den Preisträgern. Als beste deutsche Schauspieler können sich Lisa Wagner (37) und Wotan Wilke Möhring (49) über die Goldene Kamera freuen. Peinliche Panne: Für den besten Film des Jahres („La La Land") nimmt ein Ryan-Gosling-Double den Preis entgegen und verschwindet damit – ein Gag der Macher von „Circus HalliGalli" (ProSieben). Mäßig komisch.

Peter Kloeppel (RTL), Caren Miosga (ARD) und Marietta Slomka (ZDF, r.)

Verona Pooth gehörte zu den 1000 VIP-Gästen

SPD wählt Schulz zum Partei-Chef
Mr. 100 Prozent
ARSENAL WILL TUCHEL
Hüllenlos im ARD-Krimi
Erstmal zu Penny
MONTAG, 20. MÄRZ 2017
Bild
Das Geheimnis der Nackten aus dem tatort
Heute insgesamt 500.000 Euro gewinnen!
EU-Angst vor

Montag, 20. März

DIENSTAG, 21. MÄRZ 2017
Bild
Ausgerechnet am Jahrestag des Amok-Flugs
Vater will Unschuld von Lubitz beweisen
2 GB
Flat
Heute bis zu 800.000 Euro gewinnen!
Geheimer TV-Trick auf der Bayern-Bank

Dienstag, 21. März

MITTWOCH, 22. MÄRZ 2017
Bild
So krank ist IHRE Lebens-versicherung
BEI ANRUF GELD
1 Mio Euro bei Cash Call gewinnen
→ 75 Anbieter im Rendite-Check
→ Schon 20 Unternehmen in der Zins-Falle → Was Kunden jetzt wissen müssen
Darum wird Schweini jetzt Ami

Mittwoch, 22. März

TERROR IN LONDON
DONNERSTAG, 23. MÄRZ 2017
Bild
Attentäter rast vor Big Ben

Donnerstag, 23. März

URTEIL

Marzipan-Erpresser muss in den Knast

■ Er verseuchte in Kieler Geschäften Marzipan mit Insektengift, wollte so von einer Supermarkt-Kette drei Mio. Euro erpressen. Dafür muss **Andy S.** (38) vier Jahre und neun Monate ins Gefängnis. Der Richter: „Die Gesundheit von Schulkindern wurde aufs Spiel gesetzt." Skrupellos!

PROFESSOR

Beim Sex heißt nur ja wirklich JA!

■ „Nein heißt Nein" – der neue Grundsatz im Sexualstrafrecht. Das ist nicht genug, sagt Professor **Gerd Bohner** (Sozialpsychologe) bei einer Sexismus-Anhörung im Familienausschuss des Bundestages: „Nur Ja heißt Ja." Jugendliche sollten lernen, dass Sex nur bei einem „klaren, enthusiastischen Ja" beider Partner in Ordnung sei. Das sollte den jungen Leuten schon im Sexualkunde-Unterricht beigebracht werden. Auch ein Schweigen oder ein „Ich weiß nicht recht" müsse als Nein zum Sex gelten. Ja!

NACH 4 JAHREN

Jenny Elvers verlässt ihren Verlobten

■ So richtig überraschend ist es nicht: Im März bestätigt die alkoholkranke Schauspielerin **Jenny Elvers** (44) die Trennung von ihrem Verlobten und Manager **Steffen von der Beeck** (42). In der vierjährigen Beziehung hat es immer wieder schwer gekracht. Elvers: „Ich konnte die Disharmonie nicht länger ertragen." Lieber ein Ende mit Schrecken.

MARCEL HESSE BRÜSTET SICH IM INTERNET MIT SEINER MORDLUST

So sah Marcel Heße vor den Morden aus. Im Knast läßt er die Haare lang wachsen

Der Killer von Jaden schockt das ganze Land

■ Am 6. März tötet Marcel Heße (19) in Herne (Ruhrgebiet) den Nachbarsjungen Jaden (†9) mit 52 Messerstichen. Der Killer brüstet sich im Internet mit der Tat („War total einfach..."), schickt Fotos der Leiche. Danach versteckt er sich bei Christopher W. (22) – und bringt auch ihn bestialisch um. Dann stellt sich der Killer in einem Imbiss der Polizei – völlig emotionslos. Das unfassbare, sinnlose Verbrechen schockt das ganze Land. Heße leugnet die Taten nicht, gibt aber keine Antwort auf die Frage nach dem Warum. Irre ist er nicht, nur hochgefährlich. Der Gutachter wird ihn für schuldfähig halten, im Prozess, der im Herbst beginnt.

Jaden (†9) wurde vom Nachbarn in den Keller gelockt

Freitag, 24. März

Samstag, 25. März

Montag, 27. März

Dienstag, 28. März

ABSCHIEDSTAUMEL

WECHSEL PERFEKT!

Er lebe hoch: Mitspieler feiern Poldi nach dem 1:0-Sieg gegen England

Danke, Poldi! Es hat echt viel Spaß gemacht

■ Einer der ganz Großen des deutschen Fußballs verabschiedet sich am 22. März mit einem Traumtor zum 1:0 gegen England aus der Nationalelf: Lukas Podolski (31), zeigt in seinem letzten Spiel für Deutschland in Dortmund, was noch in ihm steckt. Ganz aufhören ist für Poldi nach 130 Länderspielen keine Option. Es zieht ihn in die japanische J1 League zu Vissel Köbe. Sportlich ist das sicher nicht der Hammer, aber nach dem 1. FC Köln, Bayern München, Arsenal London, Inter Mailand und Galatasaray Istanbul ist Japan sicher eine Erfahrung wert. Vielleicht keine lange. Im Herbst flirtet Poldi mit einem Wechsel nach Brasilien. Egal, wo: Mach' et jot!

Immer für Späße und Tore gut: Zuletzt stürmte Poldi 2 Jahre für Galatasaray Istanbul

MANCHESTER, ADE!

Schweini wird für seine Ana zum Ami

Schick in Chicago: Ana und Schweini

■ Ende März bestätigt sich, was absehbar war: Weltmeister Bastian Schweinsteiger (32) wechselt über den großen Teich in die Major Soccer League, verdient sein Geld (rund 4 Mio. Euro/Jahr) bei Chicago Fire. Bei Manchester United ist er unter José Mourinho (54) nie so richtig zum Zug gekommen, aber aufhören will Schweini (121 Länderspiele) noch nicht. Zum Abschied schreibt er den ManU-Fans: „Ich wünschte, ich hätte mehr für Euch tun können. Aber nun war es an der Zeit für mich, etwas zu ändern." Sicher hat ihm auch Ehefrau Ana Ivanovic (29) die Entscheidung leicht gemacht, künftig in den USA zu leben. Als Schweini und Ana am 29. März in Chicago landen, werden sie von Hunderten Fans empfangen: „Fußballgott" steht auf einem Plakat. YES!

Mittwoch, 29. März

Donnerstag, 30. März

Freitag, 31. März

CHAMPIONS LEAGUE

Die Bayern im Rausch: Zehn Tore schenken sie Arsenal im Achtelfinale ein

Aubameyang trifft beim 4:0 gegen Benfica gleich dreimal

Zwei deutsche Asse in der Königsklasse

■ Bayern München und Borussia Dortmund schaffen im März den Sprung ins Viertelfinale der Champions League: Der BVB gewinnt das Rückspiel (nach einem 0:1 im Hinspiel) gegen Benfica Lissabon 4:0, Bayern deklassiert Arsenal London gleich zweimal 5:1! Nur Leverkusen bleibt gegen Atletico Madrid auf der Strecke. Alles wie immer. Fast.

PARIS WEINT

1:6! Kevin Trapps Albtraum in Barcelona

■ Das Wunder von Nou Camp: CL-Achtelfinale, Rückspiel zwischen dem FC Barcelona und Paris St. Germain (mit **Kevin Trapp**, Foto). 4:0 haben die Franzosen daheim gewonnen. Jetzt steht es nach 87 Minuten 3:1. Barca ist praktisch tot, sie brauchen ein 6:1. Aber wie? So: In der 88. macht **Neymar** das 4:1, in der 91. per Elfer auch das 5:1. Und in der 95. Minute legt **Sergi Roberto** auf zum 6:1. Unfassbar. Paris weint: Dieser Neymar, den müsste man haben ...

NACH 2:6

Leverkusen feuert Trainer Schmidt

■ Mit 2:6 geht Bayer Leverkusen am 23. Spieltag in Dortmund unter. Schon die 4. Rückrunden-Pleite, aber Bayer-Trainer **Roger Schmidt** (49, Foto) attestiert seinem Team einen „sehr guten Auftritt". Das sieht der Verein anders, Platz zehn ist zu wenig – Schmidt fliegt wenige Tage vor seinem 50. Geburtstag raus. Sein Nachfolger: **Tayfun Korkut** (42). Auch er muss im Sommer gehen.

Vettel gewinnt den Formel-1-Auftakt in Australien

■ Nach dem Rücktritt von Weltmeister Nico Rosberg (31) sucht die Formel 1 ihren neuen Champion. Der große Favorit: Mercedes-Pilot Lewis Hamilton (32). Aber beim Saison-Auftakt in Melbourne (Australien) macht der viermalige Weltmeister Sebastian Vettel (29) klar: Nach dem Seuchenjahr 2016 (kein Grand-Prix-Sieg) ist jetzt wieder mit ihm zu rechnen! Vettel gewinnt den Großen Preis von Australien am 26. März souverän vor Hamilton. Im Ziel feiert Vettel seinen Ferrari: „Ein großartiges Auto! Das ist für euch alle." Man ahnt: 2017 kann nur einer Hamilton gefährlich werden – Vettel! Lange sieht es so aus, als könnte der Heppenheimer Titel Nr. 5 einfahren. Aber Hamilton will sich nicht wieder einem Deutschen beugen.

Sebastian Vettel feiert seinen Auftaktsieg im Ferrari mit Champagner

Die Schlecker-Frau ist nicht mal böse auf die gierigen Schleckers

Als sie bei Schlecker anfing, hatte sie gerade ihren Mann Edwin geheiratet, war 42 Jahre alt, wollte Veränderung im Leben, kündigte ihren Job im Getränkemarkt in Backnang und freute sich auf neue Herausforderungen.

Daran denkt sie jetzt, im März 2017, als am Landgericht Stuttgart der Prozess gegen Anton Schlecker (72), seine Ehefrau Christa sowie die Kinder Lars und Meike beginnt. Ihnen wird vorsätzlicher Bankrott bzw. Beihilfe dazu, den Kindern außerdem Insolvenzverschleppung und Untreue vorgeworfen. Die Familie hat sich Millionen aus der Firmenkasse in die eigenen Taschen gesteckt, als das Unternehmen längst pleite war.

Karin Meinerz (58) verdiente elf Jahre lang als Verkäuferin in Teilzeit bei der Drogeriemarktkette Schlecker in Winnenden und Backnang ihre Brötchen. Sie saß hinter der Kasse, räumte Ware in die Regale, beriet Kunden, kontrollierte das Mindesthaltbarkeitsdatum, leistete zig Überstunden in anderen Filialen.

Und ihr Ehrgeiz und Einsatz für Schlecker zahlte sich aus: Nach neun Jahren im Betrieb wurde sie Vorsitzende des Betriebsrats im Bezirk Rems/Murr, war stolz auf sich, ihren Betrieb und kämpfte für ihre Mitarbeiter.

Die Stimmung unter den Kollegen war immer gut, privat traf man sich zu Grillfesten, organisierte Weihnachtsfeiern, fühlte sich zusammengehörig. Vonseiten des Unternehmens Schlecker wurden nie Feste für die Angestellten gefeiert.

STEPHANIE KEBER
BILD-Reporterin

Mitglieder der Familie Schlecker hat sie in all den Jahren nie zu Gesicht bekommen. Umso öfter schauten aber Kontrolleure in der Filiale vorbei. Mitarbeiter wurden abgepasst, die Handtaschen auf mögliches Diebesgut kontrolliert. „Da fühlt man sich unter Verdacht, es gab kein Vertrauen in einen als Mitarbeiter." Von der Pleite bekamen sie und ihre Mitarbeiter bis zum Schluss aber nichts mit, Infos, wie es tatsächlich um den Betrieb stand, wurden zurückgehalten. Schleichend bemerkten Karin Meinerz und ihre Kolleginnen aber, dass etwas nicht mehr rundlief. Ab Herbst 2011 blieben immer mehr Lieferungen für ihre Filiale in Backnang aus. Damit es den Kunden nicht direkt auffiel, versuchte das Team zu kaschieren, verteilte die Waren breit in die ersten Regalreihen. Auf die Nachfragen beim Konzern kamen als Antwort nur Gründe wie Lieferschwierigkeiten oder -ausfälle. „Die haben am Telefon das Blaue vom Himmel runtergelogen", so Meinerz. Angekommen ist die Ware oftmals nie. Die Regale wurden leerer und leerer, die Mitarbeiter und der Betriebsrat weiterhin in Unwissenheit gelassen, die Kunden immer verärgerter. Zur selben Zeit im Oktober 2011 nahm Meinerz an einer Gesamtbetriebsratssitzung in Oberhof (Thüringen) teil. Dort präsentierte man das neue Schlecker-Konzept, beteuerte, dass keine Filiale schließen müsse, kein Mitarbeiter entlassen werde.

Im Januar 2012 dann der Schock: Die Drogeriekette Schlecker meldete Insolvenz an. Als dies bekannt wurde, saß Karin Meinerz gerade im Auto, war mit Betriebsratskollegin Bettina Meeh auf dem Weg zu einer Filiale und hörte die Nachricht im Radio. „Wir waren wie gelähmt, fühlten uns belogen, hintergangen. Ein Anruf bei Ver.di bestätigte uns die Nachricht leider."

Dann ging alles ganz schnell. Meinerz musste einen Sozialplan mit aufstellen, entscheiden, wer gehen muss. „Da fühlt man sich nicht gut, aber hatte die Hoffnung, so wenigstens noch einzelne Filialen retten zu können." Deshalb wurden auch in ihrem Bezirk Geschäfte von heute auf morgen dichtgemacht. Bis zum Schluss hat die Großaspacherin gehofft, bis zum letzten Tag für die Arbeitsplätze ihrer Kollegen, ihren eigenen und die Erhaltung der Schlecker-Geschäfte gekämpft. Bis zum Tag der endgültigen Verkündung der Pleite durch den Insolvenzverwalter wollte Meinerz nicht an den Untergang des Schlecker-Imperiums glauben. „Aber es war alles für die Katz. Ich war nur noch wütend, sauer, konnte wie alle anderen meine Tränen nicht mehr zurückhalten." Zukunftsängste machten sich breit.

Die Zeit im Drogerieunternehmen sei eigentlich schön gewesen. Schlecker sollte ihr letzter Arbeitgeber sein. Einen Groll gegen die Schleckers hegt Karin Meinerz aber nicht. Allein die Art und Weise, wie mit den Mitarbeitern umgegangen wurde, stößt ihr bitter auf. Ihre Kündigung holte sie im Juni 2012 aus dem Briefkasten, das Büro in Backnang räumte sie im August, knipste als Letzte das Licht aus. Bevor sie ging, schleppte Karin Meinerz noch sechs braune Schreibtischstühle und zwei graue Tische aus dem Büro auf den Bürgersteig. Klebte „Zu verschenken" drauf. Heute kümmert sich Karin Meinerz täglich um ihre Enkelkinder Fynn, Julian und Lucas – diesen Job wird sie nie verlieren.

Anton Schlecker (oben r.), seine Frau Christa (oben l.) und die Kinder Lars und Meike stehen ab März 2017 vor Gericht. Das Verfahren gegen Christa Schlecker wird gegen eine Geldbuße eingestellt, Anton Schlecker kassiert im November zwei Jahre auf Bewährung. Sohn Lars (2 Jahre, 9 Monate) und Tochter Meike (2 Jahre, 8 Monate) müssen ins Gefängnis

APRIL 2017

Grinst hier der Mann, der den BVB töten wollte?

■ Ganz lässig steht er da, in der Abendsonne. Sergej W. (28), Deutschrusse, Elektriker im Schwarzwald, eher klein, muskulös. Verspiegelte Sonnenbrille, Hawaii-Hemd. Ein bisschen Angeber ist da zu sehen, einer, der offenbar schnell reich werden will. Und dafür am 11. April laut Bundesanwaltschaft ein beispielloses Verbrechen verübt: Sergej W. will durch einen Bombenanschlag auf Borussia Dortmund das große Geld machen. Selbst wenn es 28 Menschen das Leben kostet.

FRANK
SCHNEIDER
BILD-Reporter

Der Attentäter ist noch auf freiem Fuß, als ich erfahre, wer es ist

Als ich ans Handy gehe, ist ein Informant dran. Vor neun Tagen sind neben dem Mannschaftsbus von Borussia Dortmund drei Sprengsätze explodiert. Zum Glück war einer falsch angebracht, nur das rettete den Menschen im Bus wohl das Leben. Seitdem rätseln alle, wer hinter dem Anschlag steckt. Der ISIS?
Der Informant sagt: „Wir müssen uns sofort treffen. Ich weiß jetzt, wer das Attentat auf den BVB verübt hat. Es sind nicht ISIS-Terroristen. Und das Motiv ist der absolute Wahnsinn!“
Zwei Stunden später legt mir der Informant Material des Bundeskriminalamtes (BKA) vor. Er hat recht: Es ist Wahnsinn! Der Attentäter wollte die BVB-Spieler offenbar töten, um mit Aktienspekulationen reich zu werden!
Die Optionsscheine auf einen Kurssturz der BVB-Aktie hat der Deutsch-Russe Sergej W. (28) aus Rottenburg (Baden-Württemberg) Stunden vor den Explosionen auf seinem Zimmer im Mannschaftshotel „L’Arrivée“ online gekauft. Die IP-Adresse bringt die Fahnder auf seine Spur. Der Mann war den Hotel-Mitarbeitern aufgefallen, weil er nach dem Anschlag entspannt durch die Lobby ins Restaurant ging und Essen bestellte.
Als ich das BKA-Material lese, ist Sergej W. noch frei – und plant wegen des misslungenen BVB-Attentats offenbar bereits neue Anschläge auf Seilbahnen. Aber das erfahren wir erst später
Wir, die BILD-Reporter, telefonieren mit Bundesanwaltschaft und Bundeskriminalamt – und halten die brisanten Informationen zurück, um die Ermittlungen nicht zu gefährden.
Am nächsten Tag sind BILD-Reporter frühmorgens bei der Festnahme von Sergej W. durch die Spezialeinheit GSG9 in der Nähe. Wir bekommen exklusive Bilder vom Zugriff. Die Elitepolizisten haben das Auto des Elektrikers auf dem Weg zur Arbeit in einem Heizkraftwerk gestoppt. Sie wollten ihn nicht zu Hause überraschen, weil Sergej W. weitere Sprengsätze in seiner Wohnung haben könnte. Zum Glück stimmt das nicht.

Marc Bartra nach dem Anschlag in der Klinik: Er musste operiert werden. Er saß hinter der geborstenen Scheibe

BOMBEN GEGEN Alle Dortmunder

Auf der Fahrt ins Stadion zum CL-Spiel gegen Monaco explodieren drei Bomben am BVB-Mannschaftsbus. Wie durch ein Wunder gibt es keine Toten

Keine Angst: die BVB-Elf einen Tag nach dem Anschlag, vor dem Monaco-Spiel

BVB-BUS! sollten sterben

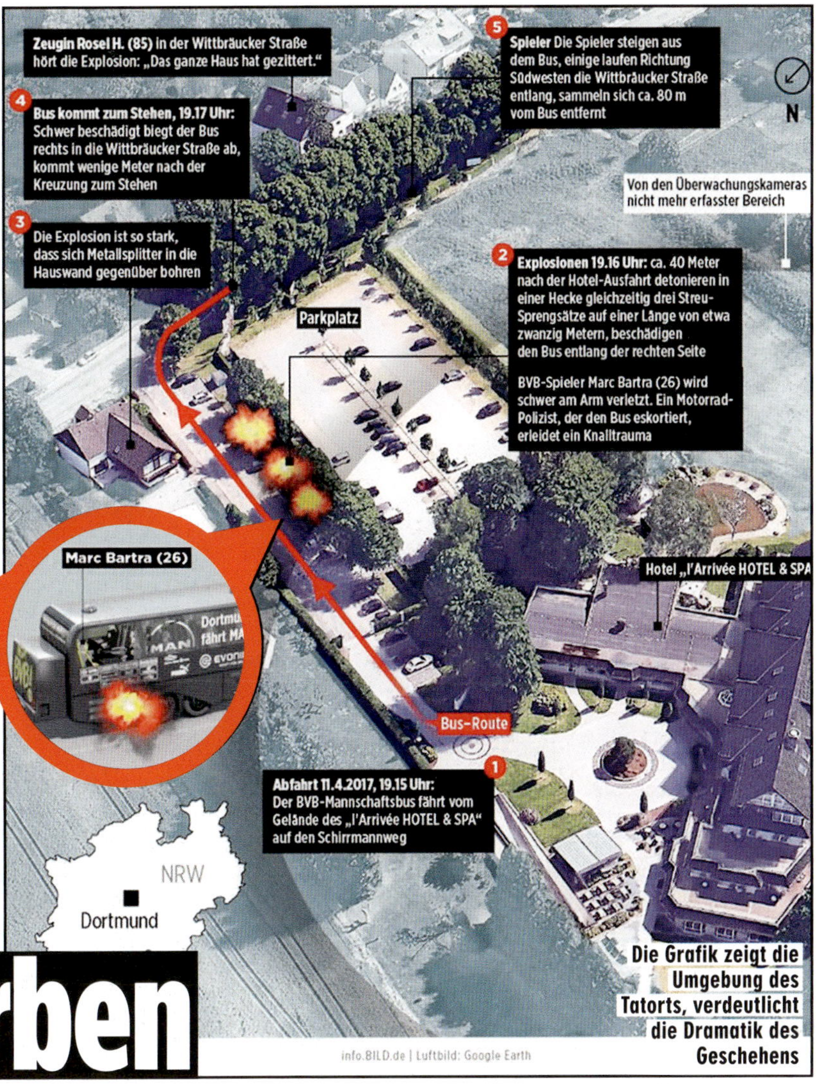

Die Grafik zeigt die Umgebung des Tatorts, verdeutlicht die Dramatik des Geschehens

Fußball-Deutschland wartet an diesem Abend des 11. April auf die Champions-League-Partie von Borussia Dortmund gegen AS Monaco. Viertelfinale, Hinspiel, das Dortmunder Stadion ausverkauft.
Um 19.15 Uhr fährt der BVB-Mannschaftsbus am Hotel „l'Arivée" mit dem Team, Trainer und Betreuern Richtung Stadion los. Nach nur etwa 150 Metern plötzlich drei Explosionen. Am Rand der Straße sind drei Sprengsätze detoniert, die auf einer Länge von etwa 12 Metern in einer Hecke platziert waren. Durch die Explosionen bricht eine Sicherheitsscheibe am Bus, eine weitere splittert. BVB-Star Marc Bartra (26) wird im Bus schwer am Arm verletzt, auch der vorausfahrende Motorradpolizist verletzt sich.
Aber es hätte alles viel schlimmer kommen können. Es sollte viel schlimmer kommen!
Die mittlere der drei Bomben war zu hoch platziert, ihre Sprengwirkung entlud sich über den Bus hinweg.
Nach Überzeugung der Bundesanwaltschaft war der Plan des oder der Täter, dass alle 27 Menschen im Bus (und der Motorradpolizist) sterben.
Der Schock ist enorm. Wer steckt hinter dem Attentat? Sind es ISIS-Terroristen? Kann man überhaupt noch zum Fußball gehen?
Das Spiel wird auf den nächsten Abend verschoben. Eine verunsicherte BVB-Elf verliert gegen Monaco 2:3, scheidet später aus der CL aus. Das ist nicht so wichtig. Wichtig ist: Wer ist der Attentäter? Und was will er?
Angebliche Bekennerschreiben des ISIS tauchen auf. Sie sind gefälscht. Offenbar von Sergej W. (28).
Zehn Tage nach dem Anschlag wird der Deutschrusse um 5.33 Uhr auf dem Weg von Rottenburg zur Arbeit in einem Heizkraftwerk in Tübingen von einer GSG-9-Einheit verhaftet.
Das irrwitzige Motiv: Sergej W. soll unmittelbar vor dem Anschlag viel Geld auf einen dramatisch fallenden Kurs der BVB-Aktie an der Börse gewettet haben. Den Kursabsturz sollte das Attentat bewirken.
Sergej W. hatte zur Tatzeit ein Zimmer mit Blick auf den Tatort, machte die Börsengeschäfte von dort aus. Nachdem die Bomben per Funk gezündet waren, ging er seelenruhig ins Hotelrestaurant, bestellte ein Steak. Der Deutschrusse leugnet alles. Er habe im Hotel nur Urlaub gemacht.
Die Anklage: versuchter Mord in 28 Fällen. Im Dezember geht der Prozess los.

Sergej W. (28) ist Elektriker, lebt seit 2003 in Deutschland

Hinter diesen Fenstern des Hotels „l'Arrivée" soll der Attentäter den Anschlag inszeniert haben

Der Märchen-Onkel von der Sparkasse
Samstag, 1. April 2017
Bild
„Abhebungen an unseren Geldautomaten sind für Kunden kostenlos – und das wird auch so bleiben."
Cash Call MIT NUR EINEM ANRUF 20 000 € GEWINNEN!
HERTHA – HOFFENHEIM 1:3
Bayern kauft Super-Talent

Samstag, 1. April

SCHNAPP DES TAGES
Gewalt-Opfer Ärzte
CASH CALL! Mit einem Anruf bis zu 20000 Euro gewinnen
Erstmal zu Penny
Bayern-Kapitän schaltet Anwalt ein
MONTAG, 3. APRIL 2017
Bild
Dreister April-Scherz gegen Lahm

Montag, 3. April

DIENSTAG, 4. APRIL 2017
Cash Call! Mit einem Anruf 20000 Euro absahnen!
Bild
Private Fotos!
Zu Hause bei Stefan Mross ...und seiner neuen Liebe
1. VERLETZUNG
Bayern bangt um Müller

Dienstag, 4. April

Assad mordet weiter
KINDER VERGAST
MITTWOCH, 5. APRIL 2017
Bild
...und die Welt tut NICHTS!
1 Mio. zu gewinnen
1:0! Hoffenheim schlägt die Bayern

Mittwoch, 5. April

MICHAEL BALLHAUS (†81)

■ Trauer um das deutsche Auge in Hollywood: Kamera-Legende Michael Ballhaus stirbt nach kurzer Krankheit Mitte April mit 81 Jahren in seiner Heimatstadt Berlin. 25 Jahre hat er in den USA mit den wichtigsten Regisseuren gearbeitet. Allein sieben Filme, u. a. „Departed" (2006, 100 Mio. Dollar, mit Leonardo DiCaprio und Jack Nicholson), entstanden mit Martin Scorsese. Mit 18 hatte Ballhaus die Liebe zum bewegten Bild entdeckt. Sein Markenzeichen: die 360-Grad-Kamerafahrt. Ehefrau Helga, Mutter der beiden Söhne, stirbt 2006 an Krebs. Ballhaus kehrt nach Berlin zurück, heiratet 2011 Regisseurin Sherry Hormann. Für deren Film „3096 Tage" tritt ein letztes Mal hinter die Kamera.

RENATE SCHROETER (†77)

■ Sie hatte „Ein Haus in der Toscana", war die Beinah-Schwiegermutter vom „Landarzt" und hatte zwei Jahre „Freunde fürs Leben": Anfang April stirbt Renate Schroeter mit 77 Jahren in Freiburg. Über Jahrzehnte gilt sie als eine der großen deutschen Schauspielerinnen. Legendär ihre Auftritte im „Tatort": Bis heute hält die Folge „Rot-rot-tot" (1978) den Quoten-Rekord mit 26,57 Mio. Zuschauern. Viele Jahre lebt die Berlinerin (eine Tochter, 39) in der Schweiz. 2011 beendet Schroeter ihre Karriere. Sie reist, widmet sich der Bildhauerei und Malerei: „Die Stoffe, die Frisuren, all das, was ich am Theater so geliebt habe, finde ich dort wieder."

BILD Besuch

Regierungschef Benjamin Netanjahu mit den BILD-Reportern Kai Diekmann (l.) und Christian Stenzel

TREFFEN MIT ISRAELS MINISTERPRÄSIDENT

Netanjahu erklärt den Streit mit Gabriel

■ Es gibt einen mächtigen diplomatischen Eklat im April: Außenminister Sigmar Gabriel (57) soll im Rahmen einer Israel-Reise auch Benjamin Netanjahu (67) treffen. Aber der Regierungschef sagt kurzfristig ab – weil Gabriel auch mit Organisationen spricht, die das israelische Militär, die Soldaten massiv kritisieren. Gabriel ist düpiert. Die Aufregung ist groß, da empfängt Netanjahu BILD-Reporter in seinem Jerusalemer Amtssitz, erklärt: „Kanzlerin Merkel ist eine wahre Freundin Israels und wird es auch bleiben. Sie versteht, dass Israel ein natürlicher Verbündeter Deutschlands ist."

ZUM 90. GEBURTSTAG

Benedikt XVI. empfängt BILD im Vatikan

Benedikt XVI. mit BILD-Reporter Albert Link im Vatikan

■ Am Ostersonntag feiert der „pensionierte" Papst Benedikt XVI. seinen 90. Geburtstag. Kurz vorher darf ihn BILD-Reporter Albert Link in seinem Altersdomizil in den Vatikanischen Gärten besuchen. Der Reporter erlebt einen Menschen, dessen Augen quicklebendig sind, dessen Händedruck kräftig und dessen Stimme fest ist. Befreit von der Last des schweren Amtes, freut sich Benedikt über die Glückwünsche aus seiner Heimat.

PISA-STUDIE

Jeder sechste Schüler wird gemobbt

■ Laut einer neuen PISA-Studie wird in Deutschland fast jeder sechste 15-Jährige an der Schule gemobbt – regelmäßig. Bei vielen geht es um Lästereien, Ausgrenzung und fiese Gerüchte. Manche geben aber auch an, geschubst und geschlagen zu werden. Jungen sind häufiger von körperlicher Gewalt betroffen als Mädchen. Trotz allem: Fast drei Viertel sagen, sie seien zufrieden oder gar sehr zufrieden mit ihrem Leben.

BARGELD

Seniorin hortet ihr Vermögen daheim

■ Eine offenbar verwirrte alte Dame hat sich in Aachen (NRW) zu Hause ausgesperrt, ein hilfsbereiter Nachbar klettert durchs Fenster ins Haus – und sieht dort Briefumschläge und Rucksäcke, aus denen buchstäblich Geldscheine quellen. Er ruft die Polizei, die das Geld überprüft: mehrere Hunderttausend Euro, alles echt. Ein Vermögen. Jetzt hat es die Witwe auf dem Konto. Sie sagt: Wir haben immer nur gespart.

TOTE HOSE

Deutsche häufig zu müde für Sex

■ Immer dieser Stress! Laut Repräsemtativ-Umfrage von Marktforschern sagen aktuell 28 Prozent aller Leute, die in einer Beziehung leben, dass sie häufig zu müde für Sex sind. Der Job, der Haushalt, die Kinder – und dann bitte noch Erotik? Frauen (33 Prozent) sind übrigens noch häufiger sexmüde als Männer (22 Prozent). Jeder dritte Befragte ist übrigens „nur manchmal" lustlos. Wer immer Lust hat, ist ein Glückspilz. Oder ein Lügner.

Donnerstag, 6. April

Freitag, 7. April

Samstag, 8. April

Montag, 10. April

Präsidentschaftswahlen in Frankreich

Macron gewinnt die erste Runde

Ein junger Mann lässt Europa neue Hoffnung schöpfen

Sieger in der ersten Runde: Ex-Investmentbanker Macron

■ Frankreich 2017. Ein Land in einer tiefen Krise. Die Wirtschaft ist schwach, viele Arbeitslose, die Nation ist traumatisiert vom ISIS-Terror, die Angst vor Fremden wächst. Der sozialistische Präsident François Hollande (62) ist gescheitert, er tritt zur Wiederwahl am 23. April nicht an. Die große Angst: Marine Le Pen (48) vom rechtsextremen Front National könnte Präsidentin werden. Sie will mit Frankreich aus der EU, das Land vor Zuwanderern abschotten. Der Favorit für die Wahl, Ex-Premierminister François Fillon (63, Republikaner), gerät in den Verdacht, sich (und seine Familie) am Staat bereichert zu haben.

Und dann ist da plötzlich Emmanuel Macron (39), bis 2016 Wirtschaftsminister, der als unabhängiger Kandidat antritt. Ein Liberal-Konservativer, ein klarer EU-Befürworter. Bald ist klar: Nur er wird eine Präsidentin Le Pen verhindern können.

37 Millionen Franzosen geben ihre Stimme ab. Macron liegt vorn (24 %), vor Le Pen (21,3 %), Fillon (20 %) und dem ultralinken Jean-Luc Mélenchon (65, 19,6 %). Heißt: Macron und Le Pen müssen im Mai in eine Stichwahl. Fillon ist raus. Zum ersten Mal haben weder die Republikaner noch die Sozialisten einen Kandidaten im Rennen. Jetzt muss es Macron schaffen.

Mit Enkelin: Macron und Ehefrau Brigitte, seine frühere Lehrerin. Sie ist 24 Jahre älter als er

Dienstag, 11. April

Mittwoch, 12. April

Donnerstag, 13. April

Samstag, 15. April

14 Menschen sterben durch Bombe in der U-Bahn in St. Petersburg

Auf dem U-Bahnsteig liegen Tote und Verletzte. Die Bombe ist gegen 14.30 Uhr während der Fahrt explodiert

Der 2. Sprengsatz

Der Attentäter hat eine zweite Bombe in der U-Bahnstation „Platz des Aufstands" deponiert, versteckt in einem Feuerlöscher, bevor er sich in der Linie 2 in die Luft sprengt. Zum Glück wird die Bombe im Bahnhof rechtzeitig entdeckt und entschärft.

■ Während der Fahrt sprengt sich am 3. April in St. Petersburg ein Terrorist in einer U-Bahn der Linie 2 in die Luft. 14 Menschen sterben durch die Splitterbombe, mehrere Dutzend werden zum Teil schwer verletzt. Auch der Attentäter, ein Kirgise (22), stirbt. Der Mann soll Verbindungen zu radikalen Islamisten gehabt haben. Er hat offensichtlich eine zweite Bombe versteckt, die aber rechtzeitig entschärft werden kann. Zwei Wochen später schnappen russische Fahnder bei Moskau den mutmaßlichen Drahtzieher (27) des Anschlags. Er gesteht, den Bombenleger ausgebildet zu haben. Das Motiv für den verheerenden Anschlag bleibt zunächst offen.

NACH ZWEI JAHREN

Polizei gibt die Suche nach Inga auf

■ Überall auf der Welt soll sie gesehen worden sein, aber kein Hinweis hilft am Ende weiter. Zwei Jahre nach dem Verschwinden von **Inga** (damals 5) im Wald bei Stendal (Sachsen-Anhalt) wird die Ermittlungsgruppe der Polizei aufgelöst. Bis zu 60 Beamte hatten jeden Hinweis geprüft, jede Spur verfolgt. Ingas Schicksal? Rätselhaft: Wie konnte das Kind bei einem Grillabend verschwinden, als es im Wald Feuerholz suchte? Ein Entführer? Doch ein Unfall? Oder etwa ein Wolf? Nichts weiß man. Die Polizei sagt: Sobald es einen neuen Hinweis gibt, nehmen wir die Suche wieder auf.

RIESEN-DIAMANT

66,7 Millionen Euro für „Pink Star"

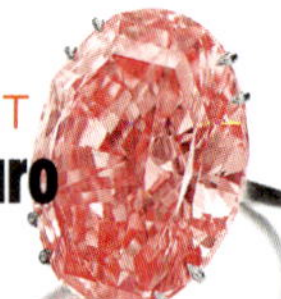

■ 1999 wurde er in einer südafrikanischen Mine entdeckt: ein Riesen-Diamant, 59,6 Karat. Der größte pinkfarbene aller Zeiten. Im April versteigert ihn das Auktionshaus Sotheby's. Es geht schnell: Die Juwelierkette Chow Tai Fook aus Hongkong (China) bietet 71,2 Mio. Dollar (66,7 Mio. Euro). Zuschlag!

BUNDESWEHR-SKANDAL

Offizier tarnt sich als syrischer Flüchtling

■ Am 26. April wird bei der Bundeswehr in Hammelburg (Bayern) Oberleutnant Franco A. (28) verhaftet. Die unglaubliche Geschichte: Der Offizier beantragte Ende 2015 in Deutschland Asyl – als syrischer Kriegsflüchtling. Und hat als solcher tatsächlich Geld erhalten. Aber es geht nicht um Geld, sondern nach Überzeugung der Ermittler darum, dass der rechtsradikale Offizier Anschläge auf Politiker plante, um den Verdacht dann auf arabische Asylsuchende zu lenken. Dass er kein Wort Arabisch sprechen oder schreiben kann, ist den Behörden entgangen. Aufgefallen ist der Wahnsinn erst, als Franco A. mit einer Pistole am Wiener Flughafen geschnappt wurde. Zwei Komplizen, darunter ein weiterer Oberleutnant, sind inzwischen wieder frei. Franco A. bestreitet Anschlagspläne. Ende offen.

Franco A. in Uniform. Als „Syrer" ließ er sich einen Bart wachsen

Dienstag, 18. April

Mittwoch, 19. April

Donnerstag, 20. April

Freitag, 21. April

Mit Sonnenbrille durch die Finsternis: Ivanka Trump im Stelenfeld des Holocaust-Mahnmals

Trump-Tochter Ivanka „tief bewegt" vom Berliner Holocaust-Mahnmal

Ende April reist Amerikas First Daughter, Ivanka Trump (35), zum Frauengipfel W20 nach Berlin. Kanzlerin Angela Merkel (62) hat Ivanka, offiziell Beraterin von US-Präsident Donald Trump (70), zum Treffen mit einflussreichen Frauen wie Königin Máxima (45) der Niederlande und IWF-Chefin Christine Lagarde (61) eingeladen.

Bei einem festlichen Abendessen sitzt Ivanka neben Merkel, besucht die Siemens-Technikakademie und das Holocaust-Mahnmal. Sie sei „tief bewegt", twittert sie danach. Den W20-Gipfel, der die Rolle der Frau in der Wirtschaft stärken soll, nutzt Ivanka, um zu versichern, dass ihr Vater nicht frauenfeindlich sei.

Als sie das sagt, gibt es Unruhe im Saal, wird berichtet.

Kanzlerin Merkel und Ivanka Trump beim Dinner in Berlin

Mehr als 80 Menschen sterben bei Chemiewaffen-Angriff auf Chan Scheichun

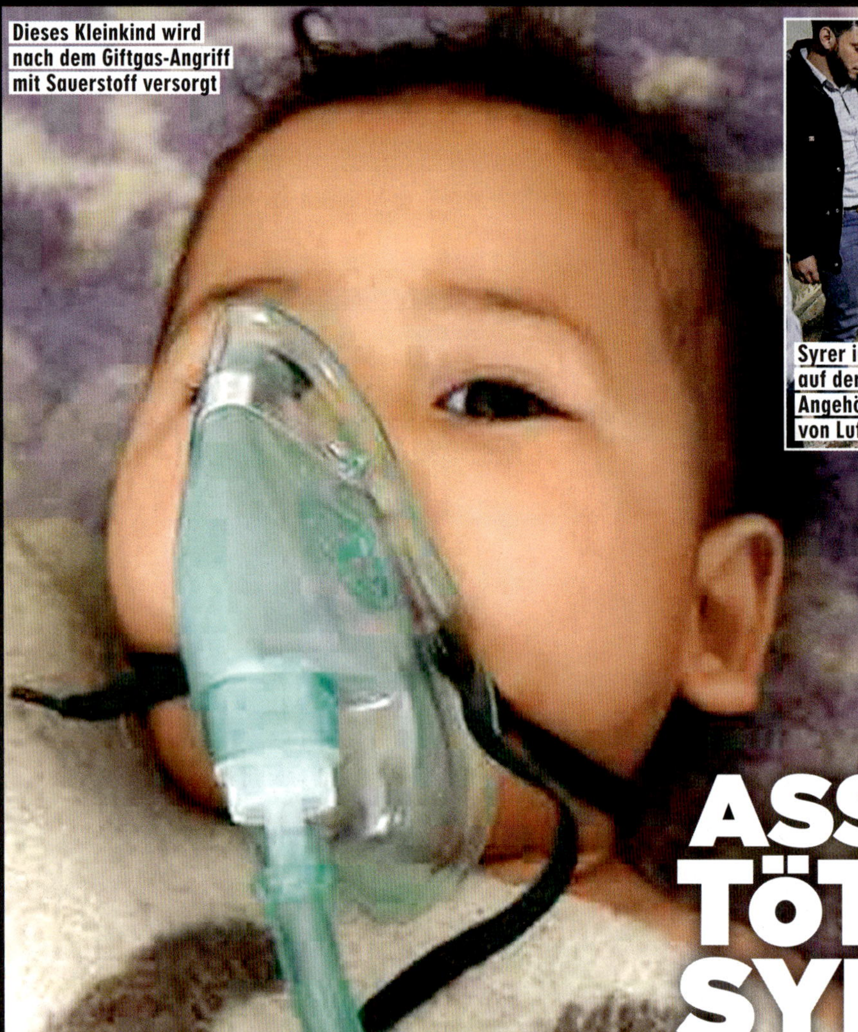

Dieses Kleinkind wird nach dem Giftgas-Angriff mit Sauerstoff versorgt

Syrer in einer Klinik auf der Suche nach Angehörigen, die Opfer von Luftangriffen wurden

Diktator Baschar al-Assad

ASSAD TÖTET SYRISCHE KINDER MIT GIFTGAS

■ Der erbarmungslose Krieg, den Syriens Diktator Baschar al-Assad (51) seit Jahren gegen die eigene Bevölkerung führt, erlebt am 4. April einen neuen, furchtbaren Höhepunkt.
Eine Maschine der syrischen Luftwaffe wirft gegen 6.45 Uhr vier Bomben auf die Stadt Chan Scheichun ab. Mindestens eine ist mit dem Giftgas Sarin gefüllt. Durch das austretende Gas sterben in der Nähe des Explosionsortes laut einem UN-Bericht mindestens 80 Menschen, darunter 28 Kinder und 23 Frauen. Fast 300 Verletzte, darunter mehr als 100 Kinder, werden in Kliniken behandelt. Chan Scheichun wird von Rebellen gehalten. Die Behauptung des Assad-Regimes, bei einem Luftangriff sei ein Giftgas-Lager der Rebellen getroffen worden, erweist sich laut UN-Bericht als Lüge. Vielmehr handele es sich um Kriegsverbrechen der syrischen Regierung. Schon vor dem Giftgas-Angriff sei das wichtigste Krankenhaus der Gegend bombadiert worden. Später eine Sammelstelle für überlebende Opfer der Sarin-Bombe.
Assad verfügt also sehr wohl über Chemiewaffen, entgegen aller Behauptungen. Die große Frage: Wie reagiert der Westen?

US-MARSCHFLUGKÖRPER GEGEN ASSADS LUFTWAFFE

Vergeltung: Eine Tomahawk-Rakete startet vom Zerstörer „USS Porter"

■ Drei Tage nach dem Giftgas-Angriff reagiert US-Präsident Donald Trump (70). Von den Zerstörern „USS Porter" und „USS Ross" im Mittelmeer steigen nachts 59 „Tomahawk"-Marschflugkörper auf. Ihr Ziel: der syrische Luftwaffenstützpunkt Al-Schairat, von wo der Giftgas-Bomer gestartet ist. Der Flughafen wird weitgehend zerstört, sechs Menschen sollen gestorben sein. Die syrische Regierung droht mit Rache, Assads Verbündeter Wladimir Putin (64) verurteilt die Aktion als „Aggression gegen einen souveränen Staat". Assad, ein souveräner Kindermörder?

Samstag, 22. April

Montag, 24. April

Dienstag, 25. April

Mittwoch, 26. April

Die 26. Verleihung der deutschen Musik-Preise in Berlin

Schrei vor Glück! Echo-Preisträgerin Ina Müler

Panik-Rocker Udo Lindenberg holt das Echo-Double

US-Sängerin und Songwriterin Beth Ditto ist ganz Ohr

„Rammstein"-Sänger Till Lindemann mit Busenmodel Leila Lowfire

ECHO

Udo Lindenberg und Ina Müller als beste deutsche Künstler gefeiert

★ Panikrocker Udo Lindenberg (70) ist der Megastar der 26. Echo-Verleihung in Berlin. Am 6. April räumt Udo gleich zwei der wichtigsten Preise ab: als „bester Künstler national" und für das „Album des Jahres" („Stärker als die Zeit"). Es sind seine Echos Nr. 7 und 8! Beste deutsche Künstlerin ist nach Überzeugung der Jury diesmal Ina Müller (51, „Ich bin die"), der Schlager-Echo geht an Andrea Berg (51, „Fantasy"). Auch mit dabei in der Messe Berlin: Beth Ditto (36), „Rag 'n' Bone Man" (32, „Human"), Die Toten Hosen und Beginner, die auch gleich zwei Echos (Hip Hop national und Kritikerpreis) abstaubten. Den Hit des Jahres hat Drake feat. WizKid & Kyla abgeliefert – („One Dance). Für sein Lebenswerk wurde Marius Müller-Westernhagen (68) ausgezeichnet. Verdient!

★ **WO?** ★
Messe Berlin

★ **WER?** ★
Stars und Sternchen aus der Musik-Welt

★ **WARUM?** ★
Preise für die besten Songs, Alben, Videos

Andrea Berg freut sich über ihren Schlager-Echo

Lässig, gut gelaunt: Alec Völkel (3. v. l.) und Sascha Vollmer (2. v. r.) mit ihren Jungs von „The Boss Hoss"

Venezuela erlebt die Mutter aller Märsche!

IN DEM ÖLREICHEN LAND HUNGERN DIE MENSCHEN

Es ist ein Aufstand gegen den Hunger, gegen völlige Armut und Verzweiflung. Hunderttausende gehen im April in Venezuelas Hauptstadt Caracas und anderen Städten des südamerikanischen Landes auf die Straße. Sie fordern Neuwahlen, die Ablösung von Präsident Nicolas Maduro (54). Der Sozialist hat den legendären Hugo Chavez († 58) 2013 beerbt und das einst wohlhabende, extrem ölreiche Land ruiniert. Die Inflation liegt 2017 bei 1000 Prozent, die Landeswährung, der Bolivar, hat binnen zehn Jahren 99,9 Prozent an Wert verloren. Und jetzt hungern sie. Der Staat ist, nicht nur durch den Ölpreisverfall, praktisch bankrott. Maduro lässt Polizei und Militär mit aller Härte gegen das Volk marschieren. Es gibt schon im April die ersten Toten, Ende des Jahres werden es weit über 100 sein. Das Land ist am Ende, aber Maduro will noch mehr Macht. So funktionieren Diktatoren.

Über eine Schnellstraße marschieren Abertausende durch Caracas – allein an diesem Tag sterben mindestens drei Demonstranten in Venezuela

STREIT BEI DER AFD

Frauke Petry verzichtet auf Spitzenkandidatur

Kurz vor dem AfD-Parteitag in Köln erklärt Frauke Petry (41) ihren Verzicht auf die Spitzenkandidatur für die Bundestagswahl. Die Parteichefin liegt im Dauerclinch mit ihrem Vize, Alexander Gauland (76). Sie lehnt eine Doppelspitze für die Wahl im September ab – und verliert den Machtkampf gegen den extrem rechten Flügel der Partei. Auf dem von massiven Protesten begleiteten Parteitag in Köln nominiert die AfD neben Gauland Alice Weidel (38) als Spitzenkandidatin. Fünf Monate vor der Wahl ist klar, dass es die AfD in den Bundestag schaffen wird. Petry wird in Sachsen als Direktkandidatin antreten – und ein Mandat gewinnen. Aber die AfD wird keinen Spaß mehr an ihrer bisherigen Frontfrau haben. Petry und die AfD, das passt nicht mehr zusammen.

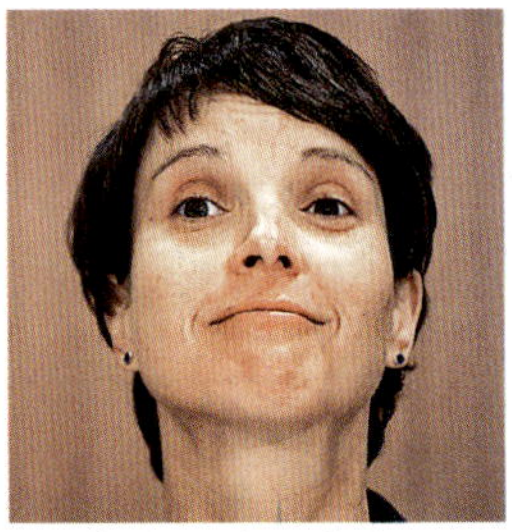

Es war einmal eine Partei-Chefin: Frauke Petry überwirft sich mit ihrer rechtspopulistischen AfD

VERFASSUNGS-REFERENDUM IN DER TÜRKEI

Jetzt herrscht Erdogan, der Allmächtige

Ziemlich knapp, mit 51,4 %, sagen die Türken „Evet" (JA) zum Verfassungsreferendum, das Präsident Recep Tayyip Erdogan (63) praktisch zum Alleinherrscher macht. In den Metropolen Isbanbul, Ankara, Izmir hat Erdogan keine Mehrheit – aber 63 % der Deutsch-Türken sagen Ja zum künftigen Präsidialsystem, das auch den Weg ebnet zur von Erdogan gewünschten Einführung der Todesstrafe. Die Türkei entfernt sich immer weiter von Europa. Man wundert sich.

Erdogan lässt sich mit seiner Frau Emine (62) nach dem Wahlsieg feiern

Donnerstag, 27. April

Freitag, 28. April

Samstag, 29. April

Hoch soll er leben! „Auba" feiert Dembele

POKAL-SENSATION NACH ANSCHLAG

Dortmund findet bei den Bayern wieder Spaß am Spiel

■ Zwei Wochen nach dem Bomben-Anschlag auf den Mannschafts-Bus und dem Aus in der Champions League muss der BVB im Pokal-Halbfinale bei den Bayern ran. Als krasser Außenseiter. Die Bayern sind längst Meister, dahoam sowieso schier unbezwingbar, es sei denn, Real kommt. Aber jetzt kommen die Dortmunder Aubameyang, Dembele, Reus. Am 26. April scheint die Partie nach einer Stunde entschieden. Bayern führt 2:1, kontrolliert das Spiel und lullt sich selbst ein. Aubameyang (69.) und Dembele (74.) schießen den BVB ins Pokal-Finale. Deutschland freut sich mit den Dortmundern, die an diesem Tag Ende April alle hätten tot sein können. Aber sie leben. Und wie!

Ulreich ohne Chance: Dembele macht das 3:2-Siegtor

EINTRACHT

Frankfurt fährt über Gladbach nach Berlin

■ Für die Frankfurter Eintracht ist nach der Horrorsaison 2016 mit dem Fast-Abstieg 2017 ein gutes Jahr. Zum ersten Mal seit elf Jahren gelingt der Eintracht wieder der Einzug ins Pokalfinale. Das Team von Trainer **Nico Kovac** (45) gewinnt im Halbfinale in Gladbach 7:6 im Elfmeterschießen. Und in der Bundesliga ist Ende April sogar noch ein Europa-League-Platz drin. Am Ende ist der Frankfurter Tank aber leer, Platz elf in der Liga.

CL-SCHOCK

Ronaldo trifft gegen Bayern fünf Mal

■ Für den BVB ist im CL-Viertelfinale gegen AS Monaco, sicher auch wegen des Bombenanschlags vor dem Hinspiel, Endstation. Aber auch die Bayern fliegen raus – nach großem Kampf gegen Real. 1:2 verlieren sie daheim, führen nach 90 Minuten in Madrid 2:1. Verlängerung, Auftritt **Ronaldo** (32). CR7 trifft zum 2:2 und 3:2 für Real. Das 4:2 ist Formsache. Fünf Tore macht Ronaldo im Viertelfinale gegen Bayern, das macht den Unterschied.

FORMEL 1

Vettel triumphiert auch in der Wüste

■ Ferrari im Jubelrausch: Im 3. Saisonrennen triumphiert **Sebastian Vettel** (29) auch in Bahrain – vor Mercedes-Pilot **Lewis Hamilton** (32). Schon den Saisonauftakt in Australien hatte Vettel (vor Hamilton) gewonnen, das 2. Rennen in Shanghai ging an Hamilton (vor Vettel). Wer bis drei zählen kann, weiß jetzt: Einer der beiden wird Weltmeister.

Nur echte Helden treten wie Wladimir Klitschko ab

Diese Boxnacht vom 29. April werde ich immer in meinem Gedächtnis behalten. 90 000 Fans im Londoner Wembley-Stadion, das enorm gewachsene Interesse am Boxsport in England und zwei absolute Herren, zwei Top-Athleten im Ring. Ein Kampf der Generationen. In der einen Ringecke der junge, emporstrebende Schwergewichts-Weltmeister Anthony Joshua aus England, in der anderen der erfahrene, nach 20 erfolgreichen Jahren im Herbst seiner sportlichen Karriere angekommene Wladimir Klitschko.

Da verspürte ich Freude. Und Millionen Boxfans sollten nicht enttäuscht werden. Es wurde ein Gigantenkampf. Deutlich größer als die Kämpfe von Axel Schulz oder meine Gefechte.

Wembley war eine andere Dimension.

Schon als Wladimir den Ring betrat, sagte ich mir: ‚Der Bursche ist körperlich perfekt auf diese Schlacht vorbereitet.' Wie immer vor seinen 69 Profi-Kämpfen. Dann sein Gegner. Anthony Joshua kam selbstbewusst, aber keinesfalls arrogant in den Ring und motivierte noch mal seine Fans. Er bedankte sich dafür, dass sie an diesem Abend für ihn ins Stadion gekommen sind. Hut ab! Mein lieber Schwan – zwei absolute Boxhelden! Vor und auch nach dem Kampf.

HENRY MASKE
Ex-Box-Weltmeister

Gerade im Schwergewicht erwartet man eine Explosion. Und das taten an diesem Abend beide Boxer. Ein Kampf auf sehr hohem Niveau. Joshua begann damit in der fünften Runde. Dafür revanchierte sich Klitschko in der sechsten sehr eindrucksvoll, am Ende musste Waldimir nochmals auf die Bretter, was schließlich zum Abbruch in der elften Runde führte.

Wladimir hatte den Kampf zwar verloren, aber in dieser Nacht von Wembley viele Sympathien gewonnen. In England, Deutschland und auch in Amerika. Mit 41 Jahren noch mal gegen den vierzehn Jahre jüngeren Champion so eine couragierte Leistung abzuliefern, das verdiente Respekt. Auch die Klitschko-Kritiker, die Wladimir immer wieder ein Glaskinn andichteten, verstummten nach dieser Leistung.
Es war einfach der Wahnsinn von Wembley. Klitschko war endgültig im Box-Olymp angekommen.
Ein solcher Kampf schrie förmlich nach einer Neuauflage. Drei Monate lotete Klitschko Für und Wider eines Rückkampfes gegen Joshua aus.

Schließlich entschied sich Wladimir für das Karriereende. Und zu dieser Entscheidung kann ich ihm nur gratulieren. Rein aus sportlicher Sicht wüsste ich nicht, weswegen Wladimir nochmals einen Kampf machen sollte. Nach dieser unglaublich langen, höchst erfolgreichen Karriere sich erneut für einen Wettkampf dieser Kategorie zu motivieren, zu elektrisieren – warum? Der junge Champion hatte den längeren Atem und den Star der letzten beiden Jahrzehnte besiegt, aber ihn nicht gekillt. Der Altstar ist ihm auf Augenhöhe begegnet und kann sich erhobenen Hauptes in die Boxerrente verabschieden. Der Staffelstab ist übergeben. So treten nur Helden von der großen Bühne ab.

Der Abschied von Wladimir und Vitali Klitschko hinterlässt aber auch eine große Lücke, eine großartige Ära ist zu Ende. Zwei Jahrzehnte lang dominierten sie die Königsklasse des Boxens und lockten Millionen Fans in Deutschland an die TV-Geräte. Schon bei meiner ersten Begegnung mit den Boxbrüdern war mir klar: Wenn die Jungs nichts falsch machen, werden sie eines Tages das Schwergewicht beherrschen. Fleiß, gepaart mit russischer Boxschule, das war ihr Rüstzeug für den Erfolg. Zwei kluge, eloquente, gut erzogene Menschen, die im Ring doch eine robuste Sprache sprachen.

Was ich immer großartig fand: Die Klitschkos haben ihren von Gott gegebenen tollen Körper bis zum Schluss so erhalten und präsentiert. Das erkannte der Zuschauer an. Die Box-Brüder aus der Ukraine waren immer top auf ihre Wettkämpfe vorbereitet und holten nicht nur die Kohle ab.

Ehrlich gesagt: Ich sehe im Moment in Deutschland keinen Profi, der diese große Lücke schließen kann. Nicht im Schwergewicht und auch nicht in einer anderen Gewichtsklasse. Die Klitschkos haben den roten Teppich zwar weiterhin ausgerollt hinterlassen. Doch es ist kein Profi hierzulande in der Lage, sich darauf zu bewegen. Um zweistellige Millionen-Einschaltquoten im TV zu erzielen, muss man mehr bieten als nur eine gute Leistung im Ring. Es geht um die ganze Persönlichkeit. Die Leute wollen mit ihrem Jungen mitfiebern, mitfühlen und mitleiden, am Ende im besten Fall auch mitjubeln. Das war bei den Klitschkos der Fall.

Das deutsche Profi-Boxen durchlebt eine sehr harte Zeit. Doch ich behalte auch weiterhin die Hoffnung, dass eines Tages wieder ein deutscher Boxstar Millionen Fans im TV und im Stadion in seinen Bann zieht.

Unser Sport gibt das her!

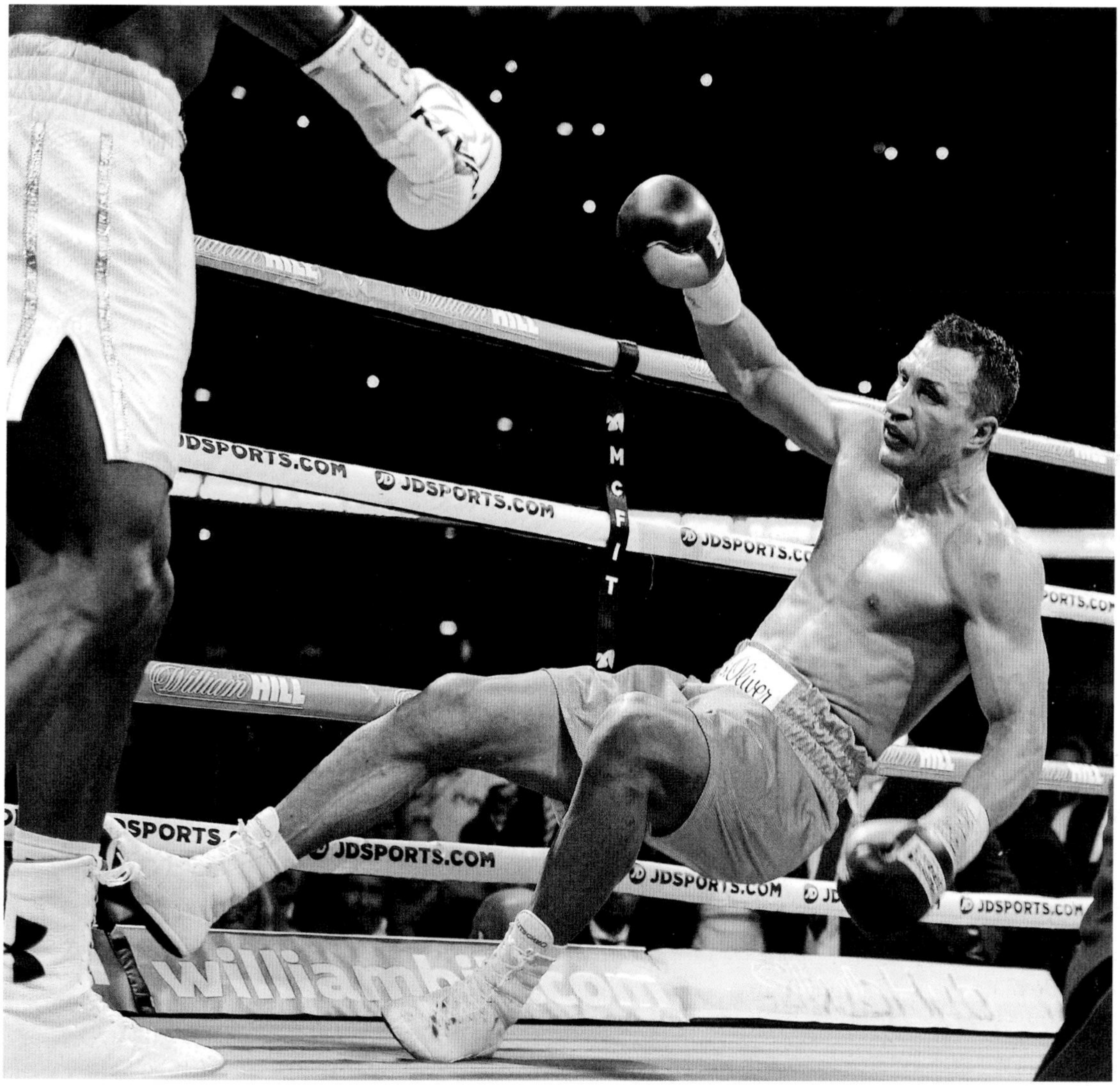

Der Gigant des Ringes fällt um wie ein Baum: Wladimir Klitschko verliert am 29. April im Londoner Wembley-Stadion gegen Titelverteidiger Joshua nach technischem K.o. in der 11. Runde. Es ist das Ende eines Wahnsinns-Fights und einer fantastischen Karriere

MAI 2017

Der Bomben-Terror gegen die Kinder von Manchester

Fassungslos stehen sie da, die beiden Mädchen, gehüllt in Folie, die sie vor der nächtlichen Kälte schützen soll. Die beiden haben einen der schwersten Terror-Anschläge des Jahres in Manchester überlebt. Das Ziel: Kinder und Jugendliche, die bei einem Konzert der US-Sängerin Ariana Grande waren. Der Attentäter hat mit einer Splitter-Bombe 22 zumeist junge Menschen mit in den Tod gerissen. Ein ISIS-Anhänger, den Behören bekannt. Warum er vorher nicht gestoppt wurde, wird niemand je beantworten können.

ANSCHLAG AUF POP-KONZERT VON ARIANA GRANDE ++ SELBSTMORD-ATTENTÄTER ZÜNDET SPLITTERBOMBE ++ 22 TOTE, VIELE SCHWERVERLETZTE ++ DIE WELT TRAUERT MIT DEN OPFERN VON MANCHESTER ++ KÖNIGIN ELIZABETH BESUCHT VERWUNDETE KINDER IM KRANKENHAUS

Attentäter Salman Abedi († 22)

TERROR GEGEN KINDER. DIE LETZTE WAFFE DES ISIS

US-Pop-Sängerin Ariana Grande ist ein Teenie-Idol. Ihr Markenzeichen auf der Bühne: Plüschohren

Panik im Moment des Anschlages: Menschen rennen um ihr Leben

Ordner kümmern sich um Verletze. Der Boden im Foyer ist blutverschmiert

Überlebende Konzertbesucher helfen einer traumatisierten Frau

Die Hose ist zerfetzt, der Mann verwundet. Aber er lebt

Tausende Kinder und Jugendliche strömen am Abend des 22. Mai aus der Manchester Arena. Sie waren beim Konzert der US-Sängerin Ariana Grande (23), wollen jetzt zu ihren Eltern, die am Eingang auf sie warten.

Es ist 22.30 Uhr Ortszeit, als im Foyer eine gewaltige Bombe explodiert.

Sofort bricht Panik aus, wer noch laufen kann, rennt, irgendwohin, nur weg hier.

Ein Selbstmord-Attentäter hat einen Sprengsatz gezündet, den er im Rucksack versteckt hat, als er seelenruhig in die Eingangshalle der Arena ging. Die mit Nägeln und Schrauben gespickte Bombe hat eine verheerende Wirkung. 22 Menschen reißt der Attentäter mit in den Tod, weit mehr als 100 müssen in Kliniken behandelt werden. Unter den Opfern sind viele Kinder und Jugendliche. Und das war offenbar der Plan, denn Ariana Grande ist das Idol von Millionen Teenagern. Diese Kinder, die will ISIS vernichten. Die Terrorbande bekennt sich später zum Anschlag, verspottet die jungen Konzertbesucher als „Kreuzfahrer", nennt die Veranstaltung „schamlos".

Der Attentäter Salman Abedi (2) ist in Manchester geboren, Sohn libyscher Einwanderer. Sein Vater ein Islamist, sein älterer Bruder auch. Die beiden sind nach Libyen zurückgekehrt, unterstützen die Islamisten dort. Salman Abedi hat sie mehrfach besucht, ist zuletzt erst eine Woche vor dem Anschlag wieder nach England gekommen. Es gab Warnungen vor dem radikalen Salman Abedi, der Inlandsgeheimdienst MI5 hatte ihn auf dem Schirm, aber man ließ ihn gewähren. Vermutungen, Salman Abedi sei Teil eines islamistischen Netzwerks, bestätigen sich nicht. Er hat den Anschlag allein ausgeführt, die Bombe selbst gebastelt.

Tot: Die kleine Saffie Rose wurde nur acht Jahre alt

Ariana Grande twittert nach der Tragödie: „Mein Herz ist gebrochen." Sie unterbricht ihre Tournee, kehrt aber im Juni für ein Benefiz-Konzert (u.a. mit Justin Bieber, Coldplay und Miley Cyrus) nach Manchester zurück.

Nein, sie werden nicht gewinnen. Sie dürfen nicht gewinnen. US-Präsident Donald Trump (70) nennt die Terroristen „bösartige Verlierer". Manchmal hat er recht.

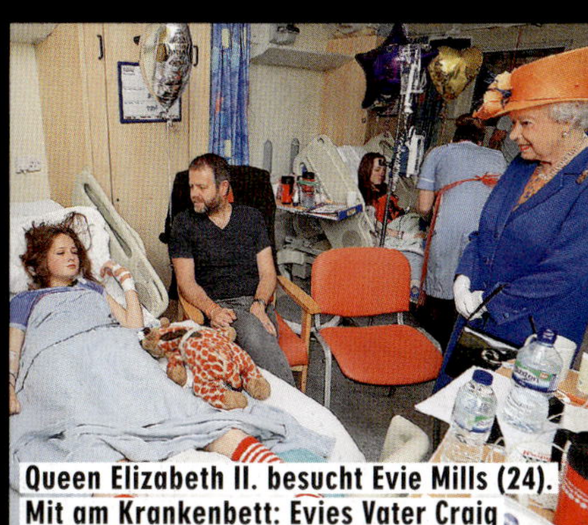

Queen Elizabeth II. besucht Evie Mills (24). Mit am Krankenbett: Evies Vater Craig

JULIANE WEISS
BILD-Reporterin

Die kleine Saffie war erst acht, als der Terrorist ihr Leben auslöschte

Auf dem Stück Papier steht in krakeliger Kinderschrift nur ein Saffie: „Ich werde dich vermissen, Saffie". Dutzende Blumensträuße mit solchen Briefen liegen auf dem Bürgersteig vor der Grundschule.

Saffie Rose Roussos wurde nur acht Jahre alt, sie ist das jüngste Todesopfer des Terroranschlags in Manchester.

Ich bin eine Stunde vom Zentrum Manchesters unterwegs, bis ich Tarleton (5600 Einwohner) in der Grafschaft Lancashire erreiche. Hier lebte Saffie, hier ging sie zur Schule. Am 22. Mai wollte sie ihr Idol Ariana Grande live sehen. Kurz nach Ende des Konzerts sprengte sich der Terrorist Salman Abedi (22) im Foyer der Arena in die Luft. Während Väter und Mütter vor der Konzerthalle standen, um ihre Kinder abzuholen. 23 Menschen starben bei dem Anschlag, 512 wurden verletzt.

Seit dem Tag fehlt Saffie Rose Roussos in Tarleton. An der einzigen Hauptstraße des Ortes liegt die Community Primary School. Im Gespräch mit einer Frau, die hier Tulpen niederlegt, wird mir klar: Man muss Familie Roussos nicht persönlich gekannt haben, um den Schmerz zu spüren. Unter Tränen sagt sie: „Darum geht es nicht. Es geht um Solidarität."

Ich stehe lange vor dem Eisenzaun der Schule und lese die Worte, die Mitschüler, Freunde und Fremde geschrieben haben. Viele Sätze sehen aus wie aus einem Schreiblernbuch: Eckig, krakelig. Kinder haben sie geschrieben. Kinder, die ihre Freundin vermissen und viel zu früh lernen mussten, wie sich Trauer anfühlt.

Bei einer Gedenkveranstaltung am Rathaus von Manchester treffe ich den Bruder einer Kinderkrankenschwester, die in der Nacht des Anschlags im Dienst war. „Ihr Blick war so leer", erzählt er. Er beschreibt ihr langes Schweigen nach der Frage, wie es ihr ginge. Die Sprachlosigkeit dieser Krankenschwester wird für einen kurzen Moment zu meiner eigenen. Denn das Ausmaß des Terrors zeigte sich für mich vor allem hier, in Manchester. Zum ersten Mal machte ISIS direkt Kinder und Jugendliche in Europa zum Ziel seines blutrünstigen Terrors.

DIENSTAG, 2. MAI 2017
Bild
HAMBÜCHEN
Im TV verliebt, in Wahrheit getrennt!
Erstmal zu Penny
Hurensohn-Skandal in der 2. Liga
Romy Schneiders Grab in Frankreich geschändet!

Dienstag, 2. Mai

MITTWOCH, 3. MAI 2017
Bild
Muriel Baumeister
1,4 Promille am Steuer
IHRE TOCHTER SASS MIT IM AUTO
SO KOMMEN SIE NOCH GÜNSTIG NACH MALLORCA
3:0 Gigant Ronaldo
US-Reisewarnung für Europa

Mittwoch, 3. Mai

DONNERSTAG, 4. MAI 2017
Bild
Sohn (7) von Mälle-Jens irrt nachts vor Kneipen umher
ERSATZTEIL-WUCHER!
So sparen Sie bei der Autoreparatur
Auba vor dem Abflug?
Paris macht Ernst

Donnerstag, 4. Mai

FREITAG, 5. MAI 2017
Bild
Erstmal zu Penny
Funkverbot in der DTM
10 Rezepte gegen den Wetter-Frust
Ihre Stimme verzauberte Millionen
Todes-Rätsel um Daliah Lavi

Freitag, 5. Mai

VERTUSCHUNGSVORWÜRFE GEGEN BERLINER POLIZEI

Was stand wirklich in der Amri-Akte?

■ Der Skandal um Anis Amri († 26), den Attentäter vom Berliner Weihnachtsmarkt, wird immer schlimmer. Im Mai wird bekannt, dass Ermittler des Landeskriminalamtes (LKA) Berlin die Ermittlungsakte im Nachhinein offenbar gefälscht haben! Sie wollten vertuschen, dass der Terrorist vor dem Anschlag leicht hätte verhaftet werden können – wegen gewerbsmäßigen, bandenmäßigen Drogenhandels. Die Ermittler wollten Amri aber unbedingt als ISIS-Terroristen überführen. Der Berliner Senat erstattet gegen die LKA-Beamten Strafanzeige wegen Strafvereitelung im Amt und Urkundenfälschung. Was für ein dramatisches Versagen, das 11 Menschen das Leben kostete!

GRUNDSTEINLEGUNG FÜR NEUBAU

So soll das Axel-Springer-Gebäude aussehen

Die Zukunft von Axel Springer in Berlin

Friede Springer mit Berlins Regierendem Michael Müller (l.), Vorstandschef Mathias Döpfner und Architekt Rem Kohlhaas (r.)

■ Am 2. Mai wird der Grundstein für den Axel-Springer-Neubau gelegt, gleich neben dem Verlagshaus in Berlin, für das Axel Springer (1912–1985) 1959 selbst den Grundstein legte. Mehr als 10 000 Quadratmeter Platz bietet das moderne Gebäude, das Stararchitekt Rem Kohlhaas entworfen hat. Im Foyer wird eine Zeitkapsel eingemauert, Inhalt u. a. 1 Euro, Bitcoins, aktuelle Ausgaben von BILD, WELT und B.Z. und ein iPhone für den Empfang der Digital-Formate von Axel Springer.

ELTERNKLAGE ABGESCHMETTERT

Es gibt kein Grundrecht aufs Handy

■ Ein Berliner Lehrer nimmt einem Neuntklässler das Handy weg, weil er damit im Unterricht stört – und schließt es das ganze Wochenende weg. Der Schüler klagt mit seinen Eltern dagegen, die Maßnahme sei rechtswidrig gewesen, habe den Jungen in seiner Ehre verletzt. Das Verwaltungsgericht lässt die Kläger abblitzen: Die Wegnahme des Handys sei kein schwerwiegender Eingriff in die Grundrechte. Immerhin!

DAHLIA LAVI († 74)

■ Es war ruhig um sie geworden, seit einigen Jahren hatte sich Daliah Lavi ins Familienleben zurückgezogen. Die Deutschen hatten die Israelin Anfang der 70er-Jahre als Sängerin lieben gelernt: „Oh, wann kommst du?" war ihr größter Hit, auch mit „Willst du mit mir geh'n?" und „Liebeslied jener Sommernacht" war sie in den Charts. Schon vor ihrer Karriere als Sängerin drehte Lavi Filme an der Seite von Weltstars wie Curd Jürgens, Kirk Douglas, Lex Barker, Dean Martin und Yul Brunner. Der große Durchbruch als Schauspielerin blieb ihr aber verwehrt. Seit 1992 lebte Lavi mit Ehemann Chuck Gans (74) in Asheville im US-Bundesstaat North Carolina. Dort starb sie am 3. Mai.

VON TRUMP

FBI-Chef gefeuert

■ Innenpolitisch steht US-Präsident Trump (70) unter Druck: Hatten er bzw. sein Wahlkampfteam 2016 verbotene Kontakte zum Kreml? Das FBI ermittelt, es kommen immer neue belastende Fakten ans Licht. Da wirft Trump FBI-Chef James Comey (56, Foto) am 9. Mai kurzerhand raus. Comey hatte zuvor mehr Geld für Untersuchungen gefordert, wie weit die russische Einflussnahme auf die US-Administration tatsächlich ging. Trump nennt ihn später einen „Lügner", „Spinner", „Angeber". Amerika ist geschockt über den Skandal. Und die Russen lachen.

SAMSTAG, 6. MAI 2017
Bild
Blaue Flecken
Strafanzeigen
Kontakt-Sperre
Ehe-Krieg in Wontorra-Villa
TOR-GALA! Köln feiert Modeste
Flüchtlinge Ex-Nationalspieler fordert mehr Dankbarkeit

Samstag, 6. Mai

MONTAG, 8. MAI 2017
Bild
Macron besiegt Le Pen
Frankreich sagt OUI zu Europa
Erstmal zu Penny
CDU 32,0% SPD 27,1% Grüne 12,9% FDP 11,5% AfD 5,9% SSW 3,4%
Heute insgesamt 800 000 Euro gewinnen!
Muss Tuchel gehen?
Klatsche für Schulz!
SPD verliert Macht in Schleswig-Holstein

Montag, 8. Mai

DIENSTAG, 9. MAI 2017
Bild
Wie aus 43 000 Euro mit einer Unterschrift 31 000 Euro werden
So zocken BANKEN die Sparer ab
Wird Favre neuer BVB-Trainer?
Heute insgesamt 750 000 Euro gewinnen

Dienstag, 9. Mai

MITTWOCH, 10. MAI 2017
Bild
EINBRECHER-PLAGE
Endlich schlägt der Staat zurück!
Stones
Heute insgesamt 1 Million Euro gewinnen!
Viel mehr Urteile! Härtere Strafen! Polizei darf sogar Handy-Daten auswerten!
60 000 Euro Schulden So dreist nimmt Sabia Rafael aus!

Mittwoch, 10. Mai

„On The Way To Communism" in einer Auflage von 100 Exemplaren

„ON THE WAY TO COMMUNISM" VON KUNST-GENIE ILYA KABAKOW

Der Künstler in seinem Wohnzimmer auf Long Island bei New York. Der Atlantik ist ganz nah

■ Seit 2000 lädt BILD regelmäßig große Künstler ein, ein Werk in der Größe einer Zeitungsseite zu erschaffen. 2017 gewinnt BILD für diese Aufgabe das wohl bedeutendste Künstlerpaar der Welt, Ilya Kabakow und seine Ehefrau Emilia.

Seit 1992 lebt der in der Sowjetunion geborene Kabakow (83) in den USA. Seine Werke (bis zu 5 Mio. Dollar teuer), hängen in den wichtigsten Museen der Welt. Das „Bild für BILD" schuf Kabakow in seinem Atelier in Long Island bei New York. Es heißt „On The Way to Communism", zeigt u. a. Schildkröten, die rote Fahnen tragen. Heißt: Revolutionen brauchen viel Zeit. Junge Revolutionäre halten sich an den Fahnen fest, fliegen neuen Horizonten entgegen. Das Bild erscheint am 16. Mai exklusiv in BILD. Kunst für alle.

EIN BILD FÜR BILD

Ilya Kabakow bei der Arbeit an seinem Werk für die BILD-Leser

Seit 1989 arbeiten Ilya und Emilia Kabakow zusammen

SPD-ERGEBNISSE BUNDESTAGWAHLEN	1969:	1972:	1976:	…	1983:	…	1994:	1998:	2002:	2005:	2009:	2013:	2017:
	42,7 %	45,8 %	42,6 %		38,2 %		36,4 %	40,9 %	38,5 %	34,2 %	23,0 %	25,7 %	?

Trauerrede: Schulz spricht nach der NRW-Wahl im Willy-Brandt-Haus, die Genossen hinter ihm gucken wie auf einer Beerdigung

LANDTAGSWAHLEN IN NORDRHEIN-WESTFALEN UND SCHLESWIG-HOLSTEIN ++ FDP STARK

CDU erobert Herzkammer der SPD. Hat Schulz jetzt schon verloren?

■ Krachende Ohrfeige für die SPD und ihren Kanzlerkandidaten Martin Schulz (61)! Am 14. Mai erobert die CDU die Herzkammer der Sozis, Nordrhein-Westfalen. Im größten Bundesland ist die Zeit von Rot-Grün unter Ministerpräsidentin Hannelore Kraft (55) abgelaufen. Künftig reagieren an Rhein und Ruhr CDU und FDP unter Regierungschef Armin Laschet (56). Schon eine Woche zuvor ist in Schleswig-Holstein ein weiterer SPD-Ministerpräsident gescheitert: Thorsten Albig (53) kann mit seiner Dänen-Ampel (SPD, Grüne und die dänische Minderheit SSW) nicht weiterregieren, jetzt kommt Daniel Günther (43, CDU) ans Ruder. Er bildet eine Jamaika-Koalition mit FDP und Grünen.

Und SPD-Chef Schulz gerät in Not: Wie soll er jetzt noch Kanzler werden?

Armin Laschet führt jetzt eine schwarze-gelbe Regierung in Düsseldorf. Hannelore Kraft (SPD) gibt schockiert alle politischen Ämter auf

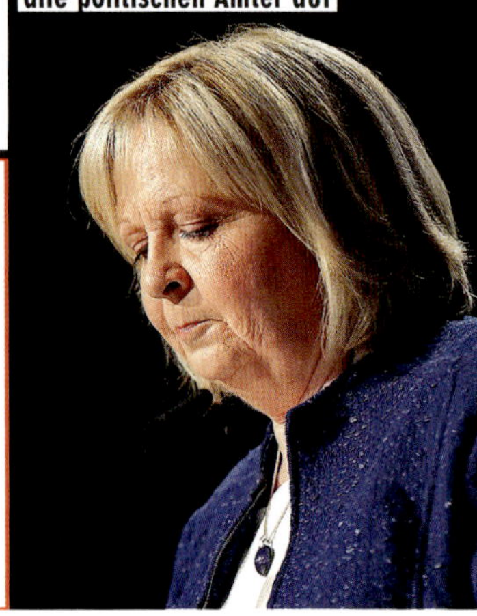

Mr. No Name: Daniel Günther ist plötzlich Regierungschef an der Küste

Schleswig-Holstein

CDU 33,0%	SPD 31,4%	FDP 12,6%
AFD 7,3%	Grüne 6,3%	Linke 4,9%

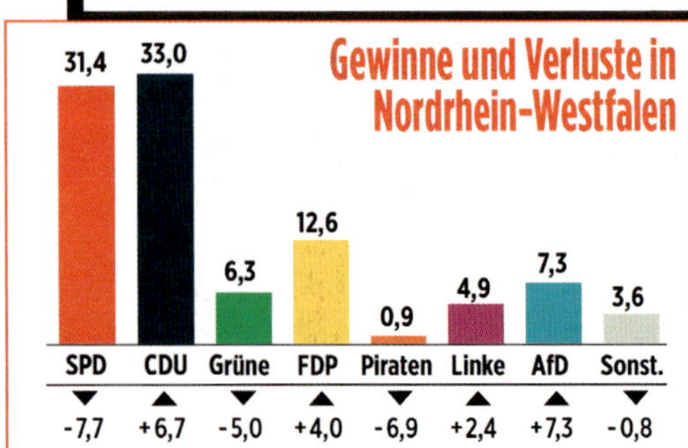

Quelle: Infratest dimap 14.5., Hochrechnung 22.27 Uhr

Donnerstag, 11. Mai

Freitag, 12. Mai

Samstag, 13. Mai

Montag, 15. Mai

Helmut Schmidt 1940 als Leutnant der Luftwaffe

BUNDESWEHR-UNI

Aufregung um Helmut-Schmidt-Foto

■ Im Streit um den Umgang der Bundeswehr mit der Wehrmacht entscheidet die Bundeswehr-Hochschule in Hamburg, ein Foto von Altkanzler **Helmut Schmidt** († 2015) aus einem Wohnblock der Uni zu entfernen. Es zeigt Schmidt, den Namensgeber der Hochschule, in Wehrmachtsuniform. Künftig solle ein „unmissverständliches" Foto an derselben Stelle an ihn erinnern. Die Bundeswehr steht unter Druck, weil es Hinweise auf rechtsextreme Strömungen in der Truppe gibt.

Über 4500 km weit soll das Geschoss der getesteten Rakete fliegen können

NORDKOREAS DIKTATOR SPIELT MIT DEM FEUER

Kim bastelt weiter an der Super-Rakete

■ Das Land ist bettelarm, die Menschen hungern. Aber der Diktator lässt an der Atombombe basteln, weil er zeigen will, dass er niemanden fürchtet. Vor allem die USA nicht. Nordkoreas Machthaber Kim Jong-un (33) meldet im Mai den erfolgreichen Test einer „neu entwickelten" Mittel-/Langstrecken-Rakete (Typ Hwasong-12). Sie sei 2100 Kilometer hoch geflogen und nur 787 Kilometer entfernt ins Japanische Meer gestürzt. Das wäre eine sehr steile Kurve, aber möglich wäre es. Kim will demonstrieren, dass er mit Raketen auch USA-Territorium erreichen kann. Kim ist ein Großmaul, aber kann man ihn deshalb auf die leichte Schulter nehmen? US-Präsident Donald Trump (70) tut es nicht. Die Situation eskaliert immer weiter, je älter das Jahr wird. Die Drohungen werden immer krasser.

UN-Sanktionen schrecken ihn nicht: Kim Jong-un freut sich über den erfolgreichen Raketen-Test

A. R. PENCK († 77)

■ Er war der Meister der Strichmännchen. Am 2. Mai stirbt A. R. Penck in Zürich. Die Kunstwelt trauert um einen großen Maler, Grafiker und Bildhauer. Der als Ralf Winkler geborene Dresdner gehörte zu den bedeutendsten Gegenwartskünstlern. Er schaffte es vom Briefträger, Nachtwächter und Fabrikarbeiter zu einem der profiliertesten Künstler der politisch motivierten Malerei der 80er-Jahre in Deutschland.

Fans gucken in die Röhre! Champions League nur noch im Pay-TV

Rita Russek trauert um ihren Mann

Dienstag, 16. Mai

Steuer 2016 So holen Sie sich Ihr Geld zurück

Bei 9 von 10 klappt es! Im Schnitt sogar 901 Euro!

Alles zum GZSZ-Jubiläum

Wahnsinns-Angebot aus China

Mittwoch, 17. Mai

Er wollte 900 000 Euro Trottel-Erpresser bedrohte Schumis Kinder!

Wer beim Autoverkauf gewinnt, und wer verliert!

Exklusiv-Besuch Schweini in BILD über Ana und Trump

Donnerstag, 18. Mai

Tim Lobinger Leukämie!

BILD nennt die Kosten-Fallen beim Fliegen!

Erstmal zu Penny

Freitag, 19. Mai

LUKAS AMMANN (†104)

■ In seiner Rolle als Detektiv „Graf Yoster" erreichte er Kultstatus. Anfang Mai stirbt Schauspieler Lukas Ammann in München. Ammann löste von 1967 bis 1976 knifflige Kriminalfälle in der beliebten ARD-Serie „Graf Yoster gibt sich die Ehre". Der in Basel geborene Krimi-Star war bis zuletzt fit, lebte allein in seiner Wohnung. Der Sohn einer Reiterin und eines Kunstmalers war dreimal verheiratet.

NEUES ALBUM

Helene Fischer übertrifft alle

■ Dreieinhalb Jahre nach ihrem Rekordalbum „Farbenspiel" bringt Helene Fischer (32, „Atemlos") am 12. Mai ihr neues Album „Helene Fischer" raus. Neuer Look, neue Sounds, neue Power. Das Album kracht sofort durch die Decke, ein Mega-Erfolg im deutschsprachigen Raum. Schon im September gibt es für 810 000 verkaufte Einheiten Diamant. Die Schlager-Queen übertrifft sich noch einmal selbst.

Mit ihrem neuen Album ist Helene Fischer sofort Nr. 1

URTEIL

Samenbank muss Spender nennen

■ Ein Kind hat das Recht zu erfahren, von wem es abstammt. Mit der Begründung gibt das Amtsgericht Berlin-Wedding der Klage eines Paares statt, das 2008 durch eine anonyme Samenspende Nachwuchs bekommen hatte. Die Eltern hatten der Samenbank vertraglich zugesichert, nicht nach der Identität des Spenders zu fragen. Später entschieden sie sich anders, zogen vor Gericht. Vertrag ist Vertrag? Nicht, wenn es um das Recht eines Kindes geht.

ZWEI SCHÖNE HOCHZEITS-PAARE

Im Wonnemonat Mai trauen sich Pippa & unser Weltmeister-Torwart

Ein zarter, vorsichtiger Hochzeitskuss: Pippa und James

Pippa & James

■ Am 20. Mai heiratet Pippa Middleton (33) in der englischen Grafschaft Berkshire den Investment-Millionär James Matthews (41). Die Schwester von Herzogin Kate (35) tritt in einem fast 50 000 Euro teuren Brautkleid vor den Altar. Unter den Blumenkindern auch George (3), der Sohn von Kate und William (34).

Pippa und James auf dem Weg zu den Hochzeits-Gästen

Manuel Neuer und seine Nina in einer Kutsche auf dem Weg zum Standesamt

Manuel & Nina

■ Am 21. Mai führt Bayern-Keeper Manuel Neuer (31) seine Freundin Nina Weiss (24) in Tannheim (Tirol) zum Standesamt. Der Weltmeister geht an Krücken (Mittelfußbruch), aber das tut der Stimmung keinen Abbruch. Seit Ende 2014 wohl sind die beiden ein Paar, aber darüber sprechen sie nicht so gern, ist schließlich privat. Für die kirchliche Trauung haben sich die beiden den Ort Monopoli in Apulien (Italien) ausgesucht. Romantik-Faktor? Extrem.

Die Braut im weißen Dirndl mit Trachtenjanker

Von der Queen geadelt: Seit 2003 darf sich Roger Moore Sir nennen

ROGER MOORE

Mit 89 Jahren Jahren schläft 007 friedlich ein

„In meiner Jugend war ich sehr unsicher. Also habe ich Roger Moore erfunden."

■ Goodbye, 007. Den Kampf gegen den Krebs konnte er nicht gewinnen. Im Alter von 89 Jahren stirbt Sir Roger Moore, der ewige James Bond, in der Schweiz. Keiner spielte den Geheimagenten häufiger als er. Siebenmal 007 in zwölf Jahren. Sein Debüt: 1973 in „Leben und Sterben lassen". Da löste der damalige Serienstar („Die 2" mit Tony Curtis, „Simon Templar") Sean Connery als allerersten Bond ab. Moore, 1927 in London als Sohn eines Polizisten geboren, wird zur Sexikone. Schwerreich, weltberühmt, begehrt. Drei Kinder, vier Ehen. Zuletzt heiratet Gentleman Moore 2002. Ein Jahr später erhebt Königin Elizabeth II. Moore in den Adelsstand. Im selben Jahr erhält er das Bundesverdienstkreuz erster Klasse – für seinen Einsatz für das UN-Kinderhilfswerk Unicef. Außerdem kämpft er für die Rechte von Tieren, ist für die Tierschutzorganisation Peta aktiv. Ein Superheld mit einem Super-Herz. 2007 wird der britische Schauspieler mit einem Stern auf dem „Walk of Fame" in Hollywood geehrt. Sein Name war Moore, Roger Moore.

In „Der Mann mit dem Goldenen Colt" spielt Moore 1974 zum 2. Mal James Bond

Promi-Aufmarsch bei den 70. Filmfestspielen an der Côte d'Azur

CANNES

Karl Lagerfeld auf dem Weg zum „Chanel"-Dinner in Cannes

Nastassja Kinski, die Tochter des unvergessenen Klaus Kinski

Pool-Party: Designer Philipp Plein (r.) und Graffiti-Künstler Alec Monopoly im Wasser

★ **WO?** ★
Cannes, Côte dÀzur

★ **WER?** ★
Stars und Sternchen aus dem Show-Biz

★ **WARUM?** ★
Die Jagd nach der Goldenen Palme

Viele deutsche Gesichter an der Croisette

✱ Zum 70. Jubiläum ist die Goldene Palme, der Hauptpreis der Filmfestspiele von Cannes, mit 167 kleinen Diamanten besetzt. Funkeln soll die Palme, wie „Sternenstaub". Auch die Prominenten, darunter viele Deutsche, funkeln auf der berühmten Croisette: Karl Lagerfeld (83) ist da, Sängerin Lena Meyer-Landruth (26), Designer Philipp Plein (39), die Models Toni Garrn (24) und Barbara Meier (30). Cannes ist wie immer très chic. Und die Goldene Palme geht an „The Square", ein wunderbares satirisches Drama.

Eva Longoria lässt tief blicken

Die Party kann kommen: Lena Meyer-Landruth (l.) und Stefane Giesinger

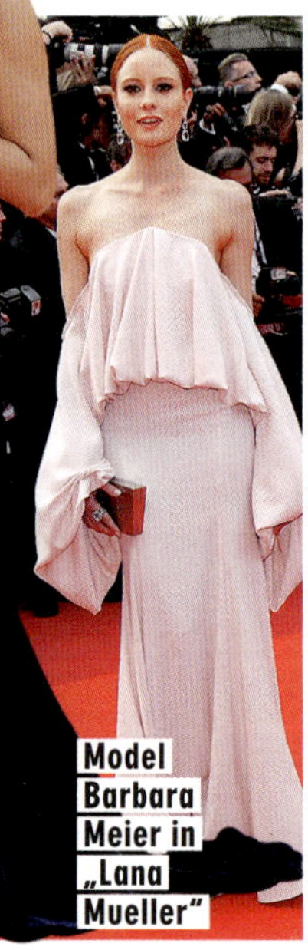

Model Barbara Meier in „Lana Mueller"

Paris Hilton mit ihrem Lover Chris

Bild
Dieter Degowski
Gladbeck-Mörder darf raus!
SIEGER PRÄMIE
Frau pfeift in der Bundesliga
Alles zur Hochzeit des Jahres

Samstag, 20. Mai

Bild
100 STÄDTE IM VERGLEICH
Hier gibt es am meisten Hartz IV!
Erstmal zu Penny
Hoeneß feuert los
Busen-Trick fürs TV

Montag, 22. Mai

Bild
Exklusive Hochzeits-Fotos
Manuel Neuer hat JA gesagt!
Offizier lästert über von der Leyen JETZT WIRD ERMITTELT
Andrea Kiewel will Tony Marshall nicht mehr

Dienstag, 23. Mai

Bild
Anschlag auf Pop-Konzert
Jüngstes Terror-Opfer war erst 8!
Selbstmord-Anschlag

Mittwoch, 24. Mai

SONJA BOGNER (†66)

■ Schwerer Schicksalsschlag für Designer und Ex-Skirennfahrer Willy Bogner (75): Mit 66 Jahren stirbt seine Frau Sônia an Brustkrebs. Das Paar war 44 Jahre verheiratet. 1972 lernten sie sich bei einem Foto-Shooting am Ammersee kennen. Das Erfolgspaar adoptierte drei Kinder aus Sônias Heimat Brasilien. Sônia Bogner arbeitete als Designerin und war zuletzt im Aufsichtsrat der Firma.

UELI STECK (†40)

■ Trauer um den Extrembergsteiger Ueli Steck. Mit nur 40 Jahren stirbt der als „Schweizer Maschine" weltbekannte Sportler. Steck kam am Nuptse (7861 m), einem Nachbarberg des Mt. Everest (8848 m), ums Leben. Offenbar war er rund 1000 Meter tief abgestürzt. Er war allein unterwegs, trainierte für seine neue Rekordtour. Der im Emmental geborene Bergsteiger war für seine besonders schnellen Solo-Besteigungen bekannt. Ueli Steck wurde am Fuße des Mt. Everest von Mönchen eingeäschert.

ANGELA MERKEL AUF AUGENHÖHE MIT OBAMA UND PUTIN

Grün mit den Mächtigen

Entspannt beim Kirchentag: Merkel und Obama in Berlin

■ Der eine war der mächtigste Mann der Welt, der andere wäre gern noch mächtiger, als er ohnehin ist: Im Mai besucht Kanzlerin Angela Merkel (62) erst Russlands Präsident Wladimir Putin (64) im Kreml, trifft dann Ex-US-Präsident Barack Obama (55) beim evangelischen Kirchentag in Berlin. Die Stimmung ist mal mäßig, mal prächtig. Und Merkels Jacke ist immer grün. Grün ist die Hoffnung.

Frostiges Lächeln: Putin empfängt Merkel im Kreml. Das Verhältnis ist extrem angespannt

EUROVISION SONG CONTEST

Deutschland nur Vorletzter

■ Man muss schon drüber lachen: Beim Eurovision Song Contest (ESC) in Kiew (Ukraine) geht Deutschland wieder brutal unter: Nach dem letzten Platz 2015 und 2016 reicht es diesmal für Levina (26) zum vorletzten Platz. Magere 6 Punkte macht sie. Der Portugiese Salvador Sobral (27) gewinnt mit 758 Punkten. Levina weint nach dem Debakel. Aber – nein, sie war nicht allein schuld. Deutschland wird einfach immer ein bisschen abgestraft beim ESC. Weil wir so stark sind, geben uns die anderen Europäer gerne mal einen Dämpfer. Aber – nein, gut war Levina in Kiew nicht.

Levina weint beim ESC in Kiew bittere Tränen

NACH UPGRADE

Schweizer fliegt aus LH-Businessclass

■ Ein Schweizer (55) freut sich beim Lufthansa-Flug Rio-Frankfurt/Main über ein Upgrade in die Businessclass: ziemlich laut, ziemlich aufdringlich führt sich der Geschäftsmann auf, belästigt seine Sitznachbarin. Das Ende vom Lied: Sicherheitsleute holen den Mann aus dem Flieger. Wie gewonnen, so zerronnen.

Arjen Robben zeigt Muskeln: Beim 5:4 der Bayern in Leipzig macht er in der fünften Minute der Nachspielzeit das Siegtor

Freitag, 26. Mai

BUNDESLIGA-SHOWDOWN: INGOLSTADT UND DARMSTADT STEIGEN AB, STUTTGART UND HANNOVER AUF. DER HSV NICHT IN DER RELEGATION. UND KÖLN KEHRT NACH EUROPA ZURÜCK

5:4! Bayern zeigt Leipzig den Meister

91. Minute: David Alaba bejubelt mit Juan Bernat sein Freistoßtor zum 4:4 in Leipzig

Lucas Waldschmidt erlöst den HSV in der 88. Minute mit seinem 2:1 gegen Wolfsburg

Zweitliga-Meister! VfB-Star Simon Terodde (25 Tore) reckt die Schale in die Höhe

■ Aus im Pokal, Aus in der CL. Aber am 33. Bundesliga-Spieltag zeigt der Serien-Meister noch einmal, was eine Harke ist: Beim Sensations-Zweiten RB Leipzig liegen die Bayern nach 83 Minuten 2:4 zurück. Und dann macht München Ernst: Lewandowski, Alaba und Robben drehen das Ding noch. 5:4 gewinnt der Meister. Ein Wahnsinnsspiel.

RB Leipzig zieht als Aufsteiger in die Champions League ein, der BVB als Dritter auch.

Ingolstadt muss Darmstadt in die 2. Liga folgen, zwei alte Bekannte kehren dafür ins Oberhaus zurück: Stuttgart und Hannover.

Der HSV muss nach einem Zitter-2:1 im letzten Spiel gegen Wolfsburg NICHT in die Relegation. Dafür die Wölfe. Sie setzen sich in zwei heißen Derbys gegen Braunschweig durch. Und dann war das noch: München 60 steigt aus der 2. Liga aus, hat kein Geld für die 3. Liga – und landet in der Regionalliga. Bitter.

Samstag, 27. Mai

Montag, 29. Mai

Dienstag, 30. Mai

Mittwoch, 31. Mai

FRENCH OPEN

Kerber schon in der ersten Runde k. o.

„Ich bin im Tief", sagt eine deprimierte **Angelique Kerber** (29) nach ihrem Erstrunden-Desaster bei den French Open in Paris. Mit 2:6 und 2:6 unterliegt die Ex-Weltranglisten-Erste der Russin **Jekaterina Makarowa** (28). Unsere Tenniskönigin ist nach dem Glanzjahr 2016 nun einigermaßen ratlos. Und es wird nicht besser. Ende 2017 ist Kerber nicht mehr in den Top 20 der Welt. Das tut richtig weh.

FASTABSTIEG

Mainz 05 feuert Trainer Martin Schmidt

Es war keine gute Saison für Mainz 05 in der Bundesliga. Erst am vorletzten Spieltag retten sich die Mainzer durch ein 4:2 gegen Frankfurt. Für Trainer **Martin Schmidt** (50, Foto) ist zum Saisonschluss Feierabend – nach zwei Jahren. Die Mainzer erhoffen sich vom neuen Trainer besseren Fußball – **Sandro Schwarz** (38) soll es richten. Kein leichter Job.

GEGEN DJOKOVIC

Zverev gewinnt sein erstes Masters

„Wir haben wieder einen Tennis-Helden!", jubelt BILD am 22. Mai. In Rom gewinnt der Hamburger **Alexander Zverev** (20) gewinnt sein erstes Masters-Turnier. Im Finale besiegt er Tennis-Gigant **Novak Djokovic** (29, Serbien) in zwei Sätzen. Dafür klettert Zverev in die Top 10 der Weltrangliste. Das haben vor ihm nur fünf Deutsche geschafft: **Boris Becker** (49), **Michael Stich** (48), **Tommy Haas** (39), **Rainer Schüttler** (41) und **Nicolas Kiefer** (39). Das ist schon eine Weile her.

SCHWEDEN WIRD WELTMEISTER

Deutsche scheitern im Viertelfinale

Gegen Russland haben die Deutschen keine Chance – 3:6

EISHOCKEY-WM

Deutschland ist bei der 81. Eishockey-WM Co-Gastgeber (mit Frankreich). Die Erwartungen sind hoch, erst recht nach dem Auftaktsieg gegen die US-Boys (2:1). Aber dann wird die Vorrunde ziemlch durchwachsen für die Deutschen. Niederlagen gegen Schweden, Russland und Dänemark, Siege gegen die Slowakei, Lettland und Italien. Es reicht für Platz 4, aber im Viertelfinale muss Deutschland gegen Topfavorit Kanada ran, fliegt nach großem Kampf vor mehr als 16 000 Zuschauern in der Kölner Lanxess-Arena raus (1:2).
Weltmeister werden die Schweden – sie bezwingen im Finale Kanada im Penaltyschießen. Der dritte Platz geht an die Russen. Alles wie gehabt.

Mit geballter Faust: Tuchel bei der Siegesfeier in Dortmund

BORUSSIA DORTMUND

Trotz Pokalsieg muss Tuchel gehen

Am 27. Mai feiert der BVB im Berliner Olympiastadion: Die Dortmunder schlagen im Pokalfinale Eintracht Frankfurt 2:1 und holen sich den Pott. Die direkte Champions-League-Qualifikation haben sie als BUndesliga-Dritter auch gepackt. Aber Thomas Tuchel (43) muss trotzdem gehen. Der eigenwillige BVB-Trainer hat sich mit den Klubverantwortlichen überworfen – es passt einfach nicht. Keine echte Liebe. Zum Abschied gibt es 2,9 Millionen Euro Abschied. Deshalb macht Tuchel nach dem Rauswurf erstmal – NICHTS!

Macron hat eine Mission. Sie lautet Frankreich

Jupiter. Sonnenkönig… Prächtige, obschon spöttische Spitznamen für Frankreichs Präsidenten – nach nur wenigen Monaten im Amt. Dabei ist Emmanuel Macron auf den ersten Blick bloß ein weiterer Sprössling jenes elitär-technokratischen Systems, das auch seinen drei Vorgängern den Weg in den Élysée-Palast ebnete. Alle aus gutem Hause, selbstsicher, wortgewandt, alle Absolventen der staatlichen Kader-Schmiede Sciences Po im Herzen von Paris.

Als ich dort Ende der 90er studierte, flüsterte mir ein Kommilitone in der Bibliothek zu: „An dem Bücherregal da hinten, da sind sich Jacques Chirac und seine Bernadette zum ersten Mal begegnet."

Emmanuel Macron begegnete seiner „Bibi" nicht an der Grand École, sondern im Unterricht. Brigitte Auzière war Französisch-Lehrerin am Jesuiten-Kolleg, Dreifach-Mutter und: 24 Jahre älter als ihr Schüler. Die hochgezogenen Augenbrauen im nordfranzösischen Amiens werden Jahre gebraucht haben, um wieder an ihren Ursprungsort zurückzukehren. Doch diese außergewöhnliche Liebe ist das sichtbarste Zeichen dessen, was Macron von seinen Vorgängern abhebt: Die Unbedingtheit, mit der er seine Ziele verfolgt. Und zwar schon als 17-Jähriger, allen bürgerlichen Konventionen zum Trotz.

TANIT KOCH
BILD-Chefredakteurin Print

Macron weicht nicht aus, er weicht auch nicht zurück. Nach Gesprächen mit ihm – ob im Interview oder informell –, war ich oft nicht sicher, ob seine Botschaften mehr Überzeugungskraft besitzen oder der Blick, mit dem er sein Gegenüber fixiert.

Sicher ist: Macron hat eine Mission. Sie lautet Frankreich. Und die verkrustete, überregulierte und doch so pulsierende Republik täte gut daran, sich missionieren zu lassen. Anders als die nörgelnd-bequemen Deutschen macht es das Mutterland der Revolution seinen Regierenden allerdings nicht leicht. Nicolas Sarkozy und François Hollande – beide als Reformer angetreten – beugten sich nach und nach dem Druck der Straße, dem zivilen Ungehorsam, brennenden Barrikaden, wütenden Landwirten, empörten Studenten, schwachen, aber streiklustigen Gewerkschaften.

Macron weiß all das, als Minister konnte er Hollandes langes Scheitern aus nächster Nähe studieren. Vielleicht hat er deshalb einen radikalen Reform-Wahlkampf geführt – vielleicht beeilt er sich deshalb so, das wahr zu machen, was er den Franzosen angekündigt hat. Die Arbeitsmarktreformen sind beschlossen, den Haushaltskürzungen musste selbst ein hoch angesehener General weichen.

Denn Macron, jüngster französischer Präsident aller Zeiten, duldet keine Rebellion. Er regiert mit der Autorität und dem Selbstbewusstsein eines Franzosen, der 100 Rote-Teppich-Meter lang direkt auf den US-Präsidenten zumarschiert, dann aber abbiegt, Trumps ausgestreckte Hand ignoriert und zuerst Angela Merkel begrüßt, Küsschen links, Küsschen rechts – und der dann das Video davon auf Facebook und Twitter veröffentlicht. Wie er sich überhaupt lieber über die sozialen Netzwerke an die Bürger wendet als über Reden und traditionelle Medien – sehr zum Verdruss der Journalisten. Wenn er spricht, ob auf Französisch oder Englisch, dann mit der Geschwindigkeit eines Menschen, der weiß, dass er nicht viel Zeit hat. Umso schlimmer, dass das gemächlich an einer Regierung bastelnde Deutschland Macron warten lässt. Den Mann, der das germanenfreundlichste Kabinett und Beratergremium seines Landes zusammengestellt hat. Der – als die rechte Nationalistin LePen und der nationalistische Linke Mélenchon die angeblich deutsche EU-Dominanz geißelten – als einziger Kandidat sein politisches Schicksal mit der europäischen Integration verknüpfte.

Während man sich also in Deutschland gar nicht mal zu Unrecht fragt, wie teuer uns Macrons europäische Ziele kommen, sollte man nie vergessen, wie teuer Le Pens und Mélenchons antieuropäische Politik geworden wäre.

Macron hat die Energie, nicht nur Frankreich, sondern auch Europa zu einem Neuanfang zu verhelfen. Doch er braucht Erfolge. Seine erst ein Jahr vor der Wahl aus dem Nichts geschaffene Bewegung „En Marche" hat die politische Macht zwar erobert, noch aber trauen viele Franzosen dem Blitzaufstieg nicht.

In unserem letzten Gespräch sagte Macron: „Wer feige ist, ist schon tot." An Mut mangelt es ihm nicht, doch man kann ihm nur wünschen, dass auch der Song wahr wird, den er die Militärkapelle bei der traditionellen Parade am 14. Juli auf den Champs Élysées hat spielen lassen: „Get lucky".

Frankreichs neuer Präsident nach seinem Sieg in der Stichwahl am 7. Mai: Emmanuel Macron, 39 Jahre alt. Seine Ehefrau Brigitte küsst seine linke Hand. Sie war einst seine Lehrerin, ist 24 Jahre älter als er

JUNI 2017

Der Kanzler der Einheit schläft friedlich ein

■ Am Morgen des 16. Juni um 9.15 Uhr endet ein deutsches Jahrhundert-Leben. Helmut Kohl schläft zu Hause in Ludwigshafen am Rhein friedlich ein. 87 Jahre ist der Kanzler der Einheit alt geworden. 16 Jahre lang, bis 1998, führte er die Bundesregierung. Ohne ihn wäre die deutsche Wiedervereinigung 1990 nicht denkbar gewesen. Aber Helmut Kohl geht nicht nur als großer Deutscher in die Geschichte ein. Sondern als europäischer Staatsmann, der wie kein anderer für ein vereintes Europa kämpfte. 2001, auf dem Foto von Daniel Biskup, sieht Helmut Kohl nachdenklich aus, aber nicht traurig. Er weiß, er hat es richtig gemacht. Nicht alles, aber alles, was wichtig war.

Die eindrucksvolle Karriere eines Staatsmannes, der immer an die deutsche Einheit und Europa glaubte

1970
Kohl, Ministerpräsident von Rheinland-Pfalz, besucht Mitte der 70er-Jahre eine Zeche in Gelsenkirchen

1982
Helmut Schmidt (r.) beglückwünscht seinen Nachfolger Helmut Kohl. Der ist am 1. Oktober 1982 zum sechsten Kanzler der Bundesrepublik Deutschland gewählt worden

1989
Helmut Kohl wird am 19. Dezember 1989 bei seinem zweitägigen Besuch in Dresden vor der Kreuzkirche von einer Menschenmenge stürmisch gefeiert

1984
Helmut Kohl und Frankreichs Präsident François Mitterrand trauern in Verdun um 300 000 Tote im 1. Weltkrieg

1987
SED-Chef Erich Honecker beim Staatsbesuch in Bonn

1990
Kanzler Kohl unterhält sich bei einem informellen Treffen im Februar 1990 in Camp David mit Präsident George Bush (M) und US-Außenminister James Baker

Helmut Kohl hört in Dresden: „Wir sind ein Volk"

Dresden am 19. Dezember 1989. Die Mauer ist vor sechs Wochen gefallen, keiner weiß, wie es jetzt weitergeht. Da hält Kanzler Helmut Kohl vor den Ruinen der Dresdner Frauenkirche eine historische Rede. Er hört die „Wir sind EIN Volk"-Sprechchöre, sieht die Chance, die in diesem Moment zur Gewissheit wird: Die deutsche Einheit kann gelingen, wenn er beherzt und besonnen zugreift.

Kohl weiß um die Sorgen der Nachbarländer, die immer wieder Opfer des deutschen Vormachtstrebens geworden sind: „Das ‚Haus Deutschland', unser gemeinsames Haus, muss unter einem europäischen Dach gebaut werden", sagt Kohl. Und: „Von deutschem Boden muss in Zukunft immer Frieden ausgehen – das ist das Ziel unserer Gemeinsamkeit!" Viele Worte wären in dieser Situation falsch gewesen. DAS waren die richtigen! 1990 handelt Kohl mit Außenminister Hans-Dietrich Genscher († 88, FDP) den 2-plus-4-Vertrag aus, der 55 Jahre Besatzungszeit beendet und die Grundlage für die deutsche Einheit legt. Am 3. Oktober 1990 ist Deutschland wiedervereint.

1990
Die Deutschen sind wiedervereint. Bei der Feier am 3. 10. 1990 auf der Freitreppe des Reichstagsgebäudes: Bundesaußenminister Hans-Dietrich Genscher, Hannelore Kohl, Helmut Kohl und Bundespräsident Richard von Weizsäcker (v. l.)

1993
Von Kohls „Mädchen" zur Kanzlerin: Angela Merkel. Einst haben sie sich verstanden, dann bekämpft, später politisch professionell versöhnt

2009
Fotoshooting zur 20-Jahr-Feier des Mauerfalls: Michail Gorbatschow, Helmut Kohl und George Bush im Axel Springer Verlag (v. l. n. r.)

Die Momente

2001

Alt-Bundeskanzler Helmut Kohl mit Michail Gorbatschow 2001 auf dem ehemaligen Mauerstreifen an der Gedenkstätte Bernauer Straße in Berlin

größten Glücks

Das letzte Foto: Maike Kohl-Richter mit Altkanzler Helmut Kohl im Haus in Ludwigshafen

2017

Der Bund fürs Leben: Altkanzler Helmut Kohl steckt seiner Frau Maike den Ehering an. Monsignore Erich Ramstetter (l.) erteilt Gottes Segen

2008

Die zweite Ehe mit Maike Richter beschert dem Altkanzler ein spätes Glück

Am 8. Mai 2008 heiratet Helmut Kohl in Heidelberg Maike Richter. Sie ist das große Glück seiner späten Jahre. Kennengelernt hatten sie sich in den Neunzigerjahren – Maike Richter war Mitarbeiterin des Kanzleramtes unter Helmut Kohl. Ein Paar wurden die beiden 2005, vier Jahre nach dem Tod von Kohls erster Ehefrau Hannelore. Maike Kohl-Richter weicht bis zum Tod des Altkanzlers nicht mehr von seiner Seite, umsorgt und pflegt ihn. Seit einem Sturz 2008 ist Helmut Kohl gesundheitlich angeschlagen, auf den Rollstuhl angewiesen.

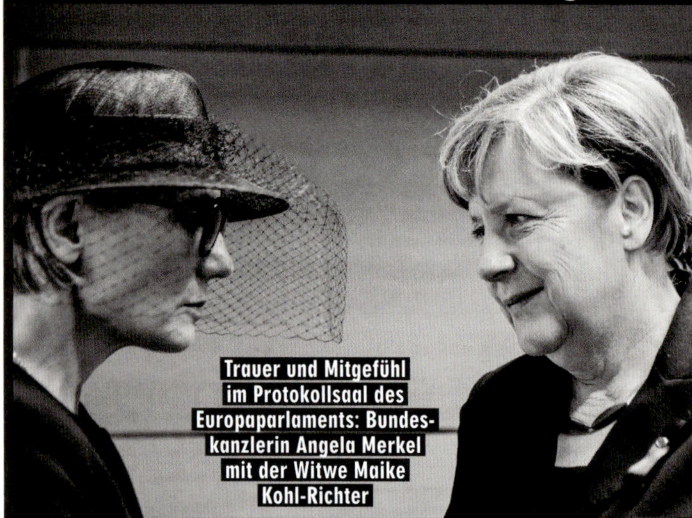

Trauer und Mitgefühl im Protokollsaal des Europaparlaments: Bundeskanzlerin Angela Merkel mit der Witwe Maike Kohl-Richter

Deutschland sagt Danke! Passanten säumen applaudierend die Straßen, als der Konvoi mit dem Sarg durch Ludwigshafen fährt

15 Uhr

1.7. 11 Uhr

Beim Trauerakt in Straßburg bedeckt eine Europafahne den Sarg des überzeugten Europäers

Deutschland und Europa nehmen Abschied von Kohl

Deutschland und Europa verneigen sich am 1. Juli vor dem Kanzler der Einheit und dem Ehrenbürger Europas. Bewegender Abschied von Helmut Kohl († 87).

Mit einem europäischen Trauerakt in Straßburg (Frankreich) und einem Pontifikalrequiem im Mariendom zu Speyer geben Politiker aus Deutschland und aller Welt, Angehörige, Mitarbeiter und Tausende Bürger Helmut Kohl das letzte Geleit. Danach findet Kohl auf dem Friedhof des Domkapitels in Speyer seine letzte Ruhe. Einen Staatsakt in Deutschland hat Helmut Kohl nicht gewollt. Seine Witwe Maike Kohl-Richter hat ihn abgelehnt. Helmut Kohls Söhne Walter und Peter waren zu den Trauerfeierlichkeiten eingeladen, blieben aber fern. Walter Kohls Motiv: Er wolle klarstellen, dass er mit der Beisetzung des Vaters außerhalb des Familiengrabs in Ludwigshafen nicht einverstanden sei. Dort liegt seine Mutter Hannelore.

Personenschützer tragen den Eichensarg aus dem Haus zum Leichenwagen

22.6.

Walter (l.) und Peter Kohl am Haus des verstorbenen Vaters in Ludwigshafen

21.6.

Auf dem Rhein: die „MS Mainz" und Begleitschiff mit Kurs auf den Kaiserdom zu Speyer

Bischof Karl-Heinz Wiesemann spendet mit einem Weihrauchfass den letzten Segen. Hinter ihm: der Vorsitzende der Deutschen Bischofskonferenz Reinhard Kardinal Marx

Das Grab. Ein Kranz aus Hunderten roter Rosen, dazu ein Holzkreuz – so liegt Helmut Kohl auf dem Speyerer Friedhof begraben. „In Liebe. Deine Maike", steht auf der weißen Seidenschleife

RALF SCHULER
BILD-Reporter

Vor dem Speyerer Dom wischt der Regen gnädig viele Tränen weg

Feiner Nieselregen stiebt über den Platz vor dem Speyerer Mariendom, als der Sarg von Helmut Kohl († 87) kurz vor 20 Uhr herausgetragen wird. Lautlos und gnädig wäscht er das Salz unter den Augen fort…

Wenige Termine sind mir in all den Jahren als Politik-Reporter so unter die Haut gegangen. Nie wurde ein so gewaltiger Teil meines eigenen Lebens zu Grabe getragen.

Ich erinnere mich, wie im Oktober 1982 mitten im Unterricht an meinem Ost-Berliner Gymnasium ein Raunen von Bank zu Bank ging: Kohl hat gegen Schmidt gewonnen. Es kam nicht oft vor, dass Nachrichten aus Bonn bei uns die Runde machten. Schmidt kannte man, was Kohl bringen würde, war eher ungewiss.

Als sich 1989/90 zwischen Mauerfall und Einheit die Ereignisse überschlugen, traf ich Helmut Kohl zum ersten Mal. Ein Auftritt in Güstrow, danach Essen im kleinen Kreis im Ratskeller. Völlige Verblüffung, wie er mit seiner Präsenz den Raum füllte. Klare politische Ansagen und freundliche Unverkrampftheit.

Erst später habe ich begriffen, mit welcher Zielsicherheit er zwischen Siegermächten, Europa, Bonn und Ost-Berlin balancierte, ein historisch einmaliges weltpolitisches Zeitfenster nutzte, während wir noch auf runde Tische starrten und uns mit idealistischen Flausen alter Kader herumschlugen.

Hier in Speyer kam all das wieder zusammen. Ein politischer Lebenskreis, der aus der tiefsten Finsternis des vergangenen Jahrhunderts herüberreicht und mit Deutschland und meiner eigenen Freiheit sehr persönlich verbunden ist. Die tiefe Genugtuung, dass hier jene schweigen mussten, die ihn stets gering geschätzt hatten.

Und ein Leben, das wahrhaftig nur vor Gott und mit den gewaltigen Klängen von J.S. Bach angemessen zu würdigen ist.

Oder mit dem wunderbar lapidaren Satz von Ex-US-Präsident Bill Clinton: „Du hast einen guten Job gemacht, mein Freund."

Bild
Verona Pooth
Dämliche Facebook-Panne!
Polizei ermittelt
80-Kilo-Hund beißt Rentnerin tot
Polizei erschießt den Hirtenhund mit 8 Kugeln!

Donnerstag, 1. Juni

Bild
NEUE ZAHLEN
So viele Ausländer leben von Hartz IV
Erstmal zu Penny
Alfred Biolek (82)
Große Lebens-Beichte
Die wichtigsten Ratschläge der Experten
1,9 Millionen bekommen Stütze +++ 500 000 stammen aus Syrien +++ Immer mehr Bulgaren und Rumänen

Freitag, 2. Juni

Bild
TERROR-ALARM
„Rock am Ring" abgebrochen!
SONNTAGS GEÖFFNET!
Holländer neuer Trainer-Favorit

Samstag, 3. Juni

Bild
Sechsy!
Asyl-Skandal
Ein Kind (5) ist tot, weil dieser Verbrecher nicht nach Afghanistan abgeschoben werden konnte
Erstmal zu Penny
Jogi macht Druck auf seine Weltmeister

Dienstag, 6. Juni

Erst elf Monate im Amt, da muss Theresa May eine schwere Wahlschlappe hinnehmen

MEHRHEIT WEG

Theresa May verpokert sich bei Neuwahlen

■ „Spinnen die, die Briten?", fragt BILD am 10. Juni. 2016 haben sie für den Brexit gestimmt, so letztlich Theresa May (60) an die Macht gebracht. Jetzt will sich die konservative Regierungschefin bei vorgezogenen Unterhauswahlen Rückhalt für harte Brexit-Verhandlungen mit der EU holen. Der Plan scheitert krachend. Die Konservativen verlieren die absolute Mehrheit, sind aber weiter stärker als die Labour-Partei. Die Tories müssen sich jetzt aber mit einer Minderheitsregierung von der streng religiösen, protestantischen Partei Nordirlands (DUP) tolerieren lassen. Theresa May ist schwer angezählt, aber bis zum Jahreswechsel fällt sie nicht.

ERDERWÄRMUNG?

Für Trump ist das Klima ziemlich o.k.

■ „Wir steigen aus!", erklärt US-Präsident Donald Trump (70) am 1. Juni im Weißen Haus vor der Weltpresse. Die USA kündigen das Pariser UN-Klima-Abkommen, das u.a. den CO_2-Ausstoß drosseln soll, um die Erderwärmung auf ein gerade noch vertretbares Maß zu begrenzen. Aber: Trump hält die Erderwärmung für nicht bewiesen. Für ein Gerücht quasi. Er will in den USA wieder Jobs in alten Industrien (z. B. Kohle und Stahl) schaffen – und da ist Klimaschutz ziemlich hinderlich. Allerdings: Der Gegenwind in den USA ist massiv. Große Bundesstaaten und Städte (beispielsweise New York und Kalifornien) sagen: Wir steigen nicht aus, egal was Trump sagt! Und viele mächtige Wirtschaftsbosse gehen jetzt auf Distanz zu Trump.

Sein Land ist Klima-Sünder Nr. 2 (hinter China): Donald Trump kümmert das nicht

VOR APPLE

Google wertvollste Marke der Welt

■ Mit 245 Milliarden Dollar hat Google den höchsten Wert aller Marken weltweit. Auf Platz 2 im „Brandz"-Ranking liegt Apple mit 234 Mrd. vor Microsoft mit 143 Mrd. Den stärksten Markenwert aller deutschen Konzerne hat SAP (Platz 21, 45 Mrd.) vor der Telekom (Platz 25, 38 Mrd.) Gemeint ist aber nicht der Wert des Konzerns, sondern nur der Marke. In die Top 50 haben es auch BMW (35.) und Mercedes-Benz (40.) geschafft.

AUTO VERGESSEN?

Acht Jahre im Parkhaus kosten 28 000 Euro

■ Eine Spanierin fuhr ihren blauen Volvo am 24. März 2009 in ein Parkhaus in Palma (Mallorca). Seitdem steht der Wagen da, und die Parkgebühren belaufen sich inzwischen auf knapp 28 000 Euro. Jetzt gibt es um die Kosten einen Prozess, die Frau will nicht bezahlen. Vergessen hat sie ihr Auto wohl nicht, eher im Parkhaus entsorgt. Das ist auf Mallorca keine Seltenheit, kommt auch auf Flughafen-Parkplätzen gelegentlich vor.

TRAGÖDIE

Rentnerin von Hund der Nachbarin getötet

■ Man denkt, es kann nicht passieren, aber es passiert eben doch. In Stetten (BW) fällt ein Hirtenhund eine Frau (72) aus der Nachbarschaft an und tötet sie durch Bisse in Kopf und Hals. Der Kangal war auf einem eingezäunten Grundstück angekettet. Er riss sich trotzdem los, attackierte die Rentnerin. Der Hund und zwei weitere auf dem Grundstück wurden erschossen. Gegen die Halter (waren beim Angriff nicht zu Hause) werden Ermittlungen eingeleitet.

Mittwoch, 7. Juni

Donnerstag, 8. Juni

Freitag, 9. Juni

Samstag, 10. Juni

BILD FEIERT GEBURTSTAG

MIT EINER SONDER-AUSGABE FÜR ALLE HAUSHALTE IN DEUTSCHLAND

„LUST AUF DEUTSCHLAND" – die Titelseite der Gratis-Sonderausgabe zum 65. Geburtstag von BILD

FAHNDUNG nach Hamburger Frauenmörder · GROSSE DREI beraten die Viererkonferenz · FUNKER Marshall steht vor dem Richter · BANDITEN fordern 12 Mill. Lire Lösegeld

30000-DM-Bild-Wettbewerb

Grenze bei Helmstedt wird gesichert!

10 Pfg
Bild
ZEITUNG
Dienstag, 24. Juni 1952 · Hamburg · Nr. 1

Ist Churchill zu alt! Englische Presse diskutiert den Rücktritt des britischen Premierministers
In dem gleichen Augenblick, in dem heute die drei Außenminister Acheson, Eden und Schuman in London Besprechungen von schicksalhafter Tragweite aufnehmen, zeigt fast die gesamte englische Presse Sorgen um Churchills Regierung. Der Premier wird nicht nur von der Labour-Opposition, sondern – hinter den Kulissen – auch von einflußreichen Konservativen angegriffen, weil seine Regierung überaltert ist und den innen- und außenpolitischen Schwierigkeiten nicht mit der erforderlichen Tatkraft entgegenwirkt. Als Lösung fordert man größere Vollmachten für Eden, der nicht nur dem Namen nach stellvertretender Ministerpräsident sei, sondern wirksamer und aktiver die Regierungspolitik beeinflussen soll 1

Malik präsidiert im Sicherheitsrat der Vereinten Nationen, der seit Montag in New York tagt. Es geht um die sowjetische Beschwerde gegen den angeblichen Bakterienkrieg der UNO-Streitkräfte in Korea, und der sowjetische Delegierte – für Juni turnusmäßig Präsident – schwingt verbissen den Hammer. Die Amerikaner haben Untersuchung an Ort und Stelle durch eine Rotkreuzkommission verlangt. Malik versucht, den Vorschlag mit Geschäftsordnungs-Bedenken zu Fall zu bringen. 5

Bild Deutschlands modernste Zeitung
Täglich aus Hamburg · Heute kostenlos
Ab morgen überall für 10 Pfennig

Rassenkämpfe in Südafrika bringen dem Lande täglich neue Aufregungen: In Veerdedorp-Transvaal sprengten Hunderte von Nationalisten eine im Fackelschein unter freiem Himmel abgehaltene Versammlung von 3000 Gegnern der Rassengesetze Malans. Mit einem Steinhagel und Stockschlägen trieben sie die Demonstranten auseinander. Es gab 32 Schwerverletzte und zahllose Leichtverletzte. Am Wochenende mußte die Regierung starke Polizeitruppen nach Odendaalsruus im Oranjefreistaat schicken, wo die Eingeborenen alle Zufahrtsstraßen und Amtsgebäude blockiert hatten und der Polizei blutige Straßenschlachten lieferten, weil den Negerfrauen das Betreten der Goldfelder verboten worden war. Man vermutet hinter den Unruhen kommunistische Drahtzieher. 3

Das „Idealbild der heutigen Frau" wollten Hollywoods Schönheitsexperten herausbekommen. Sie machten eine Photomontage aus den schönsten Augen, den schönsten Beinen und anderen weiblichen Attributen. Was herauskam, das war das Ebenbild der Ava Gardner. Niemand war erstaunter als sie selbst. Wir werden sie bald in dem großen Operetten-Farbfilm „Mississippi-Melodie" sehen.

Drei Männer in London – drei weltpolitische Schicksalsthemen
Mit Trumans Privatflugzeug landete US-Außenminister Acheson gestern nachmittag in London und begab sich ins Foreign Office zu seinem britischen Kollegen Anthony Eden. Am Donnerstag kommt auch der französische Außenminister Schuman. Eine Woche lang wird in London beraten über weltpolitische Fragen von höchster Tragweite: Viererkonferenz mit Stalin, Deutschland-Problem und Korea! Was wird dabei herauskommen? In London glaubt man, die Sowjetunion sei möglicherweise bereit, Konzessionen zu machen, um die Einbeziehung der Bundesrepublik in die Atlantikorganisation zu verhindern. Am Wochenende fliegt Acheson wahrscheinlich nach Berlin. Und vermutlich wird er dort Staatssekretär Hallstein sprechen. 4

Paul Falk hat's gut! Nach jedem Training wird der Olympiasieger und Weltmeister im Schlittschuhlauf von zarter Hand gepflegt und umsorgt. Niemand versteht das besser als seine reizende junge Frau und Partnerin Ria. Sie rubbelt ihm das Herz, das dabei sicher wieder höher schlägt. Sie beklopft und behackt seine Muskeln, frottiert ihm Brust und Arme, und zum Schluß kriegt er noch einen Kuß, der Beneidenswerte. 2

Die erste Ausgabe erschien am 24. Juni 1952 in einer Auflage von 455 000 Exemplaren

MIT 65 IST NOCH LANGE NICHT SCHLUSS

■ 10 Pfennig hat die erste BILD-Ausgabe gekostet, damals, am 24. Juni 1952. Der Zweite Weltkrieg ist seit sieben Jahren vorbei, aber der Kalte Krieg zwischen Ost und West hat schon begonnen: „Grenze bei Helmstedt wird gesichert", steht auf der Titelseite, außerdem ein großes Foto von Winston Churchill († 1965), dem legendären britischen Premierminister.

Heute, genau 65 Jahre später, feiert BILD mit Deutschland Geburtstag. Mit der Gratis-Sonderausgabe für alle (Auflage von „Lust auf Deutschland": mehr als 40 Millionen Exemplare).

Bundeskanzlerin Angela Merkel verrät darin das politische Alphabet ihres Lebens, die Ex-Bundestrainer Franz Beckenbauer, Berti Vogts, Rudi Völler und Jürgen Klinsmann treffen sich mit Jogi Löw zum Fußball-Gipfel in Frankfurt. Und Weltstar Anne-Sophie Mutter spielt auf dem Dach der neuen Elbphilharmonie Geige.

Das bringt nur BILD!

MONTAG, 12. JUNI 2017

Bild

Nazi-Schande am Ballermann

► Reichskriegsflagge ► Hitler-Tattoos

► Spanische Behörden alarmiert

Erstmal zu Penny

JOGI LÖW Schluss mit Pfiffen gegen Werner!

Im Urlaub! Die größten Fallen bei der Mietwagen-Buchung

Montag, 12. Juni

DIENSTAG, 13. JUNI 2017

Bild

ISIS-Familie in Syrien kassiert Stütze!

Vanessa Mai hat geheiratet

Dienstag, 13. Juni

MITTWOCH, 14. JUNI 2017

Bild

8.20 Uhr in München

S-Bahn-Schläger schießt Polizistin in den Kopf!

Preis-Explosion bei Immobilien

So teuer ist Wohnen

DIE GROSSE OPEL PREMIERE 24. JUNI 2017

Mittwoch, 14. Juni

Gefangen in der Feuer-Falle

DONNERSTAG, 15. JUNI 2017

Bild

Mindestens 12 Tote bei Katastrophe in London. Kann das bei uns auch passieren? SO SCHÜTZEN SIE SICH!

DIE GROSSE OPEL PREMIERE 24. JUNI 2017

BILD erklärt Bayerns 41-Mio.-Franzosen

Donnerstag, 15. Juni

DROHENDE DIESEL-FAHRVERBOTE

BILD fordert kostenlose Nachrüstung

Der Diesel-Skandal und die drohenden Fahrverbote – es sieht so aus, als wenn am Ende der Autofahrer der Dumme ist. So kann es ja nicht gehen: Was die Autoindustrie verbockt und die Politik nicht kontrolliert hat, das kann jetzt nicht dem gutgläubigen Käufer auf die Füße fallen! Im Juni fordert BILD massiv kostenlose Nachrüstungen für alle betroffenen Diesel-Autos. Das gilt besonders für die vermeintlich sauberen Modelle mit der Euro-5-Norm. Fahrverbote, das bestätigen auch Politiker, von der CSU wie von den Grünen, kämen einer schleichenden Enteignung gleich. Wer würde denn einen gebrauchten Diesel von privat kaufen, der in vielen Städten nicht mehr fahren darf? Genau: Niemand!

ANGST VOR BOMBEN

Terrorwarnung: Rock am Ring unterbrochen

90 000 Fans feiern bei Rock am Ring – müssen dann plötzlich gehen

Die Sonne geht gerade unter, die Band „Broilers" spielt auf der Hauptbühne, die Menschen feiern bei „Rock am Ring" – dann ist Schluss. Terror-Angst stoppt Deutschlands größtes Festival. Statt Musik und Party: Räumung der Fläche am Nürburgring. Schweigen. Enttäuschung. Aber niemand buht. Als hätte man es geahnt. Befürchtet. Als sei man es gewohnt. 90 000 Fans verlassen das Gelände. Ruhig. Ohne Panik. Sie singen „Terror ist Scheiße, schalalala." Über dem Ring kreisen Hubschrauber. Zwei Mitarbeiter einer Security-Firma, die mit dem Festival zu tun hat, sind Salafististen, könnten auf dem Gelände etwas deponiert haben. Die Polizei überprüft den Deutsch-Syrer Abdul Ghani A. (24) und den Syrer Mohammad Z. (21). A. galt schon als terrorverdächtig. Gefunden wird nichts. Das Festival geht weiter.

S-BAHN MÜNCHEN

Polizistin in den Kopf geschossen

In der S-Bahn in der Münchener Innenstadt schlägt am 13. Juni ein Mann (37) einem anderen Fahrgast unvermittelt die Faust ins Gesicht. Die Polizei rückt an, kontrolliert den Schläger auf dem Bahnsteig der nächsten Haltestelle. Plötzlich versucht der Schläger, den Polizeibeamten ins Gleisbett zu stoßen. Es kommt zu einem Kampf, dabei kann der 37-Jährige dem Beamten die Dienstwaffe entreißen. Er schießt einer Polizistin (27) in den Kopf, verletzt sie lebensgefährlich. Der in Bayern geborene Täter lebt in den USA – ist dort vorbestraft und offenbar geistig gestört. Er wird in einer Psychiatrie untergebracht.

URTEIL

14 Jahre Knast für den „Blutschleifer"

Mit dem Messer sticht **Nurretin B.** (39) Ende 2016 in Hameln auf Ex-Freundin **Kader K.** (28) ein, schlägt ihr mit einer Axt den Schädel ein. Er bindet sie mit einer Schlinge um den Hals an die Anhängerkupplung seines Autos, schleift sie durch die Stadt. Mit dabei: der gemeinsame Sohn (3). Das Wunder: Kader überlebt. Motiv: der Deutsch-Kurde wollte keinen Unterhalt zahlen. Das Urteil für den „Blutschleifer": 14 Jahre Haft.

PORTUGAL

65 Menschen sterben bei Waldbränden

Extreme Hitze, ungünstiger Wind – dann ein Blitzschlag: Bei verheerenden Waldbränden in Portugal sterben Mitte Juni mindestens 65 Menschen. Allein auf der Nationalstraße 236 verbrennen 47, die meisten in ihren Autos. Sie hatten versucht, vor der Feuerwalze zu fliehen. Mehr als 28 000 Hektar Wald werden zwei Autostunden nordöstlich von Lissabon zerstört. Portugal ruft eine Staatstrauer aus.

BESCHLOSSEN

Renten ab 2025 in Ost und West gleich

Am 1. Juni beschließt der Bundestag, dass die Renten in Ost und West bis 2025 schrittweise angeglichen werden. Ab 2025 sollen alle Rentner und Rentnerinnen gleich sein – wenn sie Gleiches geleistet haben. Deshalb werden in den nächsten Jahren die Renten im Osten weiter stärker steigen als im Westen. Zugleich werden die Rentenvorteile für Beschäftigte im Osten abgebaut.

Gunter Gabriel mit Gitarre – zwei, die sich nie getrennt haben

„Geliebt zu werden, ist mein großes Glück!"

■ Country-Star Gunter Gabriel („Ich bin ein Sohn aus dem Volk") stirbt Ende Juni im Alter von 75 Jahren nach einem Treppensturz an den Folgen eines Genickbruchs. Für seine Fans bleibt er der deutsche Johnny Cash. Einer, der Musik für Malocher macht. Und der wie seine Musik ist: direkt und ehrlich. Ruppig und rüpelig. Sanft und sensibel. Sein Leben? Ein Auf und Ab. In Bünde (NRW) als Günter Caspelherr geboren, lernt Gabriel Maschinenschlosser. Doch er liebt nur eins: die Musik. Er bringt es zum Songwriter, schreibt Hits für Schlager-Stars wie Rex Gildo und Juliane Werding (1975 „Wenn du denkst, du denkst"). Der eigene Durchbruch gelingt ihm mit dem Trucker-Song „Er ist ein Kerl (Er fährt 'nen 30-Tonner-Diesel)". Auch „Hey Boss, ich brauch mehr Geld" wird ein Mega-Erfolg. Dann der Absturz Mitte der 80er-Jahre. Gabriel ist obdachlos, lebt auf der Straße, trinkt, nimmt Drogen, ist depressiv. Seine Ehen zerbrechen. Vier Mal. Doch der Sohn aus dem Volk kämpft sich immer wieder zurück. Zuletzt gibt er „Wohnzimmer-Konzerte" für 1000 Euro Gage, zieht ins RTL-Dschungelcamp. Gunter Gabriel, der die letzten 20 Jahre auf einem Hausboot in Hamburg lebte, wurde im engsten Kreis auf See bestattet. Er hinterlässt vier Kinder. Und das Gefühl, dass ihm leben wichtiger war als reich zu sein.

GUNTER GABRIEL

Sein „Hey Boss, ich brauch mehr Geld" ist unsterblich

Freitag, 16. Juni

Samstag, 17. Juni

Montag, 19. Juni

Dienstag, 20. Juni

Hochhaus-Albtraum tötet 71 Menschen

Nächtliches Inferno in London. Ganze Fassade brennt wie Zunder. Wer oben wohnt, hat keine Chance

■ Ein schockierender Anblick: Ein 24-stöckiges Wohnhaus steht in Flammen. 200 Feuerwehrmänner kämpfen am 14. Juni in London gegen ein Inferno – 71 Menschen sterben bei der Katastrophe im Grenfell Tower im Westen Londons.
Das Feuer in dem Sozialbau ist nachts ausgebrochen. Rasend schnell breiten sich die Flammen vom 4. Stock über die Fassade aus. Vor allem die Bewohner der oberen Etagen können sich nicht retten. Viele verbrennen bis zur Unkenntlichkeit. Ursache soll ein defekter Kühlschrank sein. In die Trauer mischt sich in den Tagen nach dem Unglück Wut. So war die Fassade des Hochhauses bei einer Sanierung 2016 mit entzündlichem Material gedämmt worden – und brannte wie Zunder.
Immer wieder haben Bewohner Sicherheitsmängel beklagt. Nach dem Feuer sieht sich Premierministerin Theresa May (60) heftiger Kritik und Rücktrittsforderungen ausgesetzt. Sie bleibt.

Der Grenfell Tower brennt lichterloh: Nach Mitternacht ist das Feuer ausgebrochen

MITTWOCH, 21. JUNI 2017

Bild

Hitlers Silber-Schatz gefunden

STATUEN, KATZEN-SPARDOSE!

DIE GROSSE OPEL PREMIERE: 24. JUNI 2017

Uefa-Beschluss Leipzig darf in die Champions League

Mittwoch, 21. Juni

DONNERSTAG, 22. JUNI 2017

Bild

Der Becker-Bankrott!

Richterin erklärt Boris für pleite +++ BILD sagt, wo die Tennis-Millionen geblieben sind

Was tun, wenn das Kind ein schlechtes Zeugnis bekommt?

Donnerstag, 22. Juni

FREITAG, 23. JUNI 2017

Bild

Genickbruch GUNTER GABRIEL IST TOT!

Confed Cup 1:1 Stindl rettet uns gegen Chile!

Zum Geburtstag geben BILD und LIDL einen aus

Grill-Knaller-Paket

Sechs Würstchen, Ciabatta und ein Bier für 1,99 Euro!

Freitag, 23. Juni

SAMSTAG, 24. JUNI 2017

Bild

Papa, wo bist Du?

Winfried (47) kam vor 12 Tagen vom Einkaufen nicht zurück

DIE GROSSE OPEL PREMIERE: 24. JUNI 2017

Das Becker-Drama

Samstag, 24. Juni

ERFREULICH

Arbeitslosen-Zahl niedrig wie zuletzt 1991

■ Die deutsche Wirtschaft brummt weiter – Stand Juni liegt die Arbeitslosen-Quote nur noch bei 5,6 Prozent. 2,498 Millionen Männer und Frauen sind arbeitslos gemeldet. Das ist der niedrigste Stand seit 1991. Nie gab es in Deutschland so viele Beschäftigte. Und es gibt weiter keine Anzeichen, dass der Aufschwung abbricht. Im Gegenteil: Das Wachstum wird noch stärker.

ADNAN KASHOGGI (†81)

■ Er gehörte in den 80er-Jahren zu den umstrittensten und schillerndsten Figuren des Jetset: Anfang Juni stirbt der saudische Waffenhändler Adnan Kashoggi mit 81 in London. Kashoggi litt an Parkinson. Im Kalten Krieg fädelte er große Waffendeals auf der ganzen Welt ein, kassierte Milliarden. Er feierte rauschende Partys mit der High Society. 1982 ließ sich Khashoggi von seiner ersten Frau Soraya scheiden, zahlte ihr 755 Millionen Euro. Kashoggi hinterlässt sechs Kinder.

DATENSCHUTZ

Facebook-Konto ist für Eltern tabu

■ Eltern haben keinen Anspruch darauf, Zugang zum Facebook-Konto ihres Kindes zu erhalten – auch dann nicht, wenn das Kind tot ist. Das Berliner Kammergericht weist die Klage einer Mutter zurück. Sie wollte durch Zugriff auf das Facebook-Konto mehr über den rätselhaften Unfalltod ihrer Tochter erfahren. Der Datenschutz geht aber vor, sagen die Richter. Insbesondere der Schutz der Daten möglicher Chatpartner des Mädchens.

DRAMA UM US-STUDENTEN

Otto Warmbier verlässt Nordkorea im Koma

Otto Warmbier wird am 13. Juni von Nordkorea in die USA ausgeflogen. Er liegt im Wachkoma, wird sterben

■ Ein US-Student, der auf einer Touristenreise nach Nordkorea verhaftet und zu 15 Jahren Arbeitslager wegen angeblichen Diebstahls eines Propaganda-Banners verurteilt wurde: Der Fall Otto Warmbier (22) erregt seit Anfang 2016 die Gemüter der Amerikaner.
Jetzt, am 13. Juni 2017, darf Warmbier Nordkorea verlassen. Er liegt im Wachkoma, ist praktisch tot. Ein Herzstillstand hat sein Hirn schwerst geschädigt. Auslöser war angeblich eine Lebensmittelvergiftung. Am 19. Juni ist Otto Warmbier tot. Seine Familie ist sicher: Nordkoreas Diktator hat ihn umbringen lassen.

STRESS AM GOLF ++ BOYKOTT GEGEN KATAR ++ WM-AUS?

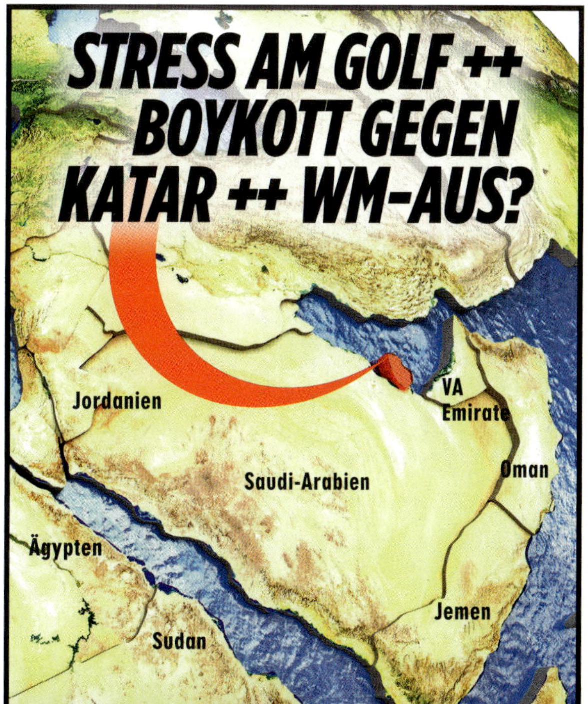

■ Es brodelt am Persischen Golf. Anfang Juni brechen Saudi-Arabien, Bahrain, die Vereinigten Arabischen Emirate und Ägypten die diplomatischen Beziehungen zu Katar ab. Es ist ein Streit um Öl, Terror und Religion. Das extrem reiche Land (halb so groß wie Hessen) unterstützt Terror-Gruppen – und ist eng befreundet mit dem Iran, dem Erzfeind von Saudi-Arabien. Es droht eine weitere Eskalation. Kann bei dieser explosiven Lage wirklich 2022 die Wüsten-Fußball-WM in Katar stattfinden? Immer mehr sagen Nein!

ENDLICH!

Fernfahrer nach Mord an Carolin verhaftet

■ Rund sieben Monate nach dem Sex-Mord an der Joggerin Carolin G. (27) aus Endingen (Ba.-Wü.) verhaftet die Polizei im Juni einen rumänischen Fernfahrer (40). Der Mann hat zuvor schon in Kufstein (Österreich) eine Studentin ermordet, dabei seine DNA hinterlassen. Deshalb war die Polizei schnell sicher, dass der Killer ein Fernfahrer sein dürfte. Der Rumäne gesteht die Morde.

FLUGCHAOS

Der Untergang von Air Berlin deutet sich an

■ Chaos bei Air Berlin: abgesagte oder stark verspätete Flüge, wütende Passagiere. Die Fluggesellschaft, die nur dank der Scheichs von Etihad (Abu Dhabi) noch lebt, hat 2016 781,9 Mio. Miese gemacht, und im 1. Quartal 2017 weitere 293 Mio. Euro. Es geht immer weiter abwärts. Kann man Air Berlin noch buchen? Die es nicht tun, sind schlau.

Bild
Badeverbot am Ballermann!
Hai-Alarm auf Mallorca
Hamilton will sich mit Vettel prügeln
Montag, 26. Juni

Bild
[redacted]
WARUM SOLLTE ICH MEHR BEZAHLEN?
So günstig sind gebrauchte Handys!
Dienstag, 27. Juni

Bild
SEX & SUFF
Polizei-Skandal vor G20-Gipfel!
GARCIA-REPORT
BILD ZWINGT FIFA IN DIE KNIE
Mittwoch, 28. Juni

Bild
Für sein Luxus-Leben ließ er Krebs-Kranke sterben
Der Todes-Apotheker!
England mit falschem Elfer-Zettel reingelegt
ADAC warnt vor Diesel-Kauf
Donnerstag, 29. Juni

U21 DER DEUTSCHE NACHWUCHS HOLT DEN TITEL IN POLEN

Julian Pollersbeck (HSV) hielt gegen England zwei Elfmeter

Trotz Italien-Fluch jubeln am Ende die Deutschen

Zugegeben, das hätte auch anders laufen können: Bei der U21-EM in Polen kommt das deutsche Team mit Trainer Stefan Kuntz (54) nur als bester von drei Gruppenzweiten ins Halbfinale. Ein einziges Tor waren wir besser als die Slowakei. Das letzte Gruppenspiel haben die Deutschen nämlich verloren – gegen Italien (0:1), natürlich. Im Halbfinale müssen die Jungs um Kapitän Maximilian Arnold (23) gegen England ins Elfmeterschießen – und gewinnen 4:3, natürlich. Im Halbfinale gegen die Spanier, die Italien locker 3:1 geschlagen haben, schießt Mitchell Weiser (23, Hertha) das goldene Tor zum 1:0. Ein grandioser Triumph, noch ein Titel für Deutschland. Die schwarz-rot-goldene Zukunft kann kommen.

Das deutsche Team feiert in Krakau nach dem Finalsieg gegen Spanien

WECHSEL 1

Heiko Herrlich zu Leverkusen

Mit Jahn Regensburg ist er zwei Mal in Folge aufgestiegen. Jetzt geht es von der 2. Liga in die Bundesliga: **Heiko Herrlich** (45, Foto) übernimmt Bayer Leverkusen. Der Werksklub hat den im März verpflichteten **Tayfun Korkut** (43) zum Saisonende wieder entlassen. Platz 12 – zu wenig. Ex-Nationalspieler Herrlich kennt die Ansprüche.

WECHSEL 2

Schalke 04 schnappt sich Domenico Tedesco

Den Namen hatte wohl kaum einer auf dem Zettel: Schalke 04 verpflichtet im Juni **Domenico Tedesco** (31, Foto) als Trainer und Nachfolger von **Markus Weinzierl** (42). Der ist in seiner ersten Schalke-Saison mit Platz 10 gescheitert und muss gehen. Tedesco hatte im Frühjahr Zweitligist Aue als Tabellenletzter übernommen – und gerettet. So was macht andere neugierig.

WECHSEL 3

Der BVB verpflichtet Peter Bosz von Ajax

Im Juni stellt Borussia Dortmund den Tuchel-Nachfolger vor: **Peter Bosz** (53), bisher bei Ajax Amsterdam. Er hat mit Ajax in der Europa League Schalke 04 ausgeschaltet. Das zählt was beim BVB. Aber ob das reicht? Dortmund wird mit ihm furios starten, aber dann wird's schnell schwierig.

FREITAG, 30. JUNI 2017

Bild

ELTERN-ANGST vor WhatsApp-Spiel

Polizei warnt Schulen! BILD sagt, was dahintersteckt

Erstmal zu Penny

Der ganze Bundesliga-Spielplan in BILD

Finale! Jogi hat's wieder geschafft

Freitag, 30. Juni

REKORDEINKAUF

Bayern holt Tolisso und Gnabry gleich auch

Corentin Tolisso

■ Die Bayern leisten sich im Juni den teuersten Einkauf ihrer Geschichte. Für 41,5 Millionen wechselt Corentin Tolisso (23) von Olympique Lyon nach München. Der Mittelfeldmann ist eher ein No Name, aber französischer Nationalspieler. Von Werder Bremen kommt Serge Gnabry (22) für 8 Mio. zu Bayern – und wird gleich ein Jahr nach Hoffenheim verliehen.

Serge Gnabry

VON KÖLN NACH CHINA

35 Mio. für Modeste

Modeste kam 2015 für 4,5 Mio. Euro nach Köln

■ Er geht, er geht nicht, er geht nicht, er geht doch. Im Sommer geht es beim 1. FC Köln nur noch um Topstürmer Anthony Modeste (29). Von 51 Kölner Saisontoren hat der Franzose allein 25 gemacht. Jetzt lockt China. Tianjin Quanjian bietet viel Geld für Modeste, Köln will 35 Mio. Euro. Aber Modeste am liebsten behalten. Das geht nicht. Die Chinesen zahlen das verlangte Geld. Modeste macht den Abflug.
In Köln ahnt mancher, dass Modestes Tore dem FC fehlen werden.

FRENCH OPEN

Nadal gewinnt zum 10. Mal Paris

Strahlender König von Paris: Rafael Nadal mit dem Siegerpokal

■ 31 Jahre ist er inzwischen, und so gut wie vielleicht nie. Der Spanier Rafael Nadal fegt durch die French Open wie ein Orkan. Ohne Satzverlust stürmt er ins Finale, leistet sich auch da gegen Stan Wawrinka (32) keine Schwäche – 6:2, 6:3, 6:1. Dabei hat Nadal zwei Seuchenjahre hinter sich. Jetzt spielt der Sandplatz-Spezialist wie im Rausch: sein 10. Titel bei den French Open. Ein Grand-Slam-Turnier zehn Mal gewinnen – das hat noch keiner geschafft. Im August ist Nadal wieder Weltranglisten-Erster – vor Roger Federer (35). Die „Alten" haben's drauf.

WIEDER CHAMPIONS-LEAGUE-SIEGER MIT REAL MADRID

Kroos jetzt schon größer als Beckenbauer und Müller?

Toni Kroos mit dem CL-Pokal

■ Das gab es noch nie! Als erste Mannschaft verteidigt Real Madrid in Cardiff (Wales) den Champions-League-Titel. Im Finale schlagen die Königlichen den italienischen Meister Juventus Turin 4:1 (1:1). Neben dem zweifachen Torschützen Christiano Ronaldo (32) ganz stark bei Real: Mittelfeld-Stratege Toni Kroos (27). Der Ex-Münchener und Weltmeister holt damit seinen dritten CL-Titel, nachdem er schon 2013 mit den Bayern in London Borussia Dortmund bezwungen hat.
Ist Kroos schon größer als Franz Beckenbauer (71) und Jahrhundert-Torjäger Gerd Müller (71)? Auch sie haben den Europapokal der Landesmeister dreimal gewonnen, waren 1974 Weltmeister. BILD.de lässt die User abstimmen – 58 Prozent sagen, Toni Kroos ist der Größte!

Verliert Boris Becker das Match seines Lebens?

Als Richterin Christine Darrett vom Insolvenzgericht in London am 21. Juni Boris Becker für „bankrott" erklärt, kippt das „Match seines Lebens".

Einer der größten Sportler, die Deutschland je hervorgebracht hat, scheint endgültig auf die Verliererstraße abgebogen zu sein.
Im Oktober berichtet der „Stern", dass bei der Insolvenzverwaltung in London inzwischen Forderungen in Höhe von 54,4 Millionen Pfund aufgelaufen sind – umgerechnet mehr als 61 Millionen Euro. Die britische Privatbank „Arbuthnot Latham & Co." fordert einen Kredit in Höhe von 10,5 Millionen Euro zurück. Die mit Abstand höchste Forderung kommt laut Gläubigerliste von dem einstigen Metro-Manager und Investor Hans-Dieter Cleven, der umgerechnet 38,4 Millionen Euro anmeldet. Er streitet gleichzeitig auch vor einem schweizerischen Gericht um die Rückzahlung.

Ich führe das einzige Interview, das Cleven einem deutschen Journalisten zum „Fall Becker" gibt, und das auf der Titelseite von BILD erscheint. Er hatte mit dem Tennis-Star seit 1999 mehrere Firmen gegründet und ihm immer wieder Geld geliehen.

Wir treffen uns in Zürich, Cleven spricht ruhig und sachlich. In seiner Stimme ist weder Zorn noch Ärger – eher Enttäuschung.
Er erzählt, dass er Becker bis 2006 allein für eine Steuerrückzahlung und Strafzahlungen bereits etwa 15 Millionen Euro zur Verfügung gestellt habe. Als Sicherheit sollte Beckers Finca auf Mallorca dienen. Doch die Geldprobleme wurden immer größer.

ALFRED DRAXLER
BILD-Chefkolumnist

Vor Cleven liegt eine Sicherheiten-Liste, die Becker im August 2008 unterschrieben hat. Darauf ein Autohaus, zwei Häuser in Leimen (darunter das Elternhaus), die Wohnung, in der seine uneheliche Tochter Anna Ermakova mit ihrer Mutter in London lebt – und noch viel mehr.
Auf die Frage, warum er die Sicherheiten, die gelistet sind, nicht im Grundbuch abgesichert habe, antwortet er: „Wenn ich das versucht hätte bei dem Haus in Leimen, in dem seine Mutter wohnte, dann wäre doch richtig was los gewesen. Und ich wollte ja Öffentlichkeit vermeiden."

Erst im März 2015 forderte der in der Schweiz lebende Cleven Becker dazu auf, die Schulden ihm gegenüber auch vor einem Notar anzuerkennen („Es war der letzte Versuch, die Probleme, die immer größer wurden, ohne Öffentlichkeit zu lösen"). „Er hat gesagt: Ich kann dir ja meine Finca auf Mallorca geben, die kannst du dann verwerten. Ich habe geantwortet: Boris, ich muss dich erinnern, die habe ich schon!"
Wie kann ein Super-Sportler, ein Idol für Millionen, ein Welt-Star, der in seiner Karriere angeblich mehr als 100 Millionen Dollar verdient hat, in derart große Probleme geraten?

Im „Match seines Lebens" war der 1. Satz ein einziger Siegeszug. Und die ganze Nation fieberte mit.
Mit 17 der jüngste Wimbledon-Sieger aller Zeiten. Dass er ein Jahr später (1986) trotz des Star-Rummels das wichtigste Turnier der Welt noch einmal (gegen Ivan Lendl) gewann, war für mich die noch größere Leistung. Insgesamt sechs Grand-Slam-Triumphe, 49 Turnier-Siege, Olympiagold (1992) an der Seite von Michael Stich. Und unvergessene Davis-Cup-Schlachten. 1987 in Hartford (USA) prügelte er sich 6 Stunden und 21 Minuten lang mit John McEnroe die Bälle um die Ohren. Nach dem Sieg lief Boris mit der Deutschland-Fahne durch die Halle. Becker-Hecht und Becker-Faust – der charismatischste Tennisspieler der Sport-Geschichte. Wenn seine Spiele im TV liefen, fegte er die Straßen leer.
Der 2. Satz, ein ständiges Auf und Ab. Und die ganze Nation nahm Anteil. Traum-Hochzeit mit Barbara, zwei Söhne. Samenraub, Besenkammer (in Wirklichkeit war's die Treppe, wie er später erzählte), Scheidungsschlacht, Werbe-Star („Bin ich schon drin? Ich bin drin!"/AOL), Tochter Anna nach (völlig unnötigem) Vaterschaftstest. Steuerprozess (zwei Jahre Haft auf Bewährung). Hochzeit mit Lilly, noch ein Sohn. Erste Gerüchte um Geldprobleme, ein entwürdigender TV-Auftritt mit Fliegenklatschen am Kopf. Aber auch ein genialer Tennis-Experte bei Eurosport und für die britische BBC in Wimbledon.

Er hat, inzwischen 50 Jahre alt, ein Leben gelebt, das schon heute für sieben Leben reicht.

Im Satz der Entscheidung scheint Boris Becker aber den Überblick zu verlieren. Er schlägt die verbalen Angriffe nur noch planlos durch die Gegend. Er sagt: „Es ist irrsinnig zu glauben, ich sei pleite". Die Probleme mit der Bank in London seien eher ein Missverständnis, es ginge nur um Zinsen. Und nicht Hans-Dieter Cleven bekomme Geld von ihm, es sei genau umgekehrt, er bekomme Geld von Cleven. Man fragt sich, ob er das alles wirklich glaubt.

Im „Match seines Lebens" scheint es im letzten Satz 0:5 und 0:40 gegen Boris Becker zu stehen. Er hat mit seinem Kampfgeist und mit blutigen Knien schon manches Match umgebogen. Aber diesmal wird`s so schwer wie noch nie.
Dabei würde man es ihm wünschen. Auch ich. Seit dem ersten Becker-Hecht bin ich Boris-Fan – und möchte es gern bleiben …

Er scheint keine guten Karten zu haben, aber verlieren ist nicht seine Sache: Boris Becker bei der „European Poker Tour" in Berlin

JULI 2017

Kate und William machen in Deutschland blau

Die Sonne strahlt über Berlin, die Royals lachen ganz in Blau: Am 19. Juli treffen Herzogin Kate (35) und Prinz William (35) im Park von Schloss Bellevue Bundespräsident Frank-Walter Steinmeier (61) und First Lady Elke Büdenbender (55). Es ist der Auftakt einer dreitägigen Tour durch Deutschland. Gut möglich, dass Kate da schon mit ihrem dritten Kind schwanger ist. Oder ist es gar in Deutschland passiert? Anfang September wird der Buckingham Palace offiziell bestätigen, dass Kate und William wieder Eltern werden.

ALEXANDER v. SCHÖNBURG
BILD-Reporter

Warum Williams und Kates Besuch letztlich kein Erfolg war

Wie nett die beiden sind, „so zugänglich“, alle, die William und Kate in Deutschland trafen, waren hingerissen.
Auch ich hatte eine Einladung zu einer persönlichen Begegnung – im Haus des britischen Botschafters. Ich habe abgesagt (ich blieb lieber bei meiner Schwester Gloria in Regensburg, dort liefen zeitgleich die Thurn-und-Taxis-Schlossfestspiele). Aber meine Frau und meine Tochter sind hin. Meine Tochter, sie ist 14, erzählte mir später begeistert, Kate habe sich vor allem mit ihr statt mit den Erwachsenen im Raum unterhalten.
Wie sympathisch! Aber bei allem Charme, bei aller Sympathie, die die beiden hervorriefen: Es war ein hochpolitischer Besuch. Sie hatten eine Mission. Und die ist leider gescheitert.
Als die Queen Deutschland erstmals besuchte, 1965, hatte unser Land gerade mit Frankreich den historischen Freundschaftsvertrag unterschrieben. Frankreichs Präsident de Gaulle hatte zuvor Veto gegen einen Beitritt Großbritanniens in die EU eingelegt. Er wollte die Insel außerhalb Europas schmoren lassen. Sein Traum war es, gemeinsam mit Adenauer, eine Art neues fränkisches Reich aus der EU zu machen.
Damals begriff London eine EU unter deutsch-französischer Dominanz als Katastrophe. Also schickte man die Queen zu ihrem ersten Staatsbesuch in unser Land – elf Tage lang! Es gab eine Fahrt auf dem Rhein und viel Tschingderassabum. Ziel: die Herzen der Deutschen gewinnen. Die Mission glückte, 1969 gab es grünes Licht für Beitrittsverhandlungen.
Und diesmal? Kates und Williams Aufgabe war, eine pro-britische Stimmung in Deutschland zu erzeugen. Ziel: Kanzlerin Merkel für EU-Austrittsverhandlungen milde stimmen. Geklappt hat es nicht. Merkel hat sich gegenüber Premierministerin May bei den folgenden Verhandlungen eisenhart gezeigt. May wollte ausstehende Verpflichtungen gegenüber der EU mit etwa 25 Milliarden Euro „Scheidungsgeld“ ausgleichen. Erst ab 60 Milliarden war die EU überhaupt bereit zu verhandeln.

Gut gemacht! Kate als Steuerfrau im Ruder-Achter

Deutschland und England in einem Boot: Große

Roter Teppich am Kanzleramt: Angela Merkel begrüßt Kate. Die royalen Gäste bleiben zum Mittagessen

Verschlafen: George bei der Ankunft in Berlin

Die Blümchen riechen gut: Charlotte, ein bisschen schüchtern

Am Pariser Platz in Berlin begrüßt Kate ihre royalen Fans

William und Kate bei der Gartenparty des britischen Botschafters

Charme-Offensive der britischen Royals in Berlin, Heidelberg und Hamburg

Deutschland feiert William und Kate

■ Die Charme-Offensive der Briten beginnt am 19. Juli um 11.53 Uhr in Berlin: Herzogin Kate (35) und Prinz William (35) starten mit ihren Kindern George (3) und Charlotte (2) ihre dreitägige Deutschland-Tour. Das Programm ist dicht gedrängt. Der erste Tag gehört der Hauptstadt: Brandenburger Tor, Mittagessen bei Kanzlerin Angela Merkel (63), Holocaust-Mahnmal, Tee im Schloss Bellevue bei Bundespräsident Frank-Walter Steinmeier (61), abends eine Gartenparty beim britischen Botschafter Sir Sebastian Wood (56).

Am zweiten Tag setzen die Royals ihre Mission, trotz Brexit die deutsch-britische Freundschaft zu stärken, in Heidelberg fort. Brezelndrehen in der Innenstadt, und als Höhepunkt eine Ruder-Regatta auf dem Neckar. Kate und William steigen in verschiedene Achter – jeweils als Steuermann. Williams Achter gewinnt, aber das ist Nebensache.

Abends sind die beiden wieder in Berlin und fahren am nächsten Morgen mit dem ICE 1616 „Wismar" nach Hamburg. Die Elbphilharmonie, ein Abstecher mit einer Barkasse nach Finkenwerder zum Airbus-Werk. Die Zeit vergeht wie im Flug. Kein Zweifel, Kate und William begeistern die Deutschen. Am Brexit-Ärger ändert das aber nichts.

Gar nicht so leicht: William beim Brezeln-Drehen in Heidelberg. Kate ist sichtlich amüsiert

Samstag, 1. Juli

Montag, 3. Juli

Dienstag, 4. Juli

Mittwoch, 5. Juli

KURIOS

Erste Bank bietet Negativ-Kredit an

■ In Zeiten von Null-Zins oder sogar Negativ-Zins ist das ein Ausrufezeichen: Das Online-Kreditportal Smava bietet einen Kredit mit Negativ-Zins an. Heißt: Ich zahle als Kunde weniger zurück, als ich aufgenommen habe. Viel ist es nicht (– 0,04 %), aber immerhin. Das Kredit-Limit liegt bei 1000 Euro. Wer 1000 Euro leiht, muss insgesamt 993,70 Euro abstottern. Schade, dass man sich so nicht 1 Million leihen kann und 994000 zurückzahlt.

DREIER ZU FLOTT

Frauen stürzen beim Sex vom Balkon

■ Frühmorgens in Bad Breisig (Rheinland-Pfalz): Notarzt und Polizei werden zu einem Mehrfamilienhaus gerufen. Unten, auf einer Terasse, liegen zwei junge, nackte Frauen. Beide sind verletzt, haben sich mehrere Knochen gebrochen. Was ist passiert? Sie hatten mit einem Mann Sex auf einem Balkon im oberen Geschoss. Es gab wohl Streit um die Stellung beim flotten Dreier – da stürzte eine Frau runter. Die andere wollte helfen, fiel hinterher. Krass.

GESUNDE BILANZ

Deutsche seltener krankgeschrieben

■ Im ersten Halbjahr 2017 haben die Deutschen durchschnittlich 4,3 Prozent (Osten 5,5 Prozent, Westen 4,2 Prozent) ihrer Arbeitszeit wegen Krankheit gefehlt. Das sind 0,1 Prozent weniger als 2016. Immerhin 63,5 Prozent aller Beschäftigten haben bis 30. Juni noch keinen Tag im Job verpasst. Einer der Hauptgründe für Krankschreibungen sind inzwischen psychische Probleme (15,6 Prozent).

Vor brennenden Barrikaden zeigt ein Vermummter Autonomer die „Stinkefinger"

Die Polizei drängt die gewaltbereiten Autonomen zurück, versucht, sie von den friedlichen Demonstranten zu trennen

Donnerstag, 6. Juli

Freitag, 7. Juli

Samstag, 8. Juli

Montag, 10. Juli

Beim Gipfel in Hamburg regieren Hass und Gewalt. Der Staat ist machtlos

An den Landungsbrücken sitzt ein erschöpfter Polizist mit Kollegen am Boden, kühlt seinen Kopf

Blick durch eine eingeschlagene Schaufensterscheibe: Chaoten verwüsten einen Supermarkt

In Hamburg-Blankenese fährt ein Kind auf einem Fahrrad an einem ausgebrannten Auto vorbei

■ Hamburg brennt und ein vermummter G20-Chaot reckt beide Mittelfinger in die Kamera.
Barrikaden brennen. Geschäfte werden geplündert. SEK-Polizisten kämpfen in den Straßen. Szenen wie im Bürgerkrieg rund um den G20-Gipfel Anfang Juli. Es ist das 12. Treffen der 20 wichtigsten Industrie- und Schwellenländer. Die Staatschefs (u.a. Donald Trump, Wladimir Putin) sind in der Stadt, diskutieren über die Geschicke der Welt.
31 000 Polizisten haben Hamburg und der Bund aufgeboten. Aber sie werden von der Gewalt überrollt. Vermummte werfen Pflastersteine und Molotow-Cocktails auf Polizisten, die verlieren über Stunden die Kontrolle über ganze Gebiete.
Besonders schwer verwüsten Linksextremisten und Krawalltouristen Hamburgs Szeneviertel, die Schanze. Die Polizei meldet „Land unter", kommt auch mit Wasserwerfern, Tränengas und gepanzerten Fahrzeugen nicht gegen die Exzesse an.
Während die G20-Teilnehmer in der Elbphilharmonie klassischer Musik lauschen, ziehen Kriminelle mit Eisenstangen durch die Straßen, setzen nahezu alles in Brand. Ein Polizei-Sprecher: „Wir haben noch nie so ein Ausmaß an Hass und Gewalt erlebt." Bürger sind in Angst. Überforderte Polizisten gehen auch gegen Anwohner und friedliche Demonstranten vor.
Die Bilanz nach drei Chaos-Tagen: 476 Polizisten werden verletzt, 186 Menschen festgenommen. Bürgermeister Olaf Scholz (SPD), der sich vor dem Gipfel ganz entspannt gab, räumt ein: „Wir haben es nicht hinbekommen, was ich vorher versprochen habe."

DIE KRISE

Mit der Verhaftung von Peter Steudtner erreichen die deutsch-türkischen Beziehungen einen neuen Tiefpunkt

Auf dem Weg ins Untersuchungs-Gefängnis: Peter Steudtner in Istanbul

ERDOGAN MACHT MIT DEUTSCHEN GEISELN POLITIK

■ Sie waren Partner in Europa, wirtschaftlich, politisch, militärisch. Aber jetzt liegen die Türkei und Deutschland im Clinch. Präsident Recep Tayyip Erdogan (63), per Verfassungsreferendum inzwischen praktisch allmächtig in seinem Land, lässt am 5. Juli den deutschen Menschenrechts-Aktivisten Peter Steudtner (45) in Istanbul verhaften. Absurder Vorwurf: Terror-Unterstützung. Steudtner ist, nach Deniz Yücel (43), eine weitere Geisel in der Hand der Türkei, die von Deutschland die Auslieferung vermeintlicher Hintermänner des gescheiterten Putsches von 2016 verlangt. Kanzlerin Angela Merkel (63) hält sich selbst mit Kritik zurück, unterstützt aber Außenminister Sigmar Gabriel (57), der eine „Neuausrichtung" der deutschen Türkei-Politik ankündigt. Heißt: eine schärfere Gangart.

Die T-Krise und die Folgen: Das Auswärtige Amt verschärft die Reisehinweise für die Türkei. Urlauber müssten damit rechnen, grundlos verhaftet zu werden. Die Wirtschaft wird vor Investitionen gewarnt. Die von der Türkei erhoffte Visa-Freiheit für ihre Bürger – in weiter Ferne. Ein türkischer EU-Beitritt – undenkbar.

Zugleich wendet sich Gabriel am 22. Juli in BILD (auf Türkisch und Deutsch) an die bei uns lebenden Türken: „Sie, die türkischstämmigen Menschen in Deutschland, gehören zu uns – ob mit oder ohne deutschen Pass."

Peter Steudtner reiste für einen Workshop für Menschenrechts-Gruppen zum Thema „IT-Sicherheit" in die Türkei

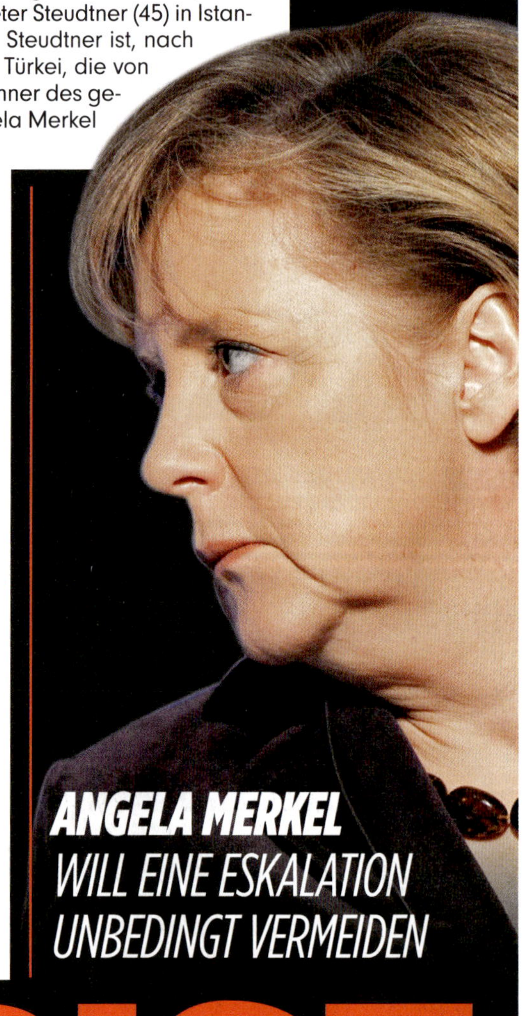

ANGELA MERKEL WILL EINE ESKALATION UNBEDINGT VERMEIDEN

SIGMAR GABRIEL WARNT DEUTSCHE VOR TÜRKEI-REISEN

Dienstag, 11. Juli

Mittwoch, 12. Juli

Donnerstag, 13. Juli

Freitag, 14. Juli

GERORGE A. ROMERO (†77)

■ Er erfand die Zombies: US-Gruselmeister George A. Romero stirbt Mitte Juli in Toronto (Kanada). „Nach kurzem, aber aggressiven Kampf gegen Lungenkrebs" schlief er friedlich ein, so sein Manager. Durch „Die Nacht der lebenden Toten" wird Romero 1968 weltbekannt. Für nur 114 000 Dollar produziert, spielten seine Untoten in Schwarz-Weiß 30 Mio. Dollar ein.

ANDREA JÜRGENS (†50)

■ An Organversagen stirbt Mitte Juli Ex-Kinderstar Andrea Jürgens in Recklinghausen (NRW). Im April musste die jüngste ZDF-Hitparaden-Gewinnerin („Und dabei liebe ich Euch beide", 1978) in die Klinik – eine Virusinfektion. Produzent Jack White (76) hatte sie in den 70ern entdeckt. Mit zehn Jahren war sie ein Star. Ihre LP „Weihnachten mit Andrea Jürgens" (1979) verkaufte sich 1,5 Mio Mal.

AUTO AUF TAUCHSTATION

Heute bitte nicht im Pool baden!

■ Ein Hotelpool in Colorado Springs (US-Staat Colorado), mittendrin ein versunkenes Auto. Das Ende einer Irrfahrt: Eine Frau (73) hat Gas und Bremse verwechselt ist mit ihrem Lincoln-SUV durch den Garten bis in den Pool gerast. Frühmorgens war zum Glück niemand baden. Hotelgäste retten die Frau aus dem schnell sinkenden Wagen. Niemand verletzt. Nur das Auto und das Wasser im Pool sind hinüber. Und, ja, es hätte auch ein Mann sein können.

HAMBURGER ISLAMIST

Mordanschlag im Supermarkt

■ Ahmed A. (26) ist den Behörden in Hamburg als Islamist bekannt und ausreisepflichtig. Aber er ist frei – und geht am 28. Juli in einem Supermarkt unvermittelt mit einem Messer auf Kunden los. Er brüllt „Allahu Akbar", ersticht einen Mann (50), verletzt sieben weitere, bevor er von mutigen Zeugen auf der Straße überwältigt wird. Der Palästinenser ist offenbar ein Einzeltäter, kein ISIS-Mitglied. Aber ein Terrorist ist er. Im November wird er u. a. wegen Mordes angeklagt.

Mit Stühlen gehen mutige Passanten auf den Täter los, wollen ihn stoppen

CHRIS ROBERTS (†73)

■ Die Ärzte gaben ihm sechs Monate. Am Ende waren es drei Wochen: Mit 73 stirbt Schlager-Idol Chris Roberts („Ich bin verliebt in die Liebe") am 2. Juli in der Charité an Lungenkrebs. Seine drei Kinder (27, 28, 32) waren bis zuletzt bei ihm. In München geboren, startete Roberts während seines Ingenieurstudiums eine Musikkarriere. Er war ein Star der 70er-Jahre, verkaufte 11 Millionen Platten.

Samstag, 15. Juli

Montag, 17. Juli

Dienstag, 18. Juli

Mittwoch, 19. Juli

KARDINAL MEISNER (✝ 83)

■ Am 5. Juli stirbt der frühere Erzbischof von Köln mit 83 Jahren. Er ist im Urlaub in Bayern friedlich eingeschlafen. Meisner, enger Vertrauter von Benedikt XVI. (90), stammt aus Breslau. Im Krieg floh die Familie nach Thüringen. Banklehre, Priester, Weihbischof in Erfurt. 1980 Bischof in Berlin. Neun Jahre später ging er an den Rhein. Meisner, ein Freund des klaren Wortes. Erzkonservativ. Umstritten, gefeiert. Ein vehementer Gegner der Abtreibung, der Sterbehilfe, der Homosexualität. Meisners Bilanz im Alter: „Habe ich alles richtig gemacht? Bestimmt nicht. Aber ich glaube, auch nicht alles falsch." Die Bilanz eines deutschen Lebens.

CHESTER BENNINGTON (✝41)

■ Eine Generation verliert ihre Stimme: Mit 41 Jahren nimmt sich „Linkin Park"-Sänger Chester Bennington am 20. Juli in Kalifornien das Leben. „Linkin Park" haben mehr als 60 Millionen Facebook-Fans. Keine Band hat mehr. Keine. Nicht Metallica. Nicht Pink Floyd. „Linkin Park", die letzte neue große Welt-Rockband. „Hybrid Theory" (2000) ist bis heute eines der erfolgreichsten Alben der letzten 20 Jahre. Und Chester war die Stimme dieses Meisterwerks. Als Kind jahrelang missbraucht, setzte er seinem Leben drei Monate nach dem Freitod seines besten Freundes Chris Cornell („Soundgarden") an dessen Geburtstag ein Ende. „Ich kann mir keine Welt ohne dich vorstellen", hatte er damals geschrieben. Chester Bennington hinterlässt Ehefrau und sechs Kinder.

Ernst August von Hannover boykottiert Traumhochzeit

Der Erbprinz von Hannover heiratet eine Bürgerliche

Das strahlende Brautpaar in der Hochzeits-Kutsche

■ Anfang Juli heiratet Ernst August Junior von Hannover (33) seine russische Freundin Ekaterina (30), eine Bürgerliche. Das passt dem Vater, Ernst August (63), nicht, er boykottiert die Hochzeit, zeigt sich aber eine Woche vorher strahlend gelaunt und erschlankt bei der Hochzeit eines Neffen. Sollten sich Vater und Sohn nicht aussöhnen, könnte der Junior den Status als Erbprinz verlieren. Schade wär's.

Prinzessin Marie-Chantal (48) mit Prinz Pavlos von Griechenland (50) und ihren Kindern

Chantal von Hannover (62) mit Alessandra de Osma (25)

Ernst August Senior fehlte bei der Trauung

Donnerstag, 20. Juli

Freitag, 21. Juli

Samstag, 22. Juli

Montag, 24. Juli

SURF-SPASS

Deutsche 43 Stunden pro Woche online

■ Durchschnittlich 35 Stunden pro Woche arbeiten die Deutschen – aber inzwischen surfen sie 43 Stunden pro Woche am Computer. Eine neue Studie der Postbank zeigt im Juli, wie sehr das digitale Zeitalter unser Leben verändert. Bundesbürger ab 35 Jahren sind pro Woche 39 Stunden im Netz unterwegs, die unter 35-Jährigen sogar 55 Stunden. 70 Prozent surfen inzwischen per Smartphone, bei den Jüngeren sind es sogar 91 Prozent. Das ist ganz schön verrückt.

ÄGYPTEN

Terrorist ersticht zwei deutsche Frauen

■ Im beliebten Ferienort Hurghada am Roten Meer greift am 14. Juli ein ägyptischer Student (28), offenbar im Auftrag der Terrorbande ISIS zwei Frauen aus Niedersachsen in einem Strandhotel an, tötet sie brutal. Vier weitere Menschen kann der Attentäter verletzen, bevor er überwältigt wird. Er habe noch viel mehr Menschen töten wollen, sagen die ägyptischen Behörden später.

ZWEI TOTE

Bundeswehr-„Tiger" in Mali abgestürzt

■ Am 26. Juli stürzt im westafrikanischen Mali ein Bundeswehr-Hubschrauber vom Typ „Tiger" aus ungeklärter Ursache ab. Zwei deutsche Soldaten sterben. Die Bundeswehr unterstützt in dem vom Terror geschüttelten Land mit 639 Soldaten die UN-Mission „Minusma". Der „Tiger"-Flugbetrieb wird zunächst gestoppt. Später erklärt der Hersteller Airbus, Absturzursache seien wohl starke Turbulenzen gewesen.

Der Rauch ist meterhoch. Auch der Anhänger des Lkw verbrennt. 18 Menschen sterben, unter ihnen einer der zwei Busfahrer

FEUER-FALLE REISEBUS

++ 18 Menschen auf der A9 verbrannt ++

Rentner wollten zum Gardasee ++ Busfahrer übersah Stau ++

■ Es sind schreckliche Bilder. Meterhoch schlagen Flammen aus einem Reisebus. Eine schwarze Rauchwolke verschluckt das Wrack.
Anfang Juli verbrennen 18 Menschen auf der A9 in Oberfranken. 30 Menschen werden an diesem Morgen zum Teil schwer verletzt. Der Bus aus Sachsen war im Stau auf einen langsam fahrenden Sattelzug gekracht. Innerhalb weniger Minuten brennt der Bus. An Bord: eine Seniorengruppe (66 bis 81 Jahre) auf dem Weg zum Gardasee (Italien).
200 Einsatzkräfte kämpfen gegen die Feuerhölle. Aber schon Minuten nach der Ankunft der ersten Helfer ist es zu spät: Die Hitze ist so groß, kein Feuerwehrmann kann an den Bus heran. Alles, bis auf den Stahl am Bus, verbrennt. Ermittlungen ergeben später: Durch Kurzschlüsse bei der Batterie und der Elektrik ist es zu dem Feuer gekommen. Sie waren vorn im Bus – genau wie ein Kraftstofftank, der beim Aufprall platzte und Feuer fing.

Der Bus brannte nach dem Crash vollständig aus, es blieb nur noch ein Gerippe

Rettungskräfte haben ein Zelt aufgebaut, darunter die Särge der Unfallopfer

Jogi Löw muss im Finale vor allem Bayern-Star Arturo Vidal (r.) ausschalten

DIENSTAG, 25. JULI 2017

Bild

Eklat um Gunter Gabriels Beerdigung

Cash Call Heute 750 000 Euro gewinnen

Sportdirektor KAHN SAGT BAYERN AB

ASYLBETRUG

So leicht ist es, in Deutschland abzukassieren!

Dienstag, 25. Juli

MITTWOCH, 26. JULI 2017

Bild

Neuer Job nach drei Jahren Knast

Millionen-Räuber fährt jetzt Geldtransporter

... und soll eine Dienstwaffe kriegen!

Cash Call 1,25 MILLIONEN EURO So können Sie heute abkassieren!

Mittwoch, 26. Juli

Lars Stindl (M.) lässt sich von Timo Werner (l.) und Sebastian Rudy feiern

Jogis junge Wilde holen sich ein Titelchen

■ 2. Juli, St. Petersburg. Fußball-Deutschland feiert wieder. Die Jungs von Jogi Löw (57) gewinnen ein Jahr vor der WM den Confed-Cup („Mini-WM"). Das 1:0 im Finale gegen Chile ist harte Arbeit. Lars Stindl (28, Gladbach) macht das goldene Tor (20.). Jogi Löw hat in Russland mit einem extrem jungen Team überrascht, Mexiko (4:1), Kamerun (3:1) und Australien (3:2) besiegt, dazu ein 1:1 gegen Chile in der Vorrunde. Der „Goldene Schuh" geht an Timo Werner (21, RB Leipzig): drei Tore, zwei Vorlagen. Die WM kann kommen.

Julian Draxler mit dem Siegerpokal. Es ist nur die „Mini-WM", aber der Jubel ist riesig

Reservistin Tabea Kemme tröstet die weinende Anja Mittag

EM-PLEITE

Die deutschen Frauen gehen leider in Holland baden

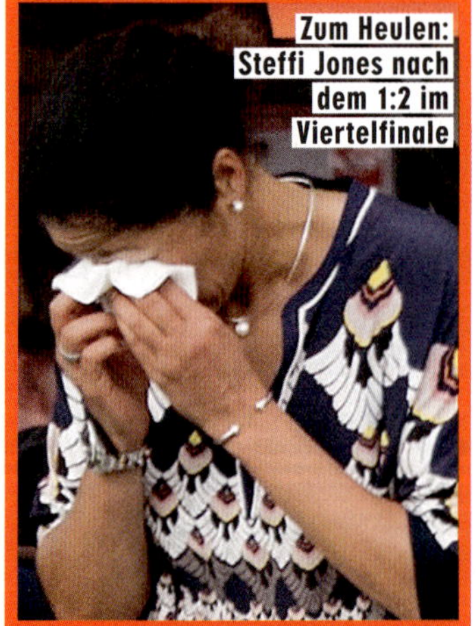

Zum Heulen: Steffi Jones nach dem 1:2 im Viertelfinale

■ Das erste Frauenfußball-Turnier nach der goldenen Ära Silvia Neid (53) ist die EM in den Niederlanden. Und die Deutschen sind, jetzt mit Tainerin Steffi Jones (44), der große Favorit. Sechsmal hintereinander haben wir diesen Titel geholt, was soll da schiefgehen? Wir sind Olympiasieger! Es geht, nach dem Gruppensieg in der Vorrunde, schon im Viertelfinale gründlich schief. 1:2 gegen Dänemark, nichts läuft, außer Tränen. Steffi Jones darf weitermachen, erst mal. Europameister wird, siehe da, Gastgeber Holland. Wenigstens ein Trost für Oranje in diesem bitteren Fussball-Jahr.

Donnerstag, 27. Juli

Freitag, 28. Juli

Samstag, 29. Juli

Montag, 31. Juli

Da kann man nichts machen: Alberto Contador am Bahnübergang

ABGEFAHREN

Zug stoppt Tour de France

■ Er nimmt es mit Humor: Auf der 12. Etappe der Tour de France wird der zweimalige Tour-Sieger Alberto Contador (34) vom Super-Schnellzug TGV gestoppt. Er muss mit anderen Fahrern am Bahnübergang warten. Contador beendet die Etappe immerhin als Zwölfter, geht nach der Tour in Rad-Rente. Die 104. Tour gewinnt wieder Chris Froome (32), schon sein vierter Gesamtsieg seit 2013. Marcel Kittel (29) fährt immerhin fünf Etappensiege ein. Respekt!

EIGENTOR

Mehmet Scholl fliegt bei der ARD raus

■ Am Rande des Confed-Cup in Russland gerät Fußball-TV-Experte **Mehmet Scholl** (46) mit seinem Arbeitgeber, der ARD, aneinander. Scholl will vor der Kamera nicht über das Dopingthema sprechen – „nicht relevant". In Russland nicht relevant? Ein Affront für die ARD. Scholl, als bissiger Kommentator bekannt, lenkt nicht ein – und fliegt folgerichtig raus.

WIMBLEDON

Sein zweiter Grand-Slam-Titel 2017: Tennis-Idol Roger Federer mit dem Wimbledon-Pokal

UNSCHLAGBAR

Mit fast 36 ist Federer der König

■ Wenige Wochen vor seinem 36. Geburtstag trumpft Roger Federer in Wimbledon noch einmal groß auf. Nach seinem Sieg bei den Australian Open holt sich der Schweizer in London seinen zweiten Grand-Slam-Titel des Jahres. Im Finale schlägt er locker in drei Sätzen Marin Cilic (28). Für den Hamburger Alexander Zverev (20) ist im Achtelfinale Endstation. Bei den Damen gewinnt die Spanierin Garbiñe Muguruza (23) das Finale gegen Venus Williams (37). Angelique Kerber (29) verabschiedet sich im Achtelfinale. Schade.

FÜR 10 MIO

Bayern leiht sich James bei Real aus

■ „Grüß Gott, Granate", schreibt BILD am 12. Juli. Real-Star **James** (26) landet in München, die Bayern haben den Kolumbianer bei Madrid ausgeliehen – für zwei Jahre. Gebühr: zehn Mio. Euro. So richtig hat sich James bei Real nicht durchgesetzt, trotz 36 Toren in 111 Spielen. Leicht wird es auch in München nicht.

Neymar gewann mit Barca 2015 die Champions League

TRANSFER-IRRSINN

Paris holt für 222 Mio. Neymar aus Barcelona

■ Dieser Transfer sprengt selbst im Milliarden-Geschäft Fußball alle Dimensionen: Im Juli verpflichtet Frankreichs Meister Paris St. Germain Neymar (25). Unfassbare 222 Millionen Euro zahlen die Scheichs, die hinter PSG stehen, dem FC Barcelona für den Brasilianer. Die Scheichs wollen die Champions League gewinnen, endlich, unbedingt. Woher das Geld kommt, wo das Financial Fairplay bleibt, ist am Ende egal. Neymar spielt – und PSG ist jetzt Topfavorit fürs CL-Finale im Mai 2018. Geld schießt eben doch Tore.

Das Schelfeis ist der Korken, ohne den wir untergehen

2017 war ein turbulentes Jahr für den Klimaschutz. US-Präsident Donald Trump hatte angekündigt, aus dem Pariser Klimaabkommen auszusteigen. Die verbleibenden 195 Länder versicherten auf dem G20-Gipfel in Hamburg, ihren in Paris eingegangenen Verpflichtungen nachzukommen.

Auf der Weltklimakonferenz in Bonn haben sie das bekräftigt. Die USA waren mit zwei Delegationen vertreten, einer offiziellen und einer inoffiziellen. Die inoffizielle „Wir sind weiter dabei“-Koalition (We Are Still In) bestand aus US-Gouverneuren, Bürgermeistern und Wirtschaftsbossen, an ihrer Spitze Kaliforniens Gouverneur Jerry Brown und New Yorks Ex-Bürgermeister Michael Bloomberg. Es sieht so aus, als wenn Trump die USA nicht von Obamas eingeschlagenem Weg des Klimaschutzes wird abbringen können.

2017, ein Jahr der Naturkatastrophen. In Deutschland fielen extreme Starkniederschläge. Hurrikan „Harvey“ setzte die Millionenmetropole Houston unter Wasser. Der US-Wetterdienst musste sogar die Farbskala auf den Niederschlagskarten anpassen, derart heftige Niederschläge hatte man in den USA nie gemessen. Binnen Tage regnete es so viel wie in Deutschland während eines ganzen Jahres. Gleichzeitig starben viele Menschen in Indien durch rekordverdächtigen Monsun. Besonders spektakulär war der Abbruch eines gigantischen Eisbergs vom Larsen-C-Schelfeis in der Antarktis. Der Eisberg, zweimal so groß wie das Saarland, ist ist einer der größten, die je beobachtet wurden.
Sind diese Ereignisse ein Grund zur Sorge? Sind sie etwa schon eine direkte Folge der Erderwärmung? Man kann das nicht eindeutig beantworten. Extreme Wetterereignisse hat es immer gegeben. Der Vergleich mit einem Spielwürfel hilft, die Geschehnisse einzuordnen. Bei einem auf die 6 gezinkten Würfel kann man auch nicht sagen, welche 6 auf das Zinken zurückzuführen ist und welche nicht. Man kann nur die Manipulation des Würfels feststellen, wenn man oft genug würfelt.

PROF. MOJIB LATIF
Klimaforscher

Wissenschaftlich erwiesen ist, dass sich die Erde infolge des Ausstoßes von Treibhausgasen durch den Menschen erwärmt. Der Weltklimarat schreibt: „Der menschliche Einfluss auf das Klimasystem ist klar.“ Wobei sich das auf den Temperaturanstieg seit Beginn der Industrialisierung bezieht.

Aber in welchem Zusammenhang steht die Erderwärmung mit den Naturkatastrophen? Um den Würfel-Vergleich aufzugreifen: Die Menschen sind dabei, den Wetter- und Klimawürfel zu zinken – indem sie große Mengen Treibhausgase ausstoßen und so die Erde aufheizen. In der Folge erleben wir immer häufiger Naturkatastrophen. Es ist die Häufung von extremen Ereignissen, die man auf den Menschen zurückführen kann.

Betrachten wir den Abbruch des großen Eisbergs vom Larsen-C-Schelfeis in der Antarktis etwas genauer. Schelfeise sind Eisplatten, die von Gletschern ins Meer ragen; sie schwimmen auf dem Meer. Das Schmelzen von Schelfeisen erhöht den Meeresspiegel daher nicht, weil sie so viel Wasser verdrängen, wie das geschmolzene Eis selbst ergibt. Der Verlust des Schelfeises führt allerdings dazu, dass die Gletscher direkt ins Meer münden und viel schneller abfließen können als vorher. Das Schelfeis wirkt wie ein Korken. Geht er verloren, kann das eine Kettenreaktion auslösen. Es gibt kein Halten mehr für das dahinter liegende Eis, die Eismassen des Gletschers können viel schneller als sonst ins Meer fließen. Passiert das im großen Maßstab, würde der Meeresspiegel deutlich schneller steigen, als wenn das Schelfeis noch vorhanden wäre.

Und das ist eine der großen Gefahren beim Klimawandel. Die Eisschmelze selbst ist ein ziemlich langsamer Prozess. Gletscher bewegen sich aber auch, sie zerfließen unter ihrem eigenen Gewicht. Es gibt regelrechte Eisströme, in denen sich das Eis besonders schnell in Richtung Meer bewegt. Das Kalben der Gletscher ins Meer ist das sichtbare Zeichen dieser Dynamik. Und diese Dynamik kann sich in einer sich erwärmenden Welt beschleunigen, wenn immer mehr Schelfeise abbrechen. Das Larsen-C-Schelfeis befindet sich auf der Antarktischen Halbinsel. Dort gibt es vergleichsweise wenig Eis. Die Bedrohung kommt von den viel größeren Schelfeis-Gebieten in der Westantarktis. Würden die Eismassen der gesamten Westantarktis im Meer versinken, stiegen die Meeresspiegel im weltweiten Durchschnitt um mehrere Meter. Ähnliches gilt für den Grönländischen Eispanzer.

Noch ist es nicht zu spät, die Erderwärmung so weit zu begrenzen, dass es nicht zu unumkehrbaren Effekten kommt wie dem Verschwinden der kontinentalen Eismassen. Dafür ist es zwingend erforderlich, das Klimaabkommen von Paris umzusetzen.

Ein gigantischer Riss im Larsen-C-Schelfeis am Südpol: Der Eisberg, der hier im Juli abbricht, ist 175 km lang und bis zu 50 km breit. Er driftet langsam aufs Meer hinaus

AUGUST 2017

Der schnellste Mensch der Welt am Boden

Er ist der Muhammad Ali der Leichtathletik. Der schnellste Mensch, den die Welt je gesehen hat. Aber jetzt liegt er am Boden. Hilflos, schmerzverzerrt. Usain Bolt (30) beendet seine unfassbare Karriere in einer tragischen Nacht. Bei der Leichtathletik-WM in London stürzt er als Schlussläufer der 4x100-m-Staffel Jamaikas 50 Meter vor dem Ziel. Eine Oberschenkel-Verletzung. Der vielleicht beste und bestverdienende Leichtathlet aller Zeiten ist am Ende. Und die Welt lernt – irgendwann ist auch die Zeit eines Usain Bolt vorbei.

LEICHTATHLETIK-WM

Vetters fetter Gold-Wurf: 89,89 m reichen für den Titel

Johannes Vetter rettet mit Speerwurf-Gold die deutsche Bilanz

■ Am vorletzten Tag der Leichtathletik-WM hat das deutsche Team noch keine einzige Gold-Medaille. Aber dann schlägt die Stunde von Johannes Vetter (24). Der gebürtige Dresdner holt sich den WM-Titel mit 89,89 Meter. Der Goldjunge, dessen Talent in Sachsen wohl verkannt wurde und der deshalb bei Boris Obergföll (43) in Offenburg (Ba.Wü.) trainiert: „Ich bin stolz wie Bolle!" 60 000 Dollar kassiert er für den Titel! Im Medaillenspiegel sah die deutsche Bilanz bis dahin mau aus: zwei Mal Silber, zwei Mal Bronze. Die seltenen Glanzlichter: der Mehrkampf. Im Zehnkampf der Männer Silber für Rico Freimuth (29) und Bronze für Kai Kazmirek (26), im Siebenkampf der Frauen Silber für Carolin Schäfer (25).

Vetter mit Deutschland-Fahne und Tränen in den Augen

DAS BOLT-DRAMA

In London dreht sich (fast) alles um den Superstar aus Jamaika: Tritt Usain Bolt als unschlagbar ab?

Showdown für den schnellsten

Exakt 2034 Athleten und Athletinnen aus 205 Nationen treten bei der Leichtathletik-WM im August in London an. Aber alle Welt konzentriert sich vor allem auf eine Frage: Was macht Usain Bolt?

Der achtfache Olympiasieger will, kurz vor seinem 30. Geburtstag, seine sagenhafte Karriere beenden. Mit zwei Mal Gold – über 100 m und mit Jamaikas 4x100m-Staffel.

Bolt hat keine gute Saison hinter sich, aber hier, im Olympiastadion, will er noch einmal zeigen, dass er der schnellste Mensch der Welt ist und bleibt (sein 100-m-Weltrekord: 9,58 Sekunden).

Im Finale muss sich Bolt aber zwei US-Sprintern geschlagen geben: Justin Gatlin (35, mehrfach wegen Dopings gesperrt) gewinnt in 9,92 Sekunden vor Christian Coleman (21, 9,94 sec) und Bolt (9,95).

Bronze, das ist eine Niederlage für einen wie Bolt.

Seine letzte Chance aufs 12. WM-Gold – die Staffel. Der Showdown einer Ära. Bolt übernimmt an dritter Position – kann er die Briten und Amerikaner noch einholen? Es scheint so, aber nach 30 Metern passiert es: Bolt schreit auf, kommt aus dem Tritt, rudert mit den Armen. Er wirft den Staffel-Stab weg, macht eine Rolle auf der Laufbahn und geht zu Boden.

Da ist es passiert: Usain Bolt kommt aus dem Tritt, hebt förmlich ab

Bolt schreit vor Schmerz – der Oberschenkel!

Der Held am Boden, er streckt das verletzte Bein aus

Menschen

Aus, vorbei. Der Held am Boden. Eine Oberschenkel-Verletzung macht das Happy-End kaputt.

Noch in der Nacht postet Bolt seinen Abschiedsgruß per Video: „Was soll ich sagen? Ich hatte mir ein anderes Ende gewünscht. Ich möchte euch allen danken."

Das Staffel-Gold geht an die Briten. Die Amis (30 Medaillen, davon 10 Goldene) werden es verschmerzen

Friedlich ist die WM geblieben, das ist das Wichtigste in dieser Zeit. Sportlich war sie eher Durchschnitt. Und am Ende bleibt nur eine Frage: Wird es je wieder einen geben wie Usain Bolt?

Zwiespältig: Dopingsünder Justin Gatlin huldigt nach seinem Final-Sieg dem geschlagenen Usain Bolt

THORSTEN FELSKE
BILD-Reporter

Nicht nur wegen Bolt: Die Leichtathletik-WM war einfach grandios!

Das Stadion endlich mal wieder richtig voll und das mit echten Fans (anders als 2015 in Peking), die auch im richtigen Moment geklatscht haben. Ein Gefühl von Olympia 2012 in London wurde wieder wach, da war die Stimmung genauso.

Und es wurde auch wieder die Bolt-Show geboten. Nur diesmal war sie anders.

Ich habe alle Gold-Medaillen und Weltrekorde von Super-Star Usain Bolt live im Stadion miterleben dürfen. Diesmal ist es also sein letzter WM-Auftritt. Er endet zwar nicht goldig, aber wieder mal spektakulär.

Über 100 Meter ist der Jamaikaner wegen Verletzungen im Vorfeld ausnahmsweise nicht der große Favorit, aber dass es nur Bronze wird, ist dann doch überraschend.

Und dann passiert etwas, was ich noch nie erlebt hatte. Weltmeister Justin Gatlin, der schon zweimal wegen Dopings gesperrt war, kniet nach dem Zieleinlauf vor Bolt nieder, als hätte der US-Boy ein schlechtes Gewissen gegenüber dem erfolgreichsten Leichtathleten aller Zeiten.

Aber Usain Bolt zeigt auch in der Niederlage Größe. Er umarmt Gatlin freundschaftlich und gratuliert ihm, als der vom Publikum gnadenlos ausgebuht wurde.

Dann zum Schluss der absolute Showdown, die Staffel. Das wirklich allerletzte WM-Rennen von Bolt. Als Schlussläufer übernimmt er den Stab als Dritter. Nach rund 30 Metern springt er hoch, humpelt und lässt sich verletzt auf den Boden fallen.

Im ersten Moment dachte ich wirklich: Schauspieler. Jetzt sucht er das dramatische Ende. Doch das stimmt nicht, ich lag falsch.

Bolt weigert sich, den Rollstuhl zu nehmen, den Helfer auf die Bahn schieben.

So will er nicht abtreten. So nicht.

Tage später veröffentlicht Bolt sogar sein Röntgenbild, das einen Muskelriss im linken Oberschenkel zeigte.

So war der letztlich tragische Bolt-Abschied wie seine gesamte Karriere – spektakulär.

Bild
Die große
Abschiebe-
LÜGE!
In Wahrheit sinken die Ausreisezahlen!
Sogar kriminelle Afghanen bleiben bei uns!
JEANNE MOREAU
Trauer um Kino-Legende
Neuer Bayern-Sportchef

Dienstag, 1. August

Bild
+++ Bundesamt verpennt Abschiebe-Frist +++
Hamburger Terror-Opfer könnte noch leben +++
Todes-Ursache
Behörden-Versagen!
SALIHAMIDZIC
Vom Flüchtling zum Bayern-Sportchef
Wehrmachts-Fotos im Müll entdeckt

Mittwoch, 2. August

Bild
Diesel-Desaster
Das müssen 15 Millionen Autofahrer jetzt wissen!
Die letzten Minuten im Feuerbus

Donnerstag, 3. August

Bild
Tote Mutter schickt Briefe an ihre Töchter
Für wen sich der Aufschwung wirklich auszahlt!
Angestellte
Rentner
Aktionäre
Klitschko-Rücktritt
„Ich habe das Feuer NICHT mehr"

Freitag, 4. August

STUDIE

Die meisten Deutschen mögen ihren Job

■ Das ist doch mal eine gute Nachricht: 88 Prozent aller Beschäftigten in Deutschland sind mit ihrem Job zufrieden oder sogar sehr zufrieden. Sagt das arbeitgebernahe Institut für Wirtschaft (IW). Im europäischen Durchschnitt sind es 86 Prozent. Wichtig sind Wertschätzung und Anerkennung, die sich in Geld, Aufstiegschancen und Lob widerspiegeln. Was fehlt an 100 Prozent? Belastungen wie Zeitdruck, häufige Unterbrechungen und sehr lange Arbeitszeiten. Na klar!

NEUE RAKETEN-TESTS IN NORDKOREA

„Feuer und Zorn": Trump warnt Kim

■ Der Krieg der Worte zwischen Nordkoreas Dikator Kim Jong-un (33) und US-Präsident Donald Trump (71) eskaliert. Am 9. August droht Trump in bisher ungekannter Schärfe: „Nordkorea ist am besten beraten, die USA nicht weiter zu bedrohen. Oder ihnen wird mit Feuer, Zorn, und offen gesagt, Macht begegnet werden, wie es die Welt so noch niemals zuvor gesehen hat!" Auslöser sind nicht nur die jüngsten Raketentests Nordkorea, die beweisen sollen, dass Kim damit das amerikanische Territorium treffen kann: Laut Geheimdiensten haben Kims Wissenschaftler einen Atomsprengkopf entwickelt, der auf eine Interkontinentalrakete passt – und stehen damit kurz vor der Atombombe.

Die Flugbahn einer nordkoreanischen Interkontinentalrakete über Japan hinweg

LÄUSEGIFT IN DER MASSENTIERHALTUNG

Riesen-Skandal um verseuchte Eier

Verseucht! Gigantische Eiervernichtung auf einem Hof in Onstwedde (Niederlande)

■ Es ist einfach nur ekelhaft: Anfang August wird das ganze Ausmaß eines gigantischen Gift-Ei-Skandals sichtbar: Allein in Deutschland sind 100 Millionen Hühnereier in den Verkauf gelangt, die mit dem Läusegift Fipronil verseucht sind. Sie stammen aus den Niederlanden, offenbar hat aber ein belgischer Lieferant einem zugelassenen Desinfektionsmittel das verbotene Läusegift beigemischt. Als „Produktverbesserung"! Halb Europa wird mit den Gifteiern überschwemmt, die Behörden informieren die Öffentlichkeit viel zu spät. Jetzt warnen die Regierungen vor dem Verzehr der Eier und Ei-Produkten. Die Geflügelwirtschaft bklagt Riesen-Verluste, Menschen seien aber nicht in Gefahr. Nur: Niemand redet über die Massenhaltung der Hühner.

CHRISTIAN MILLAU (†88)

■ Einer der weltbekanntesten Restaurantkritiker stirbt Anfang August in Paris: Christian Millau. Der Journalist gründete 1969 mit seinem Kollegen Henri Gault († 70) den Gourmet-Ratgeber „Gault&Millau", der internationale Spitzenköche, Restaurant- und Hotelbesitzer jährlich bangen und hoffen lässt: Wer kommt der Bestmarke (20 Gault&Millau-Punkte) am nächsten?

MARGOT HIELSCHER (†97)

■ Die letzte deutsche Diva ist tot: Ende August stirbt Leinwand-Legende Margot Hielscher in München. Die rothaarige Schönheit – eine Jahrhundertfrau, Star in 60 Spielfilmen und gut 200 TV-Produktionen. Sie war Deutschlands erste TV-Talkmasterin – „Zu Gast bei Margot Hielscher" (700 Sendungen). Mit 91 stand sie noch auf der Bühne. Lebens-Motto: „Und wirft der Arsch auch Falten – wir bleiben doch die Alten!"

Samstag, 5. August

Montag, 7. August

Dienstag, 8. August

Mittwoch, 9. August

Die „UC3 Nautilus" des Tüftlers Peter Madsen beim Auslaufen in Kopenhagen. Auf dem Ausguck sind zwei Menschen zu sehen

JOURNALISTIN ZERSTÜCKELT

U-Boot-Mord auf der Ostsee

Kim Wall wollte eine Reportage über das U-Boot schreiben

■ Er gilt als der dänische „Daniel Düsentrieb", aber jetzt bringen ihn die Leute mit einer abscheulichen Tat in Zusammenhang. Am 10. August nimmt Tüftler Peter Madsen (46) die schwedische Journalistin Kim Wall (†30) in seinem selbst gebauten U-Boot mit. Die Frau kehrt nicht zurück. Nach Tagen taucht Madsen wieder auf. Er hat sein U-Boot versenkt, sagt, er habe Kim Wall am Hafen abgesetzt.

Schnell wird klar: Die Frau ist tot. Als die Suche läuft, erklärt Madsen, sie sei bei einem Unfall im U-Boot gestorben, er habe sie auf See bestattet. Aber er lügt.

Die Polizei findet ihren Torso, Beine, Arme und den Kopf – alles mit Metall beschwert im Meer versenkt. Auf Madsens Computer sind grausame Videos gespeichert: Frauen werden gefoltert, enthauptet, verbrannt. Madsen sagt, die Festplatte gehöre ihm nicht.

Eine Obduktion von Kim Walls Leiche ergibt 14 Stichverletzungen im Unterleib. Der Mord-Prozess beginnt im März.

Peter Madsen soll die Frau sexuell missbraucht und getötet haben

MEUTEREI AM MASCHSEE

Rot-Grün verliert Mehrheit in Niedersachsen

■ In Niedersachsen verliert die rot-grüne Landesregierung von Ministerpräsident Stephan Weil (58, SPD) Anfang August Knall auf Fall ihre hauchdünne Mehrheit (1 Mandat): Die Grüne Elke Twesten (54) läuft völlig überraschend zur CDU über! Twesten ist offenbar gekränkt, hat für die anstehende Landtagswahl im Januar 2018 ihren Wahlkreis verloren. Aber auch für die CDU wird sie nicht antreten können, die Listen sind längst beschlossen. Eine Intrige ist es wohl nicht, auch wenn das viele in der SPD glauben. Sie ist bundesweit im Abwärtstrend, die Aussicht auf einen Erfolg bei der Bundestagswahl im September denkbar schlecht.

Regierungschef Weil ruft sofort vorgezogene Neuwahlen aus. Im Oktober werden die Wähler ihr Urteil über die Meuterei am Maschsee fällen. Es wird der CDU nicht gefallen.

ISIS-Anschlag mit einem Van in Barcelona: 16 Menschen sterben, viele werden verletzt

Bild
Westen muss Nacktheit vom Osten lernen
Gysi eröffnet FKK-Wahlkampf!

Donnerstag, 10. August

Bild
Mehmet Scholl
Die Wahrheit über sein TV-Aus!
Fritz Wepper
Ich lag 9 Tage im Koma
Das verdient Deutschland

Freitag, 11. August

Bild
Ein tristes Spiel-Casino in Tschechien
Boris sitzt pleite am Pokertisch
Bibi pfeift heute die Bayern

Samstag, 12. August

Terrorfahrt über Touristenmeile

So kennt man die „La Rambla“: voller Menschen

Kurz nach dem Anschlag: Tote und Verletzte liegen auf der Flaniermeile

Es sind bekannte, erschreckende Bilder. Blut auf dem Gehweg, panische Menschen, Trauerkerzen, Polizisten. Am 17. August erschüttert der Terror Barcelona. Ein Van rast im Zick-Zack in die Touristen auf dem Boulevard La Rambla. 16 Menschen, darunter eine Deutsche (51), sterben – über 120 werden verletzt. Fahrer des Todes-Trucks ist der Marokkaner Younes Abouyaaqoub (22). Am selben Abend wollen ISIS-Terroristen 100 km von Barcelona entfernt, in Cambrils, einen Anschlag verüben. Doch die Polizei stoppt das Auto mit fünf Männern, bei der Verfolgung töten die Terroristen eine Frau, bevor sie selbst erschossen werden. Vier Tage später stirbt auch Barcelona-Attentäter Abouyaaqoub bei einem Schusswechsel mit der Polizei.
Die Terrorzelle hatte ein viel größeres Blutbad geplant, wollte die Kathedrale in Barcelona, die „Las Ramblas“ und wohl auch das Amüsierviertel angreifen.
Eine Explosion in der Bombenwerkstatt der Terroristen machte diese Pläne zunichte.

Sie schreit vor Angst und Schmerzen: Touristen beruhigen eine verletzte junge Frau

Montag, 14. August

Dienstag, 15. August

Mittwoch, 16. August

Donnerstag, 17. August

GEHALTS-ATLAS

In Wolfsburg wird am meisten verdient

■ Großes Gehaltsgefälle in Deutschland! 2318 Euro Unterschied liegen zwischen den Orten mit dem höchsten und dem niedrigsten Durchschnittseinkommen (im produzierenden Gewerbe). Laut Gehalts-Atlas der Statistik-Ämter verdienten die Beschäftigten 2015 in den Autostädten Wolfsburg (VW) mit 4289 Euro brutto und Ingolstadt (Audi) mit 3986 Euro am meisten. Im Erzgebirgskreis (Sachsen) lag der Durchschnittslohn nur bei 1971 Euro.

JEANNE MOREAU (†89)

■ Sie war eine Leinwand-Legende: Anfang August trauert Frankreich um Schauspielerin Jeanne Moreau, sie ist mit 89 Jahren in ihrer Wohnung in Paris gestorben. Mit ihrer Schönheit und ihrer tiefen Stimme faszinierte sie fünf Jahrzehnte lang Regisseure und Publikum. Sie spielte in mehr als 120 Filmen („Die Liebenden"). Hure, Nonne, Geliebte, „Femme fatale" und Königin – Moreau schlüpfte in jede Rolle. Moreau ist die einzige Frau, die zweimal Jury-Chefin der Filmfestspiele von Cannes wurde. Sie war das Idol der „Neuen Welle". Eine Art „Edith Piaf" des Kinos.

Gut gelaunt vor dem Diesel-Gipfel: VW-Chef Matthias Müller, BMW-Chef Harald Krüger und Daimler-Chef Dieter Zetsche (v. l.)

ABGAS-SKANDAL

Beim Diesel-Gipfel kommt nur ein Software-Update rum

■ Politik und Auto-Industrie einigen sich am 2. August beim Diesel-Gipfel in Berlin darauf, bis Ende 2018 alle neueren Diesel (Euro 5/6) von BMW, Daimler, Opel und VW – wenn nötig – mit moderner, schadstoffmindernder Software nachzurüsten.
ABER: Damit werden nur 5,31 Millionen der in Deutschland angemeldeten 15 Mio. Diesel-Fahrzeuge etwas sauberer. Ausgenommen sind alle älteren Diesel (Euro 4 und schlechter) sowie sämtliche ausländischen Marken. Und ob allein mit Software der schädliche Stickoxid-Ausstoß wirklich um 25 bis 30 Prozent reduziert werden kann, ist zweifelhaft.
Die Industrie zahlt nur für die Software-Umstellung (ca. 150 Euro/Auto). Auf den Einbau zusätzlicher Abgasreinigungssysteme (z.B. größere AdBlue-Tanks) lassen sich die Autobosse nicht ein. Auch wegen der Kosten (ca. 1500 Euro/Auto).
BILD urteilt: DIESEL-DESASTER!
Die drohenden Fahrverbote für Diesel-Autos sind mit den Software-Updates nicht vom Tisch. Die Deutsche Umwelthilfe will weiter mit Klagen Fahrverbote durchsetzen.
Die Autobosse sind zufrieden, die Dieselfahrer können es nicht sein. Da hilft auch eine Diesel-Umtauschprämie nicht viel.

NACH 65 JAHREN IM DIENST FÜR DIE KRONE

Prinz Philip nimmt mit 96 seinen Hut

■ 5496 Reden hat er gehalten, 637 Reisen im Dienst für Königin und Krone unternommen. Und die Welt mit seinem schwarzen Humor und seinen Sprüchen amüsiert. Jetzt zieht sich Prinz Philip (96), Ehemann von Queen Eliszabeth II. (91) endgültig ins Privatleben zurück. Sein letzter offizieller Auftritt Anfang August – die Militärparade der Royal Marines, deren Oberhaupt er seit 1953 ist, vor dem Buckingham Palace in London. Die Queen macht weiter, keine Frage. Pflicht ist eben Pflicht. Ihr Prinz hat seinen Ruhestand verdient. Take care – machen Sie's gut, Hoheit!

Prinz Philip, seit 70 Jahren der Gatte der Queen. Vier Kinder haben die beiden

Freitag, 18. August

Samstag, 19. August

Montag, 21. August

Dienstag, 22. August

++ NATURKATASTROPHEN IN DER SCHWEIZ UND DEN USA ++

GRAUBÜNDEN

4 Deutsche bei Bergsturz verschüttet

■ Nach einem Bergsturz im Kanton Graubünden ergießen sich Ende August Millionen Kubikmeter Schlamm und Geröll vom Pi Cengalo ins Tal – bis ins Dorf Bondo. Die Einwohner können sich retten. Aber acht Wanderer (darunter vier Deutsche), die in dem Gebiet unterwegs waren, hatten vermutlich keine Chance. Sie sind offenbar verschüttet. Ob ihre Leichen je gefunden werden, ist sehr fraglich.

Schlamm- und Geröllmassen schieben sich durch das 150-Seelen-Dorf Bondo

HOUSTON / TEXAS

Damm gebrochen. Und der Regen hört nicht auf ...

Eine Hauptstraße in Houston: Wo sonst Autos fahren, herrscht jetzt starker Bootsverkehr

Ein Retter bringt ein kleines Mädchen in Sicherheit

■ Der Monster-Hurrikan „Harvey" erreicht Ende August amerikanisches Festland, richtet schwerste Verwüstungen an. Der texanischen Millionenstadt Houston beschert er die schwersten Regenfälle, die je über einer US-Stadt niedergegangen sind. Rund 1 Million Menschen werden obdachlos, Dämme brechen, aus Straßen werden Flüsse und es regnet immer weiter. Verheerende Bilanz: 91 Tote, die meisten im Raum Houston. Geschätzter Gesamtschaden: rund 200 Milliarden US-Dollar!

BILD-Reporter Michael Manske in der Flut-Hölle Houston

BELLA ITALIA

Rente im Ausland für 1,7 Mio. Senioren

■ Nach einer neuen Statistik der Rentenversicherung bekommen inzwischen 1,76 Millionen Senioren ihr Altersgeld ins Ausland überwiesen – 11 000 mehr als im Vorjahr. Erfasst sind dabei Ausländer und ausgewanderte Deutsche. Etwa jede fünfte Auslands-Rente geht nach Italien. Und fast jede siebte nach Spanien. Auf Platz drei: Österreich! Noch eine Zahl: 2016 lebten insgesamt 2,67 Millionen Ausländer von deutscher Rente, die meisten bei uns. Auch in dieser Bilanz vorn: die Italiener.

Ein Weltstar, als die Welt noch Schwarz-Weiß war: Jerry Lewis, Hollywoods Tollpatsch Nr. 1

„Ich habe meinen Charakteren nie erlaubt, älter als 9 zu sein“

■ Der letzte große Clown ist gegangen. Gag-Legende Jerry Lewis („King of Comedy“, „Der verrückte Professor“) stirbt Ende August mit 91 in seiner Villa in Las Vegas. Noch 2016 lachte Lewis auf der Bühne vor ausverkauftem Haus. Keiner konnte sein Gesicht so genial verziehen.

Lewis ist das, was man einen Weltstar nennt: zwei Sterne auf dem „Walk of Fame“, Ehren-Oscar. Steven Spielberg und George Lucas gingen in seine Film-Klasse. John F. Kennedy war sein größter Fan. Zwei Ehen, sieben Kinder, sieben Enkel, ein Urenkel. Er selbst war Einzelkind, kam als Joseph Levitch am 16. März 1926 in Newark (USA) auf die Welt. Die Eltern russischstämmige Juden. Sein Vater singt, seine Mutter spielt Klavier. Lewis ist Schulabbrecher mit 14, Würstchenverkäufer, Platzanweiser, Kellner, Alleinunterhalter.

Den Durchbruch schafft er in den Fünfzigerjahren an der Seite von Dean Martin. Danach steht er in mehr als 80 Filmen vor der Kamera. „Komik ist unser Sicherheitsgurt“, sagte er einst. „Kein Mann könnte arbeiten, keine Familie könnte funktionieren, die Menschheit könnte nicht bestehen ohne das Lachen.“ Sein Lachen wird bleiben.

Einer der ganz Großen: Jerry Lewis stirbt an Herzversagen

JERRY LEWIS

Er wollte die Welt einfach immer nur zum Lachen bringen

Bild – So zocken Banken die Kunden ab – Wo man wirklich nichts bezahlt! Wie leicht der Wechsel ist!

Mittwoch, 23. August

Bild – TV-Star Henning Baum – Betrogene Ehefrau packt aus – Boris verzichtet auf Gehalt – Vorsicht bei diesen Gebraucht-Wagen!

Donnerstag, 24. August

Bild – Bundesliga-Wahnsinn 150 Mio. für diesen 20-Jährigen! – Champions-League-Knaller – Macht Jauch Schluss bei TV?

Freitag, 25. August

Bild – Flüchtling fordert von Flüchtlingen „Seid dankbar und benehmt Euch" – „Achtet Frauen, geht arbeiten, lernt Deutsch"

Samstag, 26. August

TOP

Pokal-Desaster: das 1:0 für Osnabrück gegen den HSV

Der Bundesliga-Dino steckt seine Pokalpleite gut weg

Der HSV erobert in Köln die Tabellenspitze

FLOP

■ Die Wundertüte HSV. Zum Start der neuen Saison blamieren sich die Hamburger erst mal im Pokal mit dem Erstrunden-Aus beim Viertligisten Osnabrück (3:1). Und starten dann mit Siegen gegen Augsburg (1:0) und beim 1. FC Köln in die Bundesliga. Am Abend des 25. August ist der HSV Tabellenführer! Geht da was? Nein, da geht auch diesmal nicht viel. In den folgenden acht Spielen holt der HSV einen Punkt. Einen! Zum Glück gibt es den 1. FC Köln, der steht Weihnachten schon fast als Absteiger fest.

Bobby Wood macht das 2:0 für den HSV in Köln. Endstand: 3:1

FÜR 145 MIO.!

Dembele vom BVB zu Barca!

■ Streik, Theater, Endlos-Poker: Ende August ist das Gezerre um Ousmane Dembele (20, Foto) endlich vorbei. Der BVB-Stürmer wechselt für 105 Millionen Euro plus möglicher Prämien von bis zu 40 Mio. Euro zum FC Barcelona. Die Katalanen haben nach dem Verkauf von Neymar (25) an Paris St. Germain die Taschen voller Geld. Ein gutes Geschäft für die Dortmunder, die 2016 rund 15 Mio. Euro für den französischen Nationalspieler gezahlt haben. Dembele hat in der Bundesliga geglänzt, aber bis zu 145 Mio. Euro sind unfassbar viel Geld. Pech für Barca, dass sich Dembele schon im September schwer am Oberschenkel verletzt, bis zum Jahresende ausfällt.

BORIS-HAMMER

Becker neuer Chef der Tennis-Herren

■ Endlich geht es mal nicht ums Geld: Ende August verkündet der Deutsche Tennisbund, dass Boris Becker (49) den neu geschaffenen Posten als „Head of Tennis" der Männer übernimmt. Als Trainer von Novak Djokovic (30) hat Becker bewiesen, dass er auch neben dem Court viel bewirken kann. Sein erster Auftritt: das Davis-Cup-Abstiegsduell in Portugal. Ein 3:2 – Deutschland bleibt mit Boris erstklassig.

Den Schläger fest im Griff: BB ist „Head of Tennis"

Nicht zu schlagen: Isabell Werth mit ihrer Stute „Weihegold"

EUROPAMEISTERIN

Golden Girl Isabell Werth

■ Bei der Europameisterschaft in Göteborg (Schweden) holt sich Isabell Werth (48) mit ihrer Stute „Weihegold" drei Titel. In der Kür, im Grand Prix Special und mit der Mannschaft! Die erfolgreichste Reiterin aller Zeiten bleibt eine Klasse für sich.

Montag, 28. August

Dienstag, 29. August

Mittwoch, 30. August

Donnerstag, 31. August

US OPEN

Die nächste Pleite für Angelique Kerber

■ Titelverteidigerin **Angelique Kerber** (29, Foto) geht bei den US Open in Runde 1 gegen **Naomi Osaka** (19, Japan) baden. 3:6, 1:6, das Aus in nur 64 Minuten. Für die ehemalige Nr.1 ist es ein Seuchenjahr. Den Titel holt sich in New York **Sloane Stephens** (24). Immerhin bis ins Achtelfinale hat es **Julia Görges** (28) geschafft – genau wie bei den Männern **Mischa Zverev** (30) und **Philipp Kohlschreiber** (33).

AUSGELIEHEN

Weltmeister Höwedes zu Juventus Turin

■ Für 3,5 Mio. Euro leiht Schalke 04 Verteidiger **Benedikt Höwedes** (29) an Italiens Meister Juventus Turin aus. Aber der Weltmeister verletzt sich zu Saisonbeginn schwer, macht erst Ende November sein erstes Spiel – und verletzt sich gleich wieder. So wird das nichts mit der WM 2018.

WANDERVOGEL

Kevin-Prince Boateng landet in Frankfurt

■ Von den Kanaren an den Main: **Kevin Prince Boateng** (30) unterschreibt bei Eintracht Frankfurt. Er ist ablösefrei, kommt von UD Las Palmas. Der Wandervogel (Hertha, Tottenham, Portsmouth, Genua, Milan, Schalke) wird zum Kopf der Eintracht, stabilisiert die Abwehr – und schießt Tore. Frankfurt ist sehr zufrieden. Die Fans sowieso.

Die lange Nacht der Weltmeister und Olympiasieger

Moderatorin Jessica Kastrop und Box-Champ Regina Halmich (r.)

Nico Rosberg, Magdalena Brzeska und Fabian Hambüchen (r.)

Skirenn-Legenden: Christian Neureuther und Rosi Mittermaier

SPORT-BILD AWARD

„Vorbild des Jahres"! Wladimir Klitschko mit seinem SPORT-BILD-Award

★ **WO?** ★
Hamburg Fischauktionshalle
★ **WER?** ★
Die ganz Großen des deutschen Sports
★ **WARUM?** ★
Auszeichnungen für Glanz-Leistungen

Ausgezeichnet: Ottmar Hitzfeld

Wladimir Klitschko ist das „Vorbild des Jahres"

★ Bei der Verleihung des 15. „SPORT-BILD-Award" wird der gerade zurückgetretene Box-Champion Wladimir Klitschko (41) geehrt: als „Vorbild des Jahres". Für sein Lebenswerk erhält Trainer-Legende Ottmar Hitzfeld (68) einen Award. Und Formel-1-Weltmeister Nico Rosberg (32) zeichnet Fußball-Weltmeister Philipp Lahm (35) als Star des Jahres" aus. Ein großer Abend mit den ganz Großen des deutschen Sports!

Ex-Profi-Boxerin Ina Menzer

Es tut weh, weil ich an eine Zukunft von Air Berlin geglaubt habe

■ Air Berlin ist Geschichte. Pleite, weg vom Markt. Es gibt am Ende nur zwei Gewinner:

Gewinner 1: Lufthansa-Chef Carsten Spohr (50) kann mit seiner Günstig-Airline Eurowings noch schneller wachsen. Er ließ sich die meisten Air-Berlin-Maschinen sichern. Weil die nur geleast waren, schloss Lufthansa schnell eigene Verträge mit den Leasingfirmen. Die Kranich-Mitarbeiter verlangten plötzlich Mondpreise auf innerdeutschen Strecken. Für 329 Euro von Berlin nach Köln (One Way!). Total verrückt: Für das Geld kann man beinahe nach New York fliegen – und wieder zurück. Gewinner 2: Air-Berlin-Chef Thomas Winkelmann (58). Er hat nichts erreicht für die 7400 Air-Berlin-Mitarbeiter und Hunderttausende frustrierte Kunden. Doch er war so schlau, für sich maximal 4,5 Millionen Euro an Gehalt bis 2021 rauszuhandeln. So lange läuft sein Vertrag. Er kriegt seine Kohle auf jeden Fall. Winkelmann ließ sich sein Gehalt vom früheren Hauptgesellschafter Etihad über eine Bankgarantie absichern. Dafür hagelte es Kritik von allen Seiten. Winkelmann jammerte öffentlich: „Das tut weh!" Wie es seinen Kunden geht, wird der feine Herr Winkelmann allenfalls ahnen. Er stand vermutlich noch nie spätabends in einer Schlange von gestrandeten Passagieren, weil wieder ein Flug ausgefallen ist.
Ich kann ihm sagen: Es ist die Hölle.

FRANK OCHSE
BILD-Reporter

Ich habe es in Berlin-Tegel miterlebt. Mein Flug AB8000 nach Stockholm ist erst verspätet, dann wird er gestrichen. Wie so viele andere auch! Die Mail kommt um 22.26 Uhr – eine Stunde nach dem planmäßigen Start. Da sitzt Herr Winkelmann wahrscheinlich schon gemütlich zu Hause.

Die Passagiere am Gate C48 haben es vielleicht schon geahnt, dass der Abend nach der langen Wartezeit unschön endet. Sie hasten aus dem Sicherheitsbereich raus zu den drei Schaltern des Dienstleisters „Ahs", der für Air Berlin die Abfertigung der Kunden abwickelt.

Von Air Berlin ist kein einziger Mitarbeiter zu sehen. Zuerst sind drei Schalter geöffnet. Ich stelle mich auch an, will sehen, was hier passiert. Zum Glück wohne ich in Berlin. Ich stehe keine 5 Minuten in der Schlange, da macht ein „Ahs"-Mann plötzlich Feierabend. Scheibe zu. Er klatscht seine verbliebenen Kollegen ab und verschwindet. Da waren es nur noch zwei. Vor und hinter mir nur Skandinavier, sie sind niedergeschlagen, sehen müde aus.

Es geht in der Schlange nur langsam voran. Zum Glück stehen hier heute nicht Hunderte Passagiere an wie an anderen Tagen. Nach ca. 40 Minuten bin ich an der Reihe. Ich halte nur mein Ticket hin. Die junge Frau sagt: „Es gibt keine Hotel-Voucher mehr. Air Berlin ist ja pleite." Das heißt: Jeder Passagier muss auf eigene Kosten ein Hotelzimmer buchen und mit dem Taxi oder Bus hinfahren. Die Dame sagt: „Sie können die Belege bei Air Berlin einreichen." Sie muss das so sagen. Aber sie weiß vermutlich auch, dass es nur Blabla ist. Mir wird klar: So frech werden Kunden hier abgekanzelt. Denn das Geld kriegt niemand zurück – vielleicht ein paar Euro in ein paar Jahren im Rahmen vom Insolvenzverwalter.

Ich werde es auch tun: Formulare ausfüllen, Belege zusammensuchen. Mein Flug nach Los Angeles im Januar hat 445 Euro gekostet. Das Geld ist weg – für immer. Es tut weh, weil ich an eine Zukunft von Air Berlin geglaubt habe. Am 13. Dezember dann die zweite Airline-Pleite des Jahres: Auch die Air-Berlin-Tochter Niki muss den Flugbetrieb einstellen.

Ich muss an Herrn Winkelmann denken. Er bekommt pro Jahr 950 000 Euro. Macht fast 80 000 Euro im Monat oder 20 000 Euro in der Woche. Vor der Air-Berlin-Insolvenz war zu lesen: Laut Arbeitsvertrag hat Winkelmann 2017 bereits Anspruch auf einen einmaligen Mindestbonus von 400 000 Euro. Ob das jetzt auch noch gilt? Hoffentlich nicht!

Die Wut bei den Air Berlinern war groß. Beim letzten Flug der Pleite-Airline am 27. Oktober von München nach Berlin saß ich auf Platz 2c an Bord. Direkt hinter Air-Berlin-Gründer Joachim Hunold (68). Der wurde von Mitarbeitern an beiden Flughäfen gnadenlos ausgepfiffen. Sein Lebenswerk zerstört, er leidet: „Wenn ich genug verdränge, geht's. Als Unternehmer trifft man eben Entscheidungen – und die sind nicht immer richtig", sagte er BILD. Es gibt interne Unterlagen, die den Air-Berlin-Gründer belasten. Hat er Vermögen der Airline veruntreut? Am Ende könnten Hunold und andere Ex-Manager auf Schadensersatz verklagt werden.

Die Pleite von Air Berlin und Tochter Niki – es gibt so viele Verlierer. Nur Chef Winkelmann hat ausgesorgt.

Schoko-Herzen zum Abschied waren das Markenzeichen von Air Berlin. Im August 2017 springt der Staat mit 150 Mio. Euro ein, um das Grounding der Airline zu vermeiden. Abertausende Urlauber wären dann irgendwo im Ausland gestrandet. Die Schoko-Herzen rettet das nicht

Die Kanzlerin muss auf Partnersuche

Seit 2005 regiert sie Deutschland, und jetzt, im Spätsommer 2017, sieht sie gut gelaunt ihrer vierten Amtszeit als Kanzlerin entgegen. Könnte Angela Merkel (63) in die Zukunft sehen, wäre sie weniger gut gelaunt. Sicher, die SPD mit Martin Schulz (61) wird ihr kaum gefährlich. Aber was ist mit der AfD – wie stark werden die Rechtspopulisten am 24. September, bei der Bundestagswahl? Für CDU/CSU und FDP wird es nicht reichen, das scheint klar. Aber wer wird überhaupt mit Merkel regieren wollen?

Der Reichstag in Berlin: 709 Abgeordnete, sechs Parteien sind im Parlament jetzt vertreten. Aber wer regieren wird, weiß bis Ende des Jahres niemand

Die Zukunft Deutschlands steht in den Sternen

NACH DER BUNDESTAGSWAHL BEGINNT EINE NEUE SCHWIERIGE ÄRA IM REICHSTAG

Am Abend des 24. September erlebt Deutschland ein politisches Erdbeben. Bei der Bundestagswahl stürmt die rechtspopulistische AfD mit 12,6 Prozent ins Parlament. Wird damit drittstärkste Fraktion im neuen Bundestag. Ganz überraschend ist das nicht, jedenfalls für diejenigen, die Umfragen lesen können.

Und Kanzlerin Angela Merkel (63)? Fährt mit der Union einen „Albtraum-Sieg" ein. CDU/CSU landen bei 32,9 Prozent, das sind 8,6 Prozent weniger als noch vor vier Jahren. Und die SPD? Stürzt auf 20,5 Prozent ab – das sind noch einmal 5,2 Prozent weniger als 2013. Und das bei einer starken Wahlbeteiligung (76,2 Prozent)!

Zusammen hat die Große Koalition, die „GroKo", also gerade mal noch 53,4 Prozent. So groß ist diese Koalition gar nicht mehr. Und sie ist am Ende.

Noch am Wahlabend erklärt der krachend gescheiterte Kanzlerkandidat Martin Schulz (61), dass die SPD in die Opposition gehen wird. Die Wähler hätten die GroKo eindeutig abgesetzt. Das ist zwar rechnerisch falsch. Aber Schulz sagt, die SPD hat verstanden: Als Junior mit Merkel zu regieren, ist tödlich. Deutschland geht´s gut. Aber der SPD nicht.

Jetzt sollen mal andere regieren. Und angeblich will die SPD auch in die Opposition, damit die AfD als drittstärkste Kraft

TURBULENZEN AM POLITISCHEN HIMMEL

Die AfD von Alexander Gauland ist vor allem bei den Wählern im Osten stark: In Sachsen z.B. wird sie stärkste Kraft (27 %). Die CSU von Horst Seehofer, die stark auf die „Obergrenzen"-Debatte gesetzt hat, stürzt in Bayern auf 38,8 % ab, das schlechteste Ergebnis aller Zeiten. Die Tage von Ministerpräsident Horst Seehofer – gezählt. In Bayern wird 2018 eine neue Regierung gewählt. Turbulente Zeiten.

nicht Oppositionsführerin wird.
Das klingt edel, ist aber sicher nicht einmal die halbe Wahrheit. Die SPD, vor allem ihr Parteichef und Kanzlerkandidat, ist einfach schwer gefrustet. Mit wem soll die stark geschwächte Union künftig also regieren? Infrage kommt – ohne die SPD – nur ein Dreier-Bündnis mit der FDP (10,7 Prozent) und den Grünen (8,9 Prozent). Eine Jamaika-Koalition – schwarz-gelb-grün. Aber das wird schwierig. Christian Lindner (38) mit dem neuen Selbstbewusstsein der Liberalen, Horst Seehofers Obergrenzen-CSU und die grüne Öko-Partei – kann Merkel daraus eine stabile Regierung formen? An Koalitions-Verhandlungen ist erst mal nicht zu denken. Die Parteien beraten lange, ob sie miteinander reden sollen. Und die SPD bleibt in der Schmoll-Ecke. Vorerst.

ROLF KLEINE
BILD-Reporter

Martin Schulz denkt: Wer ist dieser Fremde auf den SPD-Plakaten?

Der Traum von der Kanzlerschaft endet für Martin Schulz auf Landebahn 07L. Flughafen Berlin-Schönefeld, Sonntag, 24. September, kurz nach 15 Uhr... Die letzte Stunde hat er im gemieteten Mini-Jet verbracht. Ist von Maastricht nach Berlin geflogen – vom heimischen Würselen in die feindliche Hauptstadt.
Noch beim Ausrollen der Maschine sieht der 61-Jährige erste vage Prognosen auf dem Smartphone. Die Wahllokale sind zwar noch knapp drei Stunden lang geöffnet – aber der Trend ist schon klar. Und brutal. Vorbei – die Wahl krachend verloren. Für die SPD, für Schulz. Es ist das Ende eines aussichtslosen Wahlkampfes, der auch ein großes Missverständnis war.
Der Schulz-Hype des Frühjahrs, die 100-Prozent-Wahl auf dem Parteitag. Martin Schulz – der Michael Jackson der SPD. Egal, wo der Kanzlerkandidat auftritt, die Hallen sind brechend voll. Doch die entscheidende Frage lässt sich nicht wegjubeln: Mit wem soll der Machtwechsel gelingen? Welche Mehrheit soll Schulz zum Kanzler wählen? Ampel mit FDP und Grünen? Keine Chance, die Liberalen wollen nicht. Rot-Rot-Grün? Würde die SPD spalten. Schulz wusste das natürlich. Aber als Wahlkämpfer muss man das verdrängen. Bloß nicht zweifeln. Weiter, immer weiter. Zum nächsten Markt, in die nächste Halle. Das ist jetzt vorbei. Der Flug nach Berlin an diesem Sonntag ist eine Rückkehr in die Realität. In die triste Wirklichkeit einer 20-Prozent-Partei. Martin Schulz ist gescheitert – und das gleich doppelt: beim Versuch, mit der SPD die Regierungsmacht zu erobern. Klar.
Und dann, in den Wochen nach der Wahl, auch noch mit seinem Plan B – die SPD zum Krafttanken in die Opposition zu schicken. Aber das ahnt er nicht, als er auf dem Rollfeld in einen Audi A8 steigt. Die Fahrt zur SPD-Zentrale in Kreuzberg dauert 20 Minuten. Aus dem Autofenster betrachtet Schulz die vielen Riesen-Plakate mit seinem Porträt.
Es kommt ihm so vor, als sehe er dort einen Fremden. Einen Mann, der Kanzler werden wollte...

Freitag, 1. September

Samstag, 2. September

Montag, 4. September

Dienstag, 5. September

FISCHER ON TOUR! FULMINANTE PREMIERE IM WASSER-KLEID

Verträumt auf dem Trapez: Fischer schwingt sich in Stimmung

HELENE MACHT SIE ALLE NASS

Superstar Helene Fischer (33) startet am 12. September in Hannover ihre neue Mega-Tournee (69 Konzerte) – und trägt beim Song „Wenn du lachst" ein atemberaubendes Wasserkleid. Am Oberkörper trägt sie einen durchsichtigen Body, untenrum nichts als sprudelndes Wasser in Form eines Reif-Rocks. Ein magischer Moment, 10 000 Fans in der Halle staunen. Für die Performance wird Helene aus dem Bühnenboden herausgefahren – fünf Meter hoch! Im Anschluss an den Song verschwand sie auf dem selben Weg wieder nach unten. Nach DIESEM Auftritt ist klar: Helene Fischer kocht nicht nur mit Wasser!

Highlight der Super-Show: Wasserfontänen umschließen Helenes Unterkörper wie ein Kleid

Bild
Mitten in Deutschland
BURKA-FRAU verprügelt Dessous-Verkäuferin
HAMMER!
Die Knappik macht sich nackig

Mittwoch, 6. September

[redacted]
Bild
Ribery exklusiv HOENESS & ICH!
Asylbewerber tötet Lisa (33) in Bayern
Und wieder ein Frauenmörder, der längst abgeschoben sein müsste!

Donnerstag, 7. September

Bild
Hurrikan Irma fegt über die Dom-Rep
Deutsche Urlauber in Todes-Angst!
Erstmal zu Penny
Prinz George
Einschulung ohne Mami

Freitag, 8. September

Jadens Mutter trifft seinen Killer vor Gericht
Bild
Sieh mir ins Gesicht, Mörder!
Welt-Klasse-Tor von Werner
Vorsicht vor WhatsApp-Abzocke

Samstag, 9. September

NACH 126 JAHREN

Thyssen-Krupp gibt sein Stahl-Geschäft auf

■ Was für ein historischer Einschnitt: Nach 126 Jahren trennt sich Thyssen-Krupp von seiner Stahl-Sparte. Sie wandert in einen neuen Gemeinschaftsbetrieb mit dem indischen Mega-Konzern Ta- ta (700 000 Mitarbeiter). Es wird Europas zweitgrößter Stahlkonzern. Durch die Fusion werden 27 000 Thyssen-Krupp-Leute ausgegliedert, 2000 Stellen fallen weg. Auf dem Weltmarkt wird zu viel Stahl produziert, die Preise sind im Keller. Deshalb zieht sich Thyssen-Krupp (150 000 Mitarbeiter) aus der Krisen-Branche zurück.

HEILIGER VATER!

Auch der Papst hat mal ein Veilchen

■ Die Augenbraue ist blutig, das Jochbein geschwollen. **Papst Franziskus** (80) stieß beim Besuch in der Stadt Cartagena (Kolumbien) während der Fahrt gegen den Glasaufbau seines Papamobils. Die Wunde wurde laut Vatikan mit Eis behandelt. Cartagena am Karibischen Meer war die letzte Station der fünftägigen Kolumbien-Reise des Papstes.

ERSCHRECKEND

54 Deutsche in der Türkei hinter Gittern

■ Mitte September teilt das Auswärtige Amt auf Anfrage des Grünen-Abgeordneten **Özcan Mutlu** (49) mit, dass 54 Bundesbürger in der Türkei in Haft sind. Dabei sind Fälle von Polizeigewahrsam und Untersuchungshaft ebenso erfasst wie reguläre Strafhaft. Allein 19 Personen wurden dieses Jahr inhaftiert – wie **Deniz Yücel** (44) und **Peter Steudtner** (46).

DIE MUTTER VON JADEN (†9) VOR GERICHT GANZ STARK

Sieh mir ins Gesicht, Mörder!

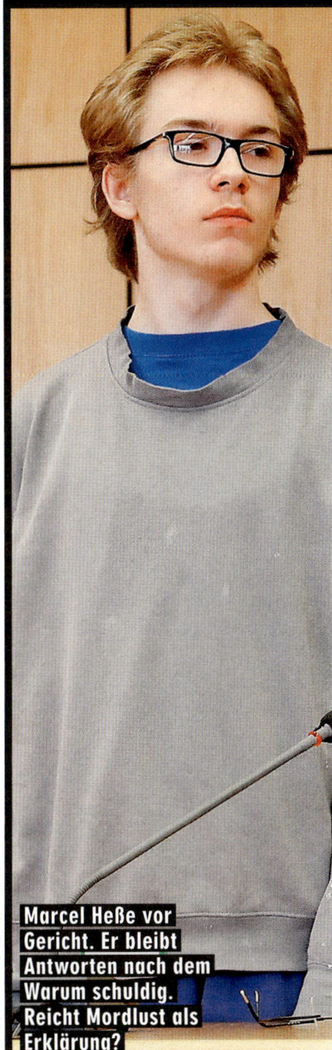

Marcel Heße vor Gericht. Er bleibt Antworten nach dem Warum schuldig. Reicht Mordlust als Erklärung?

Jadens Mutter Jeanette R. tritt dem Killer vor Gericht mutig entgegen

■ Die Morde haben Deutschland im März aufgewühlt, mit all ihrer Brutalität und Sinnlosigkeit. Sechs Monate später steht die Bestie von Herne, Marcel Heße (19), in Bochum vor Gericht. Er trifft dabei auf die Mutter seines ersten Opfers Jaden († 9). Jeanette R. (41) will dem Kerl in die Augen sehen, der ihr Kind mit 52 Messerstichen massakrierte, Fotos der Tat im Internet postete und mit dem Mord prahlte. Heße, anders als bei der Tat jetzt mit langem Haar, bestreitet die Verbrechen nicht. Auch nicht den Mord an Christopher (22), einen Bekannten, den er buchstäblich abschlachtete. Auch Christophers Mutter sitzt als Nebenklägerin im Gericht. Die Mütter wollen Antworten, aber der Killer guckt nur. Im November fordert Jadens Mutter als Nebenklägerin lebenslange Haft mit Sicherungsverwahrung. Das Urteil wird 2018 fallen. Das Gericht will weitere Gutachten, um zu klären, was im Hirn des Killers vorgeht. Der Gefängnis-Psychiater nennt Heße „Monster". Verstörend.

Jaden († 9) war der Nachbarsjunge des Killers

EINE KOREANERIN

Schröders neue Liebe

Mehr als eine Übersetzerin: Gerhard Schröder und seine Freundin So-Yeon Kim

■ Nach vier gescheiterten Ehen hat Altkanzler Gerhard Schröder (73) eine neue Partnerin: So-Yeon Kim (48) aus Südkorea. Sie leitet die Entwicklungsgesellschaft des Landes NRW in Korea, spricht fließend Deutsch. Sie hat für Schröder in Südkorea gedolmetscht. Seit wann die beiden ein Paar sind, ist nicht sicher. Noch-Ehefrau Doris Schröder-Köpf (54) motzt, als Frau Kim die Beziehung im September öffentlich macht: „Frau Kim war im Frühjahr 2016 der Anlass, wenn auch nicht der alleinige Grund für die endgültige Trennung." Autsch.

FAST WIE EINE PALASTREVOLUTION

Saudi-Frauen dürfen selbst Autofahren

■ Man hat das Gefühl, man müsste sich freuen. Aber worüber? Dass Saudi-Arabiens König Salman per Dekret anordnet, dass Führerscheine auch an Frauen ausgegeben werden können? Jetzt, im Jahr 2017? Menschenrechtsaktivisten hatten seit mehr als 30 Jahren gegen das weltweit einmalige Fahrverbot für Frauen in dem islamisch konservativen Land gekämpft. Manal al-Sharif, eine Aktivistin von „Women2Drive", schrieb via Twitter: „Saudi-Arabien wird nie mehr sein, wie es war. Jeder Regen beginnt mit einem Tropfen." Hoffentlich.

Eine Frau am Steuer, das war bis September 2017 in Saudi-Arabien verboten

BILD 100 – DIE SOMMERPARTY MIT DEUTSCHEN TOP-PROMIS

Noch einmal feiern vor der Wahl

■ Am 5. September heißt es „BILD 100" – eine Sommerparty für die Top-Prominenten aus Politik, Wirtschaft, Sport und Unterhaltung: 19 Tage vor der Bundestagswahl sind Angela Merkel da, Martin Schulz auch, Sigmar Gabriel, Wolfgang Schäuble, Alexander Dobrindt (CSU) und Sahra Wagenknecht (Linke), Christian Lindner (FDP) und Thomas Gottschalk, Armin Mueller-Stahl und Marius Müller-Westernhagen. Ein wunderbarer Abend am Springer-Verlagshaus, man sollte nicht meinen, dass es Probleme gibt, ab Ende des Monats.

Bariton Max Raabe

Verlegerin Friede Springer, Schauspieler Armin Müller-Stahl

Ex-Boxweltmeister Vitali Klitschko, Schauspielerin Veronica Ferres

Vizekanzler Sigmar Gabriel (SPD

Brigadegeneral Kai Rohrschneider, Ursula von der Leyen und General Ben Hodges

TV-Mann Tom Buhrow, Publizist Rafael Seligmann

Alexander Dobrindt (CSU), Sahra Wagenknecht (Linke)

Ex-Ski-Rennläuferin Maria Höfl-Riesch

Unternehmer Roland Berger, Commerzbank-Chef Martin Zielke, Springer-Aufsichtsratschef Guiseppe Vita

Hamburgs Bürgermeister Olaf Scholz, Katarina Barley (beide SPD)

Flüchtling Feras, Ehefrau Nazly, Kanzlerin Angela Merkel

VERKEHR

Mehr Tote durch Handy als durch Alkohol

■ 2016 sind auf Deutschlands Straßen 3214 Menschen getötet worden, massiv weniger als 2015, aber allein 320 sterben durch die Benutzung des Handys am Steuer. Damit ist das Handy inzwischen für mehr tödliche Unfälle verantwortlich als Alkohol. Das ist keine Entschuldigung für Alkohol, zeigt aber, wie sehr das digitale Zeitalter unser Leben verändert. Und unser Sterben.

LIEBES-AUS

Heidi Klum ist wieder zu haben

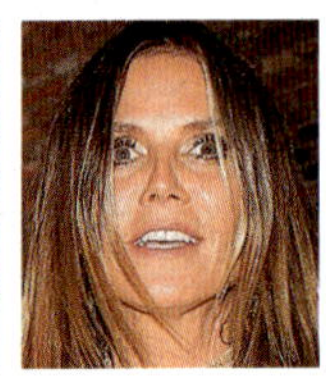

■ „Ich glaube, es ist wichtig, sich Zeit für eine Pause zu nehmen und zu reflektieren", sagt Model **Heidi Klum** (44) Ende September dem US-Magazin „People". Andere würden sagen: Es ist vorbei mit **Vito Schnabel** (31), nach immerhin dreieinhalb Jahren hat es sich ausgeschnäbelt. Massive Trennungsgerüchte hat es schon seit Monaten gegeben. Der Sohn des berühmten Malers und Regisseurs **Julian Schnabel** (65) soll fremd geschnäbelt haben, heißt es. Die Mutter von vier Kindern ist wieder frei. Und hat genug zu tun, mit der nächsten Staffel von „Germany's Next Topmodel".

Montag, 11. September

Dienstag, 12. September

Mittwoch, 13. September

Donnerstag, 14. September

ENTFESSELTE NATUR IN DER KARIBIK UND MITTELAMERIKA

Die Karte zeigt, wie „Irma" auf Florida losmarschiert und schwere Überschwemmungen verursacht

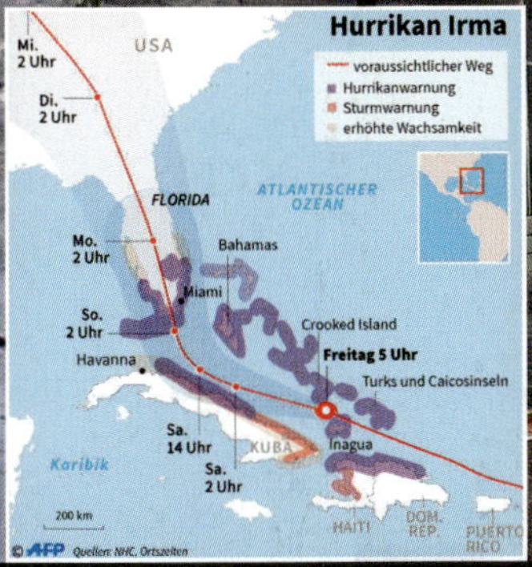

Irma knickt in Florida Palmen wie Streichhölzer weg

NACH HURRIKAN „IRMA" BEBT DIE ERDE IN MEXIKO

■ Nach Hurrikan „Harvey" fegt im September „Irma" durch die Karibik und das US-Festland: Die Trauminseln St. Martin und St. Barth werden schwer zerstört, auch Kuba, Puerto Rico und die Amerikanischen Jungferninseln sind schwer betroffen. Mehr als 60 Menschen sterben, allein 39 in den USA. Kurz nach „Irma" der nächste Albtraum in der Region: Am 8. September sterben bei einem ersten schweren Beben der Stärke 8,2 rund 100 Menschen in Mexiko. Elf Tage später ein neues, schweres Beben: Diesmal werden fast 400 Menschen in Mexiko getötet. Allein in einer Schule der Hauptstadt kommen 21 Kinder um. Es ist gespenstisch: Dieses Beben ereignet sich exakt 32 Jahre nach dem Jahrhundert-Beben von Mexiko (10 000 Tote).

Soldaten vor einem Gebäude in Mexiko-Stadt

Abschied von einer Familie, die bei einer Tauffeier ums Leben kam

„Ich glaube daran, dass man Menschen überzeugen kann durch Argumente“

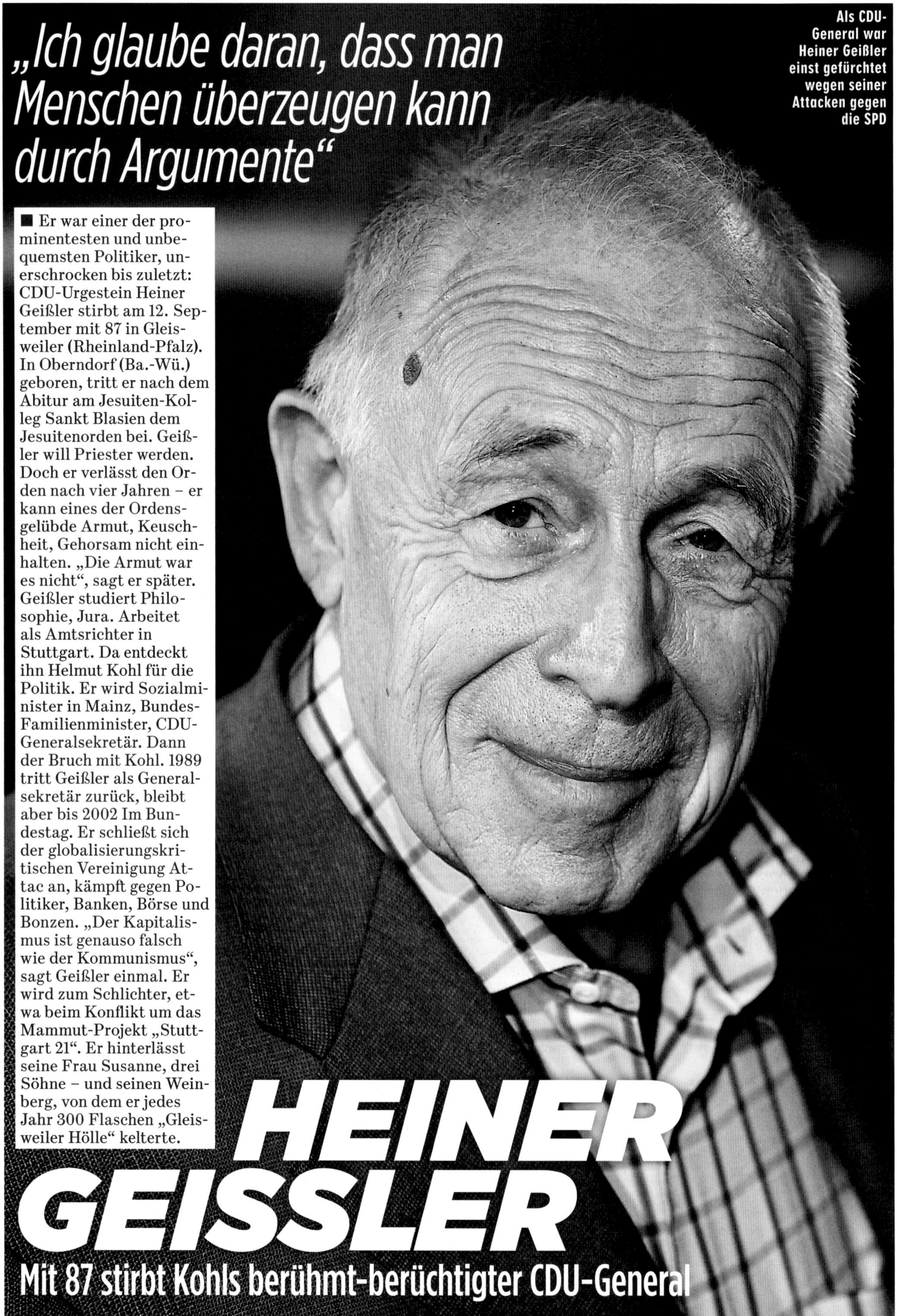

Als CDU-General war Heiner Geißler einst gefürchtet wegen seiner Attacken gegen die SPD

■ Er war einer der prominentesten und unbequemsten Politiker, unerschrocken bis zuletzt: CDU-Urgestein Heiner Geißler stirbt am 12. September mit 87 in Gleisweiler (Rheinland-Pfalz). In Oberndorf (Ba.-Wü.) geboren, tritt er nach dem Abitur am Jesuiten-Kolleg Sankt Blasien dem Jesuitenorden bei. Geißler will Priester werden. Doch er verlässt den Orden nach vier Jahren – er kann eines der Ordensgelübde Armut, Keuschheit, Gehorsam nicht einhalten. „Die Armut war es nicht“, sagt er später. Geißler studiert Philosophie, Jura. Arbeitet als Amtsrichter in Stuttgart. Da entdeckt ihn Helmut Kohl für die Politik. Er wird Sozialminister in Mainz, Bundes-Familienminister, CDU-Generalsekretär. Dann der Bruch mit Kohl. 1989 tritt Geißler als Generalsekretär zurück, bleibt aber bis 2002 Im Bundestag. Er schließt sich der globalisierungskritischen Vereinigung Attac an, kämpft gegen Politiker, Banken, Börse und Bonzen. „Der Kapitalismus ist genauso falsch wie der Kommunismus“, sagt Geißler einmal. Er wird zum Schlichter, etwa beim Konflikt um das Mammut-Projekt „Stuttgart 21“. Er hinterlässt seine Frau Susanne, drei Söhne – und seinen Weinberg, von dem er jedes Jahr 300 Flaschen „Gleisweiler Hölle“ kelterte.

HEINER GEISSLER

Mit 87 stirbt Kohls berühmt-berüchtigter CDU-General

Freitag, 15. September

Samstag, 16. September

Montag, 18. September

Dienstag, 19. September

NSU-PROZESS

Höchststrafe für Zschäpe verlangt

■ Die Bundesanwaltschaft beantragt im NSU-Prozess in München gegen die Hauptangeklagte **Beate Zschäpe** (42) die Höchststrafe: lebenslange Haft ohne Möglichkeit einer Entlassung nach 15 Jahren (besondere Schwere der Schuld) und anschließende Sicherungsverwahrung. Zschäpe war nach Überzeugung der Ankläger Mittäterin und treibende Kraft bei den zehn Morden der rechtsextremen Mörderbande NSU. Das Urteil, nach fast fünf Jahren Prozess: 2018.

AOK-REPORT

Mehr Krankentage durch psychische Probleme

■ Immer häufiger sind psychische Erkrankungen die Ursache für Fehltage im Job. Der Anstieg seit 2005 beträgt fast 80 Prozent! Krankschreibungen wegen psychischer Probleme führen zu einer durchschnittlichen Ausfallzeit von 25,7 Tagen. Das ist doppelt so lang wie bei anderen Krankschreibungen, ergibt der sogenannte „Fehlzeiten-Report" der AOK-Krankenkassen.

MISTWETTER

Rund 30 Prozent weniger Badetote

■ Bis Ende August sind in deutschen Gewässern 297 Menschen ertrunken, meldet die DLRG im September. Das sind 30 Prozent weniger als im Vorjahreszeitraum. Die Deutschen schwimmen aber nicht plötzlich besser oder vorsichtiger. Die Lebensretter sagen, die Bilanz sei schlicht „auf den praktisch nicht stattgefundenen Sommer zurückzuführen". Die meisten Badetoten (62) gab es übrigens in Bayern.

Direktorin Helen Haslem begrüßt den kleinen Prinzen mit einem Knicks. William trägt Georges Schultasche

DER ERNST DES LEBENS BEGINNT

Prinz Georges erster Tag in der Vorschule

Kate erwartet im Frühjahr ihr 3. Kind

■ Der kleine George (4) schaut ein bisschen skeptisch: Wird die junge Dame, die ihn da mit einem Knicks begrüßt, wirklich nett sein? Es ist der Tag der Einschulung in der Thomas´s Privatschule im Londoner Stadtteil Battersea. Die Frau im hellrosa Kleid ist Helen Haslem, die Direktorin der Unterstufe, – und erinnert die Briten ziemlich stark an Georges Mutter, Herzogin Kate (35). Sie kann an diesem 7. September ihren Jungen nicht mit Prinz William (35) zur Schule bringen – sie erwartet ihr 3. Kind, kämpft mit Schwangerschafts-Übelkeit. George trägt an der St. Thomas´s die dunkelblaue Schuluniform. Die Eltern zahlen für die Schule knapp 20 000 Euro im Jahr. Oberste Schulregel: „Seid nett zueinander."

Herzeln, tanzen, busserln auf dem Oktoberfest in München

Model Franziska Knuppe im Traum-Dirndl von „Lola Paltinger"

Bild
FUSS-OP! Ärzte-Streit! WM in Gefahr? So schlimm steht es wirklich um Neuer
DER NEUE OPEL GRANDLAND X
Bayern 3:0!
Nicht-Wähler sind besser als AfD-Wähler

Mittwoch, 20. September

Bild
Cash Call Heute doppelte Gewinne
Altkanzler Schröder (73) Neue Liebe aus Korea
Köln-Frankfurt 0:1
Schon wieder Video-Schiri-Ärger

Donnerstag, 21. September

★ **WO?** ★
München, Marstall-Festzelt Theresienwiese

★ **WER?** ★
Stars und Sternchen aus Deutschland

★ **WARUM?** ★
Promis tanzen auf dem Oktoberfest 2017

BILD WIESN

Alles im Griff! Moderatorin Alexandra Polzin mit Ehemann Gerhard Leinauer

Bonnie Strange, frisch verliebt, mit Leebo Freeman

Giulia Siegel mit ihrem Freund Ludwig Heer und BILD-Chef Julian Reichelt (r.)

Mia san mia! Mia san hia!

✸ Die 184. Wiesn dauert 18 Tage, zwei Tage länger als sonst. Grund: Gefeiert wird bis zum Tag der Einheit am 3. Oktober, einem Dienstag. 6,2 Millionen Besucher werden auf der Theresienwiese gezählt. In den Festzelten geht´s wie immer hoch her, vor allem bei der BILD-Wiesn. VIPs, Influencer und Sport-Legenden tanzen, flirten, trinken, lachen: Larissa Marolt und Franziska Knuppe, Maria Höfl-Riesch und Charly Steeb, Vicky Leandros und Leslie Mandoki, Thomas Kretschmann und Ursula Karven. O'zapft is!

Vicky Leandros (r.) mit Tanit Koch, BILD-Chefredakteurin Print

Schauspieler Thomas Kretschmann mit Freundin Brittany Rice

Ski-Olympiasiegerin Maria Höfl-Riesch mit Ehemann Marcus Höfl

Tennis-Legende Charly Steeb

Freitag, 22. September

Samstag, 23. September

Montag, 25. September

Dienstag, 26. September

HUGH „PLAYBOY" HEFNER (†91)

■ Der Himmel muss jetzt die Hasenohren anlegen, schreibt Ende September zum Tod von „Playboy"-Gründer Hugh Hefner. Mit 91 Jahren ist er in seiner Villa, der legendären „Playboy"-Mansion in Los Angeles, „friedlich und unter natürlichen Umständen gestorben", teilte das Männermagazin würdevoll mit. 1953 hatte Hefner den „Playboy" gegründet, lieh sich dafür 1000 Dollar von seiner Mutter. Hefner kaufte für 200 Dollar die Foto-Kalender-Rechte einer blondierten Nackten: die damals noch unbekannte Atom-Sex-Bombe Marilyn Monroe († 36). Er druckte sie auf dem ersten „Playboy"-Cover. 53 000 Fans rissen ihm die Ausgabe (50 Cent) aus den Händen. „Nur" drei Ehefrauen hatte Hefner (Markenzeichen: ein weinroter Seiden-Bademantel). Zuletzt heiratete er 2012 das Bunny Crystal (damals 26).

LILIANE BETTENCOURT (†94)

■ Liliane Bettencourt stirbt am 21. September mit 94 Jahren. Frankreich verliert eine schillernde Persönlichkeit: Hauptanteilseignerin am Kosmetik-Giganten L'Oréal, 33,5 Milliarden Euro schwer, laut „Forbes"-Liste 2017 reichste Frau der Welt. Sie hielt Frankreich jahrelang in Atem. Familienstreit: 2008 verschenkte die an Demenz erkrankte Bettencourt eine Milliarde Euro an einen Fotografen (70), wollte ihre Tochter Françoise (64) enterben. Die versuchte, ihre Mutter zu entmündigen, warf ihr u. a. Missbrauch vor. Am Ende versöhnte sich die Familie.

ECHTE FREUNDINNEN

Spender-Niere für Selena Gomez

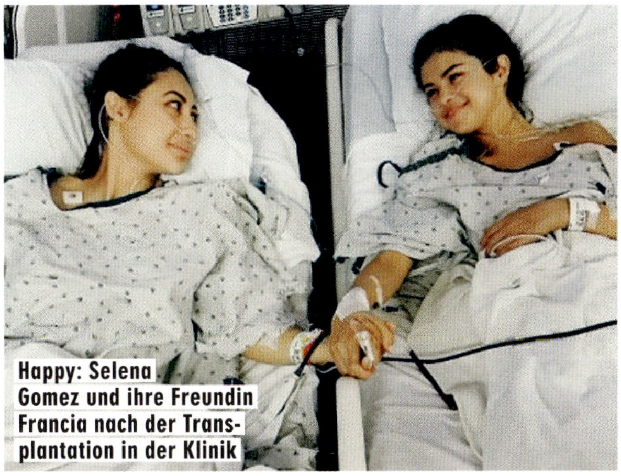

Happy: Selena Gomez und ihre Freundin Francia nach der Transplantation in der Klinik

■ Wochenlang ist US-Sängerin Selena Gomez (25) von der Bildfläche verschwunden. Keine Auftritte, keine Fotos, nichts. Aber am 14. September postet sie auf Instagram ein Foto aus einer Klinik. Gomez liegt Bett an Bett mit ihrer besten Freundin Francia Raisa (29), hält ihre Hand. Die Geschichte: Gomez leidet an „Lupus", einer Autoimmunkrankheit, brauchte deshalb eine neue Niere. Francia war zu einer Organspende bereit. Die Transplantation verlief erfolgreich. Schön.

FLÜCHTLINGSKIND

Lailah findet in der U-Bahn 14 000 Euro

■ Eine Rentnerin (78) vergisst in einem Zugwaggon der U6 in Berlin ihre Handtasche. Darin: 14 000 Euro in bar. Lailah (16) findet die Tasche, das Geld – und bringt alles zur Polizei. Das jesidische Mädchen ist mit ihrer Mutter und Geschwistern aus dem Irak nach Deutschland geflohen. Sie sagt: „Ich habe keinen Augenblick daran gedacht, das Geld zu behalten. Unsere Religion verbietet es uns, fremdes Geld zu nehmen." Selbst den gesetzlichen Finderlohn von 1,5 Prozent (210 Euro) will sie nicht. Sie braucht kein Geld, sie braucht Sicherheit. In Berlin.

Lailah (r.) mit ihrer Mutter und zwei kleineren Geschwistern. Der Vater ist noch im Irak

PFÄLZERWALD

Luchs mit Nachwuchs in der Foto-Falle

■ Im Pfälzerwald filmte eine Foto-Falle Luchsmama „Katja" mit ihren vier Monate alten Katern „Filou" und „Palu". Noch werden die Jungen gesäugt, doch sie futtern schon kräftig mit, was ihre Mutter jagt. Etwa vier Kilo bringen „Filou" und „Palu" inzwischen auf die Waage. Die Kleinen sind der erste dokumentierte Luchs-Nachwuchs seit dem 18. Jahrhundert in der Region.

VORENTSCHEIDUNG IM TITELKAMPF DER FORMEL 1

Hier machen Vettel und Räikkönen Hamilton zum Weltmeister

Sebastian Vettel (l.) und Ferrari-Kollege Kimi Räikkönen kollidieren zu Beginn des Nachtrennens von Singapur und scheiden aus

■ 17. September, Großer Preis von Singapur. Sebastian Vettel (30, Ferrari) ist unter Druck, hat die WM-Führung in Monza an Lewis Hamiton (32, Mercedes) verloren. In Singapur startet Vettel von der Pole, kracht aber schon in Runde 1 mit seinem Teamkollegen Kimi Räikkönen (38). Für beide ist das Rennen zu Ende. Hamilton fährt einen ungefährdeten Sieg ein, baut seinen Vorsprung auf Vettel auf 28 Punkte aus. Vettel: „Es ist bitter, die Voraussetzungen waren hier sehr gut, aber wir sind nicht weit gekommen." Es ist die Vorentscheidung – Ende Oktober macht Hamilton in Mexiko seinen vierten Weltmeister-Titel klar.

Die Siegerfaust: Lewis Hamilton im Ziel

SECHS BUNDESLIGISTEN, SECHS PLEITEN

Nicht nur die Bayern blamieren sich in Europa

Cavani macht das 2:0 für PSG. Bayern-Keeper Ulreich ist machtlos

■ Auf europäischer Bühne erlebt die Bundesliga Ende September den schwärzesten Tag ihrer Geschichte. In der Champions League geht Bayern bei Paris St. Germain 0:3 unter. Dortmund verliert gegen Real Madrid 1:3 und Leipzig ist bei Besiktas Istanbul chancenlos (0:2). Und in der Europa League kassieren Köln, Hoffenheim und Hertha drei Niederlagen gegen zweitklassige Gegner. 6 Spiele, 0 Punkte: Nach zwei von sechs Gruppenspielen sind bis auf die Bayern alle Bundesligisten mausetot. Aber bei den Bayern bleibt eine Klatsche wie in Paris nicht ohne Folgen ...

Superstar Neymar lässt sich nach dem 3:0 feiern

Mittwoch, 27. September

Donnerstag, 28. September

Freitag, 29. September

Samstag, 30. September

ENDLICH

Bibiana Steinhaus pfeift Bundesliga

■ Das war allerhöchste Zeit: Am 10. September pfeift zum ersten Mal eine Frau ein Bundesliga-Spiel. Nicht weil sie eine Frau ist, sondern weil sie es verdient hat. **Bibiana Steinhaus** (38) leitet die Partie Hertha-Bremen (1:1) praktisch fehlerfrei. 10,4 km ist sie gelaufen – und mit nur einer Gelben Karte ausgekommen. Cool!

PROMILLE-UNFALL

Jan Ullrich knapp am Knast vorbei

■ 20 Jahre nach seinem Sieg bei der Tour de France rast **Jan Ulrich** (43) in seiner Wahlheimat Schweiz haarscharf am Gefängnis vorbei. Mit 1,85 Promille und laut Gutachten Tempo 132 (statt erlaubter 80) hat er 2014 zwei Autos gerammt. Es gab zum Glück nur Leichtverletzte. Wäre Ulrich 60 km/h zu schnell gewesen, hätte er in den Knast gemusst, ohne Wenn und Aber. So kommt er mit 21 Monaten auf Bewährung und einer Geldstrafe davon. Und zieht aus der Schweiz weg nach Spanien.

GLADBACH WIEDER NICHT DABEI

DFB benennt Stadien für die EM 2024

■ **Niemand bezweifelt ernsthaft, dass Deutschland Gastgeber der Fußball-EM 2024 sein wird. Einziger Konkurrent: die Türkei. Im September benennt der DFB die 10 deutschen Spielorte: Berlin, Hamburg, München, Köln, Düsseldorf, Leipzig, Frankfurt, Dortmund, Gelsenkirchen, Stuttgart. Raus sind Hannover, Bremen, Nürnberg und Mönchengladbach. Vor allem vom Bökelberg hagelt es Kritik. Entscheidung über die EM 2024: im September 2018.**

FUSS-OP

Neuer wieder an Krücken

■ **Der Welttorhüter an Krücken. Am 18. September verletzt sich Manuel Neuer (31), wie schon im April, am linken Fuß. Er muss operiert werden, fällt bis zum Jahresende aus. Nur drei Spiele in der Hinrunde – die Bayern hindert das nicht, überlegen Herbstmeister zu werden. Sven Ulreich (29) ist ein starker Ersatz. Aber 2018 wird Neuer wieder gebraucht – in München und in Russland.**

Rafael Nadal jubelt über seinen 3. Titel bei den US Open

GRAND SLAM

Federer, Nadal, Federer, und am Ende wieder Nadal

■ Die vier Grand-Slam-Turniere des Jahres 2017 machen die beiden Altmeister unter sich aus: Roger Federer (36) hat die Australian Open und Wimbledon gewonnen, Rafael Nadal (31) die French Open. Und jetzt holt sich der Spanier auch den Titel bei den US Open. Im Finale schlägt Nadal den Südafrikaner Kevin Anderson (31) locker in drei Sätzen: 6:3, 6:3, 6:4. So führen zum Ende des Jahres Nadal und Federer die Weltrangliste mit weitem Abstand vor einem gewissen Grigor Dimitrov (26, Bulgare) an. Auf Platz 4 – die Zukunft. Alexander Zverev, 20 Jahre, aus Hamburg.

Wird die AfD auch nach der Ära Merkel noch funktionieren?

NIKOLAUS BLOME
BILD-Chefredaktion

■ Staunen, Freude, Schrecken am 24. September um 18.01 Uhr. CDU/CSU und SPD – schwer abgestraft. FDP zurück. Grüne o.k. Und dann ist da die AfD, die „Alternative für Deutschland": drittstärkste Kraft aus dem Stand, die Rechtsaußen-Partei ist mitten drin – und wie. Vieles wird jetzt anders.

Ganz besonders natürlich im neuen Bundestag. Erste Sitzung, 24. Oktober, Punkt 11 Uhr. Der Saal ist so voll wie nie. 709 Mandate, die lilablauen Sitzreihen dicht gedrängt.

Ganz rechts, am nächsten zur Regierungsbank: die AfD. Ein keilförmiger Block, ganz überwiegend Männer. Sie hauen die Hände in einander, es dröhnt im Saal. „Männliches Klatschen von rechts", so müsste das Sitzungsprotokoll notieren.

Die Rechtsaußen, die Populisten, die „Alternative für Deutschland": Sie sind der Denkzettel der Wut-Bürger, die Protest-Klatsche für die Volksparteien CDU und SPD. Aber schreibt die AfD gerade auch Geschichte? Bringt sie den unwiderruflichen Schnitt durch die Politik- und Parteienlandschaft, wie wir sie kannten?

Wahr ist:

▷ Die AfD hat zum ersten Mal eine Bundestagswahl zur Protestwahl gemacht. Zum ersten Mal sitzt eine Partei im Bundestag, die sich nicht als Vertretung einer gesellschaftlichen Schicht, einer Region oder irgendeiner Weltanschauung erklären lässt, sondern nur mit dem Ziel ihrer Attacken: „Die da oben", „Die da in Berlin", „Lügenpresse und Systemparteien". Wer mit allem und allen abrechnen will, der wählt AfD.

▷ Zum ersten Mal sitzt eine Partei im Bundestag, die rechts und links und oben und unten sein will – und zwar gleichzeitig. Die AfD möchte die Erbschaftssteuer abschaffen, die Wehrpflicht wieder einführen die Renten erhöhen und den Tierschutz verbessern. Beim ‚Wofür' ist die Partei also wie ein Haufen Hühner. Beim ‚Wogegen' aber wie ein Block. Das zählt für 70 Prozent ihrer Wähler mehr als alles andere.

▷ Zum ersten Mal seit den 50er-Jahren sitzt mit der AfD eine Partei im Deutschen Bundestag, die Fremdenfeindlichkeit und völkische Überlegenheits-Fantasien in ihren Reihen nicht nur duldet, sondern zum Programm erhebt. Eine Partei, die „Deutschland zuerst" in einem Land ruft, das „Deutschland, Deutschland über alles" gesungen hat. Das ist wirklich ein tiefer Schnitt.

▷ Die AfD macht zum ersten Mal auch das Ende der Ära Merkel sichtbar, weil die AfD zur Hinterlassenschaft der Kanzlerin ebenso gehören wird wie alle naturgemäß noch ungelösten Probleme der Flüchtlings-Intregration. Angela Merkel hat seit 2001 die CDU stetig modernisiert und bei vier Wahlen das Kanzleramt erobert: Das schafften nur die ganz Großen, Adenauer und Kohl. Die CDU hat sich zugleich aus einem Teil des politischen Raums rechts der Mitte zurückgezogen, ihn ohne Ansprache erst verwaisen und dann verrohen lassen. Da haust jetzt die AfD. Wie groß müssen Wut und Frust der vielen Bürger gewesen sein, die KEINE Fremdenfeinde oder Neonazis sind und die AfD trotzdem gewählt haben – obwohl Fremdenfeinde und Neonazis dort zuhauf ihr Unwesen treiben?

Das alles macht den Einzug der AfD in den Bundestag bemerkenswert und irritierend. Mehr aber nicht. Noch nicht.

Zum einen ist nämlich offen, ob die Wähler der AfD auf Dauer treu bleiben, obwohl sie der Partei mehrheitlich die Lösung ihrer Probleme nicht zutrauen. Oder ob es bei dem einen Mal Wut- und Triebabfuhr an der Urne bleibt. Es ist ebenfalls offen, ob die AfD in einer politischen Welt OHNE Angela Merkel überhaupt funktioniert. Oder ob es ganz maßgeblich die Person der Kanzlerin ist, die in einem bestimmten Milieu zugunsten der AfD polarisiert – und mit ihrem Abschied eines Tages der Partei diesen Teil ihrer Mobilisierung wieder nimmt.
Die Machtverhältnisse im Land und in der Gesellschaft historisch verschieben, das könnte die AfD nur als koalitionsfähiger Teil einer Mehrheit rechts der Mitte. Ein Block aus CDU/CSU, FDP und AfD könnte sich zur Alternative zur ewigen Großen Koalition mausern und der vormals linken Mehrheit im Bundestag (die sich freilich nie zusammenfand, um als Rot-Rot-Grün zu regieren) auf Dauer den Rang ablaufen. Wahrscheinlich ist das nicht.

Derzeit besteht die AfD de facto aus zwei Parteien: Eine ist national-konservativ und pflegt das Welt- und Familienbild der CDU der 80er-Jahre. Die andere ist offen fremdenfeindlich, völkisch-rassistisch und muss zur Befriedigung ihrer Anhängerschaft einen triebhaften Tabubruch an den anderen reihen. Politik- und Koalitionsfähig ist nur der erste Teil, der sich folglich in nenneswerter Größe vom zweiten abspalten müsste. Danach sieht es nicht aus, im Gegenteil: Der völkisch extreme Teil der AfD ist parteiintern auf dem Vormarsch.

Kurzum: Historisch, eine Zeitenwende, wäre der Einzug der AfD in den Deutschen Bundestag erst dann, wenn die Partei das Land auf Dauer politisch zu verändern vermag. Das ist nicht sicher. Das ist, Stand Dezember 2017, noch nicht einmal wahrscheinlich.

Die AfD-Spitzenkandidaten Alexander Gauland und Alice Weidel am Wahlabend in Siegerlaune: Mit 12,6 Prozent zieht die Rechtsaußen-Partei als drittstärkste Kraft in den Bundestag ein

OKTOBER 2017

„Xavier" pustet ganze Alleen im Norden um

Der heftigste Orkan seit „Kyrill" (2007) legt am 5. Oktober ganze Alleen flach – wie hier auf einer Landstraße in Rautenberg (Niedersachsen). „Xavier" tobt durch Deutschland, umstürzende Bäume und abgerissene Äste töten im Norden und Osten Deutschlands sieben Menschen. Werden uns solche Stürme künftig regelmäßig heimsuchen? Wetter-Experten glauben: Ja! Durch den Klimawandel dürfte es künftig vermehrt extreme Wetterlagen geben. Gut möglich, dass wir uns an solche Bilder gewöhnen müssen.

NOEL ALTENDORF
BILD-Reporter

Der Motorrad-Polizist ist an diesem Tag froh, dass er einen Helm hat

Als ich in meinem Hamburger Büro das anschwellende Rauschen des Windes hörte, war mir sofort klar: Dieser Tag wird lang und anstrengend. Kurz darauf die ersten Anrufe von Informanten. Baum auf Straße in Winterhude, großer Ast auf Auto in Uhlenhorst – und so sollte es die nächsten Stunden pausenlos weitergehen…

Ich sprang ins Auto und fuhr los. Überall auf den Straßen schrillten die Sirenen der Feuerwehr. Am Stadtpark endete die Fahrt an einer Polizei-Absperrung. „Hier dürfen auch Journalisten nicht durch. Das ist lebensgefährlich. Bäume stürzen im Sekundentakt um“, erklärt der Beamte. Nicht die einzige Straße, die abgeriegelt ist. Auf allen Ausweichstrecken Stillstand!

In Parkbuchten immer wieder Fahrzeuge, die von herumwehenden Teilen und herabgestürzten Ästen getroffen wurden. Zerborstene Windschutzscheiben, verbeulte Kühlerhauben und verzweifelte Besitzer, die auf Hilfe warten. Im Radio wiederholt sich die Aufforderung der Feuerwehr, nicht ins Freie zu gehen. Außerdem endlose Verkehrsmeldungen und Nachrichten zu gesperrten Zugstrecken. Kollegen, die auch im Sturm unterwegs sind, melden, dass zwei Frauen in Horn in einem Renault Twingo von einem Baum getroffen wurden und im Fahrzeug eingeklemmt sind.

Für die Beifahrerin kommt die Hilfe der Retter zu spät, sie stirbt.

Auf allen Hauptverkehrsadern werden die Staus immer länger. Kaum noch ein Durchkommen. An einem schwer beschädigten Transporter steht einsam ein Motorradpolizist. „Ich bin froh, dass ich den Helm habe“, sagt er und meint das nicht scherzhaft. Sekunden später fliegt ein Wahlplakat vorbei. Überall Blaulichter, überall Martinshorn. Später erfahre ich, dass allein die Hamburger Feuerwehr rund 1200 Einsätze abzuarbeiten hatte, zehn Menschen verletzt wurden. Als ich in die Redaktion zurückkehre, wird mir die Unberechenbarkeit eines solchen Orkans bewusst.

Er sucht sich seine Opfer wahllos.

In Magdeburg reißt der Sturm einen Teil dieses Baugerüsts ab

„Xavier“ rauscht am 5. Oktober mit Orkanböen über die Nordsee auf Deutschland zu. Trotz Warnungen geraten vor allem Autofahrer in eine tödliche Falle

Sieben Menschen sterben im Sturm

In Hamburg-Horn ist eine Eiche auf diesen Kleinwagen gekippt. Eine Frau (54) stirbt

Die Warnung der Feuerwehr ist eindeutig: „Halten Sie sich aktuell nicht im Freien auf!" Als aus dem Rascheln des Windes in Bäumen ein tosendes Rauschen wird, ist klar: Dieser Orkan wird den Norden und Osten Deutschlands voll treffen!

„Xavier" bringt Chaos und den Tod!

Am 5. Oktober fegt „Xavier" mit bis zu 180 km/h über das Land. Äste stürzen auf Straßen und Schienen, Bäume knicken um wie Streichhölzer – viele begraben Autos unter sich.

In Hamburg werden zwei Frauen (56, 54) in ihren Wagen eingeklemmt, die Feuerwehr muss sie bergen. Die 54-Jährige stirbt.

Sieben Todesopfer sind zu beklagen. In Brandenburg kommen vier Menschen in ihren Autos um, in Schwerin (MVP) erschlägt ein umstürzender Baum einen Trucker. In Berlin stirbt Dr. Sylke Tempel († 54) auf dem Heimweg von einem Termin bei Außenminister Sigmar Gabriel (58, SPD). Die aus dem TV bekannte Politologin steigt aus ihrem Auto, weil die Straße blockiert ist – da wird sie von einem Baum getroffen.

„Xavier" bringt den Verkehr praktisch zum Erliegen. Auf Hamburgs Straßen geht nichts mehr. Überall ist die Feuerwehr gefragt. Bis zum Abend sind es allein in Hamburg 1200 Einsätze.

Chaos auch auf der Schiene. Der Zugverkehr im Norden wird weitgehend eingestellt. Gestrandete Passagiere müssen im ICE übernachten, andere laufen zu Fuß zum nächsten Bahnhof zurück. Am 6. Oktober zieht „Xavier" Richtung Osten ab. Der Spuk ist vorbei. Aber die Schäden sind enorm.

Dr. Sylke Tempel († 54) stirbt in Berlin, als sie aus ihrem Wagen steigt

In der Nähe der berühmten Gedächtniskirche blockiert ein umgestürzter Baum den Kurfürstendamm

Horror-Stürme in Deutschland

Immer wieder sorgen orkanartige Sturmtiefs vor allem im Winter für enorme Schäden. Zwei Beispiele: „Kyrill": Im Januar 2007 tobt er in Europa, 47 Menschen sterben, 11 in Deutschland. „Lothar": Ende Dezember 1999 verwüstet der „Jahrhundertorkan" riesige Gebiete in Südwestdeutschland und der Schweiz. Allein in Deutschland sterben 18 Menschen, in der Schweiz 14.

Im Hafen von Wilhelmshaven hat eine Orkanböe diesen riesigen Stahlkran umgeknickt

Erstmal zu Penny
Peter Kraus! Schulterbruch live im TV
SPD-Kandidat jammerte schon im Wahlkampf
Bild
MONTAG, 2. OKTOBER 2017
Die Schulz-Offenbarung
„Die Leute finden mich peinlich, die lachen"

Montag, 2. Oktober

Exklusiv-Foto von Hotel-Suite Nº 32135
Von hier schoss der Vegas-Killer
MITTWOCH, 4. OKTOBER 2017
Bild

Mittwoch, 4. Oktober

Bild
SENSATION!
Heynckes wieder Bayern-Trainer
NACH UNFALL IM TV
Peter Kraus zeigt seinen Schulter-Bruch!
Das hat er nicht verdient!
Gläubiger greifen nach Boris Pokalen

Donnerstag, 5. Oktober

Mindestens 7 Tote!
Orkan-Drama in Deutschland
Erstmal zu Penny
FREITAG, 6. OKTOBER 2017
Bild
So wirft der Staat unser Geld raus
WM, wir kommen!

Freitag, 6. Oktober

Sebastian Kurz wird Österreichs nächster Kanzler

Österreichs kommender Kanzler Sebastian Kurz am Wahltag mit seiner Partnerin Susanne Thier. Die beiden sind ein Paar, seit sie 18 waren

■ „Warum haben wir nicht so einen?", fragt BILD am 16. Oktober provozierend. So einer ist Sebastian Kurz (31), Österreichs Außenminister, jung, machthungrig, konservativ – und erfolgreich. Kurz gewinnt mit seinem ÖVP die Nationalratswahl. Mit 31,5 % (+7,5 %) landen die Konservativen deutlich vor Österreichs Sozialdemokraten (SPÖ, 26,9 %). Kurz erhält den Auftrag zur Regierungsbildung – und nimmt Koalitionsverhandlungen mit den Rechtspopulisten der FPÖ (26 %) auf. Keine einfachen Gespräche werden das: Kurz fährt zwar in der Flüchtlings-/Integrationspolitik einen harten Kurs, steht aber zur EU – im Gegensatz zur FPÖ. Dennoch, bis Weihnachten soll die Koalition stehen.

MEDIEN-RANKING

BILD ist die meistzitierte Tageszeitung

■ Laut „Media Tenor" wurde BILD zwischen Januar und September 776-mal mit exklusiven Politik- und Wirtschaftsnachrichten von anderen wichtigen Medien zitiert. Nur das Magazin „Der Spiegel" kam auf mehr Zitate (864). Auf Platz 3: die BamS (669). Bei besonders wichtigen Themen „wie innere Sicherheit, Flüchtlings- und Asylpolitik sowie in außenpolitischen Fragen, insbesondere zum Türkei-Konflikt", sei BILD „tonangebend", so „Media Tenor".

REKORD

Hartz IV schon für 2 Millionen Ausländer

■ Die Zahl ausländischer Hartz-IV-Bezieher kratzt erstmals die 2-Millionen-Marke! Laut Bundesagentur für Arbeit gab es zuletzt 1,997 Mio. ausländische Stütze-Empfänger – 406 570 (25,6 %) mehr als Mitte 2016. Darunter sind 1,49 Mio. Erwerbsfähige (+ 20,2 %) und 507 292 Nicht-Erwerbsfähige (+ 44,7 %). Die meisten ausländischen Hartz-Empfänger kommen aus Syrien (564 277). Dahinter folgen Türken (269 472) und Iraker (129 370).

NACH 7 WOCHEN

Im Rheintal rollen wieder die Züge

■ Nach schier endlosen sieben Wochen rollen ab 3. Oktober wieder Züge auf der wichtigen Rheintalbahn-Strecke zwischen Rastatt und Baden-Baden. Die Nord-Süd-Verbindung hat für den europäischen Bahnverkehr zentrale Bedeutung! Seit 12. August war sie gesperrt, weil beim Tunnelbau nahe Rastatt Wasser und Erde eingedrungen waren, die Schienen hatten sich gesenkt. Folge des Stillstands: u. a. viel mehr Verkehr auf den Straßen.

BILD SAMSTAG, 7. OKTOBER 2017
Nach Termin mit Außenminister Gabriel-Freundin von Baum erschlagen
Heynckes perfekt
Samstag, 7. Oktober

BILD MONTAG, 9. OKTOBER 2017
Deutschland – Aserbaidschan 5:1
Knast für Menschenrechtler? Erdogan will diesen Deutschen 15 Jahre wegsperren!
Erstmal zu Penny
ARD versaut uns den tatort
Montag, 9. Oktober

BILD DIENSTAG, 10. OKTOBER 2017
Bluthochdruck So essen Sie sich gesund!
Mutter und Großeltern des Opfers zeigten ihn an
Polizei fasst Kinderschänder!
Dienstag, 10. Oktober

BILD MITTWOCH, 11. OKTOBER 2017
NACH SEINER FREMDGEH-BIOGRAFIE
Ex-Frau rechnet mit Roberto Blanco ab
So essen Sie sich schlank
Mittwoch, 11. Oktober

709 Abgeordnete nehmen die Arbeit auf, so viele wie noch nie ++ Wolfgang Schäuble neuer Parlamentspräsident ++ Merkel-Regierung bleibt „geschäftsführend" im Amt

Union und FDP applaudieren zusammen, aber werden sie auch zusammen regieren?

Wer klatscht mt wem im neuen Bundestag?

■ Erste Sitzung des neuen Bundestages am 24. Oktober, einen Monat nach der Wahl: 709 Abgeordnete vertreten jetzt im Berliner Reichstag das Volk. 246 von CDU/CSU, 153 von der SPD, 80 von der FDP, 69 Linke und 67 Grüne. Dazu kommen 92 AfD-Leute, bzw. 90, weil Ex-Parteichefin Frauke Petry (42) und Mario Mieruch (42) vor der ersten Sitzung ausgetreten sind. Die AfDler sitzt rechts außen, klar. Sie klatschen, und zwar allein, als Alterspräsident Hermann-Otto Solms (77, FDP) mahnt, „niemanden auszugrenzen". Parlamentspräsident ist jetzt Ex-Finanzminister Wolfgang Schäuble (75, CDU). Sein Ministerium führt Kanzleramtsminister Peter Altmaier (59) einstweilen mit. Kann man die Bundesfinanzen so nebenbei machen? Apropos Geld: Die Abgeordneten-Diäten liegen bei 9327,21 Euro plus 4305,46 Euro pro Monat als steuerfreie „Kostenpauschale". Nicht soo schlecht.

Neues Amt: Wolfgang Schäuble ist jetzt Bundestags-Präsident

UNION SONDIERT ERST MIT DER FDP, DANN MIT DEN GRÜNEN

Beim 1. Jamaika-Treffen lächeln alle

■ Eine gefühlte Ewigkeit hat das gedauert: Fast vier Wochen nach der Wahl treffen sich die Spitzen von Union, FDP und Grünen in Berlin zu ersten Sondierungen. Das sind keine Koalitions-Verhandlungen, sondern nur Gespräche darüber, ob es Sinn macht, später zu verhandeln. Ist Jamaika, also Schwarz-Gelb-Grün, im Bund wirklich möglich? Die Kanzlerin ist optimistisch, alle lächeln beim ersten Date. FDP-Chef Christian Lindner (38) winkt sogar fröhlich. Aber der Weg nach Jamaika ist weit. Zu weit.

Noch ohne Grüne: Kanzlerin Angela Merkel mit (v. l.) Thomas Kreuzer (CSU), Christian Lindner, Alexander Graf Lambsdorff (beide FDP), Peter Altmaier (CDU) sowie Horst Seehofer und Andreas Scheuer (beide CSU)

AUTOBOMBE

Kritische Reporterin auf Malta ermordet

■ Ihren letzten Blog-Eintrag stellt Daphne Caruana Galizia (53) am 16. Oktober um 14.09 Uhr online. Wenige Minuten später ist Maltas populärste Reporterin und Bloggerin tot. An der Unterseite ihres Mietwagens ist eine Bombe explodiert. Es hatte Todesdrohungen gegeben. In ihrem Blog dokumentierte Galizia die Machenschaften der Elite des EU-Landes Malta: Steuerhinterziehung, Prostitution, Drogen. Sie recherchierte auch zu Vorwürfen in den „Panama Papers", die sich gegen Maltas Regierungschef Joseph Muscat (43) und dessen Frau richteten. Galizias Kinder fordern ihn zum Rücktritt auf. Die Regierung setzt 1 Mio. Euro Belohnung für Hinweise aus. Wird der Mord je aufgeklärt?

SACHSEN

Regierungschef gibt nach Wahlpleite auf

■ Vier Wochen nach der Bundestagswahl erklärt in Dresden Ministerpräsident **Stanislaw Tillich** (CDU, 58, Foto) seinen Rücktritt. Grund: Die CDU hat erdrutschartig verloren (– 15,8%), liegt mit 26,9% hinter der AfD (27,0%). Liegt es daran, dass sich die sächsische CDU (Tillich besonders) nicht klar genug von der AfD abgrenzt? Gut neun Jahre hat der freundliche Sorbe Tillich Sachsen einigermaßen gemütlich regiert, erst mit der FDP, zuletzt mit der SPD. Aber in Sachsen ist es nicht mehr gemütlich. Tillichs Nachfolger als Ministerpräsident und CDU-Landesparteichef: **Michael Kretschmer** (42). Er hat sein Bundestags-Direktmandat gegen einen AfD-Mann verloren.

Kalifornien ist Brände gewohnt. Aber nicht dieses Höllen-Feuer. 40 Menschen sterben

Ein Rot-Kreuz-Hubschrauber löscht aus der Luft

Nichts zu retten: In Santa Rosa brennen viele Häuser wie dieses nieder. Die Bewohner flohen in der Nacht

BILD-Reporter Philip Fabian am Pool eines niedergebrannten Campingplatzes

Das „Hilton"-Hotel in Santa Rosa steht in Flammen

FLAMMEN FRESSEN 6000 HÄUSER

■ Kalifornien erlebt im Oktober die schlimmsten Busch- und Waldbrände seiner Geschichte. Begünstigt durch extreme Hitze und starke Winde breitet sich das Feuer im Norden des US-Bundesstaates immer weiter aus. Mindestens 40 Menschen, darunter auch ein Junge (14), sterben.
In Santa Rosa springt ein Rentnerpaar vor dem Feuer in den Pool. Dort harren die Eheleute in der Nacht stundenlang aus, atmen die verrauchte Luft ein. Die Ehefrau stirbt im Pool, der Mann kann sich am Morgen lebend retten.
Am stärksten betroffen ist Sonoma County. Die Brände zerstören fast 6000 Wohnhäuser auf einer Fläche von fast 900 Quadratkilometern. Kaliforniens Gouverneur Jerry Brown (79) sagt: „Das ist ein Horror, den sich keiner hat vorstellen können."

Donnerstag, 12. Oktober

Freitag, 13. Oktober

Samstag, 14. Oktober

Montag, 16. Oktober

GABRIELE HENKEL (†85)

■ Rund 300 Trauergäste, unter ihnen Alfred Biolek (83), Heinz Mack (86), Günther Uecker (87) und Volker Schlöndorff (78), nehmen in Düsseldorf Abschied von Gabriele Henkel: Die renommierte Kunstexpertin und Mäzenin, Witwe des langjährigen Vorstands der Henkel-Gruppe (Pritt, Persil), Konrad Henkel, starb Ende September mit 85 Jahren.

TOM PETTY (†66)

■ In seiner Villa in Malibu (Kalifornien) wird am 2. Oktober US-Musiker Tom Petty (66) leblos aufgefunden. Ärzte können den Grammy-Gewinner nicht retten. Petty („Learning to Fly") war ab 1976 mit seinen „Heartbreakers" erfolgreich, später auch als Solist. Zu seinen Freunden zählten die Ex-Beatles Ringo Starr (77) und George Harrison († 58). Für das Magazin „Rolling Stone" ist Petty einer der 100 größten Musiker aller Zeiten.

ULRIKE VON MÖLLENDORFF (†78)

■ Erst am 8. Oktober gibt die Familie den Tod von Ulrike von Möllendorff bekannt. Die erste „heute"-Sprecherin ist Ende September mit 78 Jahren in ihrer Heimatstadt Berlin an Krebs gestorben. Möllendorff war Anfang der 70er-Jahre als Moderatorin der ZDF-„Drehscheibe" bekannt geworden. Ab 1978 präsentierte sie als erste Frau die „heute"-Hauptausgabe. Von 1991 bis 1997 moderierte sie beim SFB „Die Abendschau".

NACH LANGEM KAMPF

JETZT IST DIE HOMO-EHE WIRKLICH DA

Falko Droßmann (r.) und Denny Krienke küssen sich nach der Trauung in Hamburg

■ „Die Bräutigame dürfen sich jetzt küssen!" Am Sonntag, 1. Oktober geben sich Falko Droßmann (43, Oberstleutnant bei der Luftwaffe) und Denny Krienke (28) in Hamburg das Jawort. Als eines der ersten homosexuellen Ehepaare Deutschlands! Auch in Berlin, Hannover und Frechen werden gleichgeschlechtliche Ehen geschlossen – die Standesämter haben extra geöffnet. Der Bundestag hat die Ehe für gleichgeschlechtliche Paare am 30. Juni in einer offenen Abstimmung („Gewissensentscheidung") beschlossen. SPD, Linke und Grüne waren geschlossen dafür, von der Union kamen immerhin 75 Ja-Stimmen.

VORGEZOGENE NEUWAHL IN NIEDERSACHSEN

SPD fährt Überraschungssieg ein

Freuen sich über den Sieg von Weil (kl. Foto): Doris Schröder-Köpf (gewann ein SPD-Direktmandat) und Genossen

■ Sie haben fast schon verlernt, wie das geht, aber am Abend des 15. Oktober feiern Sozialdemokraten einen Wahlsieg: Bei der vorgezogenen Niedersachsen-Wahl fährt die SPD von Ministerpräsident Stephan Weil (58) starke 36,9 % (+ 4,3 %) ein, überholt die CDU, die auf 33,6 % abrutscht (– 2,4 %). Also kann Weil weiterregieren, aber die FDP (7,5 %) lehnt eine Ampel mit SPD und Grünen (8,7 %) ab. Bleibt eine Große Koalition – fünf Wochen nach der Wahl ist sie unter Dach und Fach.

Dienstag, 17. Oktober

Mittwoch, 18. Oktober

Donnerstag, 19. Oktober

Freitag, 20. Oktober

TÜRKEI-GEISEL

Peter Steudtner nach 112 Tagen endlich frei

■ „Der Strafvorwurf, ich würde eine Terrororganisation unterstützen, ist haltlos, ohne Grundlage und jegliche Beweise." So verteidigt sich der deutsche Menschenrechtsaktivist Peter Steudtner (45) zu Beginn seines Prozesses in Istanbul. 112 Tage war er inhaftiert, als Geisel des Staates, ihm drohten 15 Jahre Haft wegen angeblicher Unterstützung kurdischer Terroristen und der verbotenen Gülen-Bewegung. Aber jetzt kommt Steudtner frei – ohne Auflagen. Ist das eine Geste der türkischen Regierung gegenüber Deutschland? Und wenn ja – was für eine? Und: Hat Deutschland dafür etwas tun oder versprechen müssen?

Der IT-Spezialist Peter Steudtner (45) nach seiner Freilassung

FOTO-FAHNDUNG

Kinderschänder schnell gefasst

■ Es war die letzte Hoffnung der Fahnder: Am 9. Oktober veröffentlicht die Polizei das Foto eines Mädchens, das schwer sexuell missbraucht wird. Videos davon gibt es im verschlüsselten Darknet. Wer ist das Mädchen, fragt die Polizei? Das Kind ist in großer Gefahr. Noch am Tag der Veröffentlichung des Fotos wird der Sex-Gangster identifiziert: **Christian J.** (24), Küchenmonteur aus dem Raum Bremen, ist der Stiefvater des Mädchens (4). Er wird verhaftet.

EINE VERHÄNGNISVOLLE AFFÄRE

DREI TOTE BEI EIFERSUCHTS-DRAMA

■ In der Tiefgarage für Mitarbeiter der Stadtverwaltung von Eislingen (Ba.-Wü.) liegen am 19. Oktober drei Leichen in einem BMW. Die Toten: **Cornelia** und **Markus J.** (beide 56) sowie **Yannick P.** (26). Was ist in der Kleinstadt geschehen? Cornelia J. hat sich von ihrem Mann getrennt und sich in den 30 Jahre jüngeren Yannick P. verliebt, einen Praktikanten der Stadtverwaltung. Der Ehemann erfährt es, bedroht seine Noch-Ehefrau. Kommt in die Psychiatrie – und wieder raus. Ein gerichtliches Kontaktverbot – nichts wert. Markus J. lauert dem Paar in der Tiefgarage auf, schneidet beiden die Kehle durch. Und erschießt sich. Ein Albtraum.

PROZESS

Rentner lag 10 Jahre in Kühltruhe

■ In Berlin kommt im Oktober Trödelhändler Josef S. (56, Foto unten) vor Gericht. Er soll einen Nachbarn, den einsamen Witwer Heinz N. (†80), Ende 2006 erschossen, zerstückelt und in eine Kühltruhe gepackt haben. Motiv laut Anklage: Der Killer leitete jeden Monat die 2000 Euro Rente des Toten auf sein Konto um. Ein fast perfektes Verbrechen: Der Killer machte abends im Schlafzimmer des Toten per Zeitschaltuhr Licht, leerte den Briefkasten, putzte – schrieb sogar die Steuererklärung für sein Opfer. Erst nach zehn Jahren fiel einem Mieter in dem Mehrfamilienhaus auf, dass er N. ewig nicht gesehen hatte. Er rief die Polizei. Der Angeklagte schweigt, das Urteil folgt.

BAYERN

Wolf auf der Flucht

■ Er wartet gar nicht auf den Bus: Dieser Wolf ist aus seinem Gehege in einem Nationalpark im Bayerischen Wald geflüchtet, zusammen mit fünf anderen Tieren. Offenbar stand ein Gatter offen. Eines der Tiere wurde von einem Zug überfahren, nach den anderen wird gesucht. Zwei der sechs Wölfe werden in den folgenden Tagen erschossen, eine Betäubung sei nicht möglich gewesen. Heißt es. Immerhin: Einer aus dem Sextett kann lebend gefangen werden.

++ KRAWALLE IM KAMPF UM UNABHÄNGIGKEIT VON SPANIEN ++ REFERENDUM VERBOTEN ++

Brutale Szenen auf den Straßen von Barcelona, die Guardia Civil schlägt zu

Katalonien am Rande eines Bürgerkrieges

■ Die Katalanen wollen einen eigenen Staat, frei sein von Spanien – Barcelona gegen Madrid. Der Chef der Regionalregierung, Carles Puigdemont (54), hat 2015 ein Unabhängigkeitsreferendum versprochen. Und führt es, trotz Verbots durch das Oberste Gericht Spaniens, am 1. Oktober durch. Es kommt in Barcelona zu schweren Zusammenstößen zwischen der Guardia Civil und Demonstranten. Die Nationalpolizei hinderte viele abzustimmen. Es gibt über 800 Verletzte. Madrid lehnt Verhandlungen über eine Unabhängigkeit ab, entmachtet die Regionalregierung und setzt Neuwahlen für Dezember an. Puigdemont flüchtet nach Belgien. Madrid erwirkt einen internationalen Haftbefehl gegen ihn.

Längst nicht alle Katalanen wollen keine Spanier mehr sein. Es gibt auch Demos für Madrid, für die Fahne des Königs

FLEISS

In Sömmerda wird am längsten gearbeitet

■ 1368 Stunden pro Jahr haben Erwerbstätige in Deutschland im Schnitt gearbeitet. Laut der Statistikämter für 2015 gibt es große regionale Unterschiede. In Sömmerda (Thüringen) waren es 1480 Stunden. Rekord! Dahinter: die Kreise Teltow-Fläming in Brandenburg (1476 Stunden), Hildburghausen in Thüringen (1475). In Delmenhorst (Niedersachsen) wurde nur 1243 Stunden gearbeitet.

Ican-Chefin Beatrice Fihn feiert den Nobelpreis mit Champagner

ÜBERRASCHUNG

Friedensnobelpreis geht an Atomwaffen-Gegner

■ Die Chefin hält den Anruf des Nobelpreis-Komitees am 6. Oktober erst für einen „Scherz". Aber Beatrice Fihn (34) täuscht sich – sie gewinnt mit der „Internationale" Kampagne zur Abschaffung von Atomwaffen" (Ican) tatsächlich den Friedensnobelpreis 2017. Hinter Ican, die nur ein 20-qm-Büro mit drei Mitarbeitern in Genf (Schweiz) betreibt, steckt ein Netz von 450 Friedensgruppen. Ican hat einen Verbotsvertrag für Nuklearwaffen durchgeboxt, der weiter reicht als die einschlägigen UN-Verträge – den aber bislang erst 50 Länder unterzeichnet haben.

Am 27. Oktober endet das traurige Märchen von Air Berlin

Ein Foto mit Symbol-Kraft: Air Berlin am Boden, die Lufthansa landet dagegen sicher

■ Es war einmal eine deutsche Airline. Leider hat das Märchen von Air Berlin kein Happy End. Am 27. Oktober stellt der Konzern mit dem Flug AB6210 von München nach Berlin den Geschäftsbetrieb ein. Es war am Ende kein Geschäft mehr. 39 Jahre nach der Gründung ist Air Berlin schon lange in den tiefroten Zahlen. Knallharter Preiskampf in der Luft, schwere strategische Fehler des Managements: Am Ende hat auch der Einstieg von „Etihad" als Großaktionär nichts gebracht. Mit 150 Mio. Euro Steuergeld hat die Bundesregierung im August nur das sofortige Grounding verhindert, damit Urlauber aus ihren Sommerferien heimfliegen können. Die Lufthansa und Easyjet wollen Teile des Pleite-Konzerns übernehmen. Und Abertausende Kunden, die Flüge mir der Pleite-Airline gebucht und längst bezahlt haben, werden leer ausgehen.

FAST 60 PROZENT

Deutsche fühlen sich als „kleiner Mann"

■ Wenn Politiker vom „kleinen Mann" sprechen, fühlen sich 58,9 % der Deutschen angesprochen, Männer (60,7 %) deutlich mehr als Frauen (53,3 %). Und das unabhängig von Einkommen, Bildung, Parteipräferenz und der Region, in der man wohnt. Meinungsforscher Hermann Binkert (INSA): „Das sagt viel aus über den Eindruck, nicht ernst genommen zu werden."

NACH 29 JAHREN

Gladbeck-Mörder Degowski kommt frei

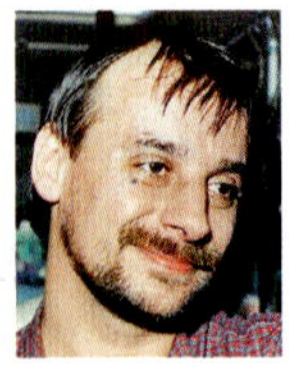

■ Seine Tat erschütterte ganz Deutschland! Mit seinem Komplizen **Hans-Jürgen Rösner** überfiel **Dieter Degowski** (60, Foto) im August 1988 eine Bank in Gladbeck (NRW), nahm Geiseln, erschoss auf der Flucht den Schüler **Emanuele de Giorgi** († 15). Im Oktober teilt das Landgericht Arnsberg mit, dass der zu lebenslang verurteilte Degowski nach 29 Jahren entlassen wird. Irgendwann in den folgenden Monaten, unter einem neuen Namen. Beim Gladbeck-Drama starben drei Menschen, neben de Giorgi auch die Geisel **Silke Bischoff** († 18) und ein Polizist (durch einen Unfall bei der Verfolgung). Und Rösner? Will jetzt auch freikommen.

ZUR KASSE!

Neue Bußgelder für Handy-Sünder in Kraft

■ Ab 19. Oktober gelten neue, deftige Bußgelder im Straßenverkehr. Vor allem, was die Nutzung des Handys angeht, wird´s jetzt richtig teuer: Handy am Steuer kostet 100 Euro (statt 60). Mit Gefährdung 150 Euro plus 1 Monat Fahrverbot. Bei Unfall 200 Euro plus 1 Monat Fahrverbot. Radfahrer, die unterwegs mit dem Handy hantieren, sind ab jetzt mit 55 Euro (statt 25) dabei. Das Nichtbilden einer Rettungsgasse (auf Autobahnen und außerorts): 200 Euro (statt 20), mit Behinderung 240 Euro plus ein Monat Fahrverbot.

PROZESS UM DEN MORD AN KIMS HALBBRUDER

Der Diktator, die Frauen & der tote Bruder

Siti Aisyah, eine der beiden Angeklagten. Sie sagt, sie sei unschuldig

■ In Kuala Lumpur beginnt der Prozess gegen Doan Thi Huong (29, Vietnamesin) und Siti Aisyah (25, Indonesierin). Sie sollen am 13. Februar am Flughafen der malaysischen Hauptstadt Kim Jong-nam (45) mit dem Nervengas VX getötet haben. Jong-nam ist ein Halbbruder von Nordkoreas Diktator Kim Jong-un (33) – und sein Feind. Die unbekannten Auftraggeber des Mordes hatten den Frauen offenbar erklärt, es handele sich um einen Scherz – wie bei der „Versteckten Kamera". Sie sollten dem Mann ein Tuch ins Gesicht drücken.

Nordkorea will von einem Mordauftrag natürlich nichts wissen. Den Frauen droht die Todesstrafe.

Samstag, 21. Oktober

Montag, 23. Oktober

Dienstag, 24. Oktober

Mittwoch, 25. Oktober

SUSANNE († 60) SCHLENDERTE VOM BIERGARTEN ZUM BUS

Erwürgt, weil ihr Mörder nicht abgeschoben wurde

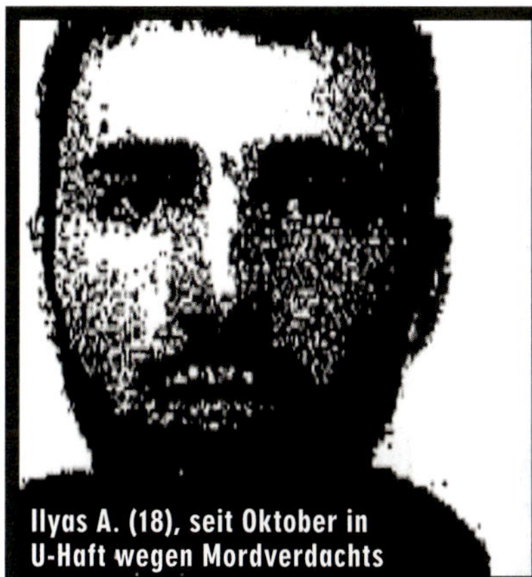
Ilyas A. (18), seit Oktober in U-Haft wegen Mordverdachts

■ Ein junger Mann, der längst hätte abgeschoben werden müssen, kommt im Oktober in Berlin in U-Haft. Ilyas A. (18), Tschetschene, soll die Kunsthistorikerin Dr. Susanne Fontaine († 60) erwürgt haben. Sie war auf dem Heimweg vom Biergarten, der Killer erbeutete 50 Euro und ihr Handy. Der Fall offenbart ein absurdes Behördenversagen. Ilyas A. wird im September 2015 u.a. wegen Raub zu 18 Monaten Jugendhaft verurteilt. Danach soll er nach Russland abgeschoben werden. Im Dezember 2016 wird Ilyas A. entlassen – aber nicht abgeschoben. Er ist ja erst 17. Anfang August 2017 ist er 18 – und bleibt unbehelligt, obwohl er in der Zwischenzeit erneut strafbar wurde. Und am 5. September tötet er die Kunsthistorikerin, die u.a. Schloss Glienicke verwaltet. Laut Berliner Innenbehörde haben die russischen Behörden bis zuletzt keine Zusage bezüglich der Aufnahme von Ilyas A. gegeben. Merkwürdig: Eigentlich hätte der Tschetschene nach Polen abgeschoben werden müssen. Von dort ist er nach Deutschland eingereist. Dort lebt auch seine Familie. Dort wurde er nach dem Mord gefasst. Ein Wahnsinn.

Der Tatort im Tiergarten: Das Opfer war auf dem Weg zur Bushaltestelle

Das Mordopfer: Dr. Susanne Fontaine († 60)

189 000 EURO „STRASSENAUSBAU-BEITRAG“

Fies! Behörde ruiniert Bauer Uli

„Eine Katastrophe“: Bauer Ulrich Albert

■ Rechtlich ist wohl alles einwandfrei. Es ist der normale deutsche Wahnsinn. Bauer Ulrich Albert (61) aus Lütjenburg (Schleswig-Holstein) muss 189 000 Euro „Straßenausbaubeitrag“ zahlen für die Ausbesserung einer Straße, die an seinen Feldern vorbeiführt (950 Meter). Das hat ein Gericht entschieden, nachdem die Gemeinde sogar 218 000 Euro von Bauer Uli haben wollte. Der sagt jetzt: „Das ist die totale Katastrophe.“ Der Hof, den er an den Sohn weitergeben wollte – kaum zu halten. Und der Bürgermeister sagt trocken: Die Straße musste saniert werden. Na klar, der Bürger zahlt ja.

Die Straße (gelb) führt an Feldern vorbei zu einem Museum. Rechts das Gehöft des Bauern

ATTENTATE IN LAS VEGAS UND NEW YORK ++ ZWEI EINZELTÄTER ++ WIEDER VIELE TOTE

Las Vegas: Das Festivalgelände mit Bühne (l.) vor dem „Mandala Bay". Aus einem Fenster im 32. Stock hat der Attentäter das Feuer eröffnet – 280 Schüsse allein in der ersten halben Minute

Anschläge treffen ins Herz der Amerikaner

■ Nie zuvor hat in den USA ein Einzeltäter bei einem Anschlag so viele Menschen getötet und verletzt: Am Abend des 1. Oktober eröffnet Stephen Paddock (64) aus dem Fenster seiner Suite im „Mandala Bay Resort" in Las Vegas das Feuer auf Besucher eines Musik-Festivals. Er hat ein ganzes Waffen-Arsenal ins Hotel geschmuggelt, schießt mit Schnellfeuer-Gewehren – 58 Menschen sterben, 527 werden verletzt, bevor sich Paddock in seiner Suite selbst richtet. Sein Motiv bleibt rätselhaft, Paddock ist kein Terrorist, kein Extremist. Aber ein Massenmörder.

■ Mit einem gemieteten Pick-up überfährt am Nachmittag des 31. Oktober ein Mann im „Hudson River Park" in New York zahlreiche Menschen. Furchtbare Bilanz: acht Tote, viele Verletzte. Der Fahrer, ein ISIS-Anhänger, wird angeschossen und überwältigt: Sayfullo Saipov (29), ein Usbeke, seit 2010 in den USA. Verheiratet, drei Kinder. Saipov erklärt später, ISIS-Videos hätten ihn inspiriert.

Die Halloween-Parade mit zwei Millionen Besuchern findet wie geplant unter starkem Polizeischutz statt. New York lässt sich nicht einschüchtern.

New York: Auf einem Radweg im Park hat der Pick-up des ISIS-Anhängers unschuldige Menschen überrollt

Donnerstag, 26. Oktober

Freitag, 27. Oktober

Samstag, 28. Oktober

Montag, 30. Oktober

HEYNCKES ZURÜCK AUS DER FUSSBALL-RENTE

Triple-Jupp wieder Bayern-Trainer

■ Im Fußball gibt es Wunder und Jupp Heynckes (72). Gut vier Jahre nach seinem fabelhaften Abschied mit dem Triple (Meisterschaft, Pokal, CL-Sieg) heuert „Don Jupp" im Oktober wieder bei Bayern an. Als Helfer in der Not – bis Saisonende (erst mal). Carlo Ancelotti (58) hat nach dem 0:3-Desaster bei Paris St.-Germain gehen müssen. In der Bundesliga liegen die Bayern nach sieben Spieltagen fünf Punkte hinter Dortmund. Jupp macht – und die Bayern sind wieder die Bayern. Schon Ende Dezember kann der BVB den FCB an der Spitze nur noch mit dem Fernglas sehen. Die Bayern sind im CL-Achtelfinale und freuen sich auf Dortmund im Pokal-Achtelfinale. Das nächste Triple – machbar.

Jupp Heynckes (72)

KRISE

Schmadtke hat beim 1. FC Köln fertig

■ Nach der Traum-Saison 2016/2017 mit Platz 5 und dem Platz in der Europa-League wird die Bundesliga für den 1. FC Köln zum Albtraum. Nach 9 Spielen haben die Kölner katastrophale 3 Pünktchen. Sportdirektor **Jörg Schmadke** (53, Foto) will bei der Klubführung einen „Impuls setzen", heißt, Trainer **Peter Stöger** (51) entlassen. Aber das wird abgelehnt, der Erfolgstrainer hat viel Rückhalt. Deshalb schmeißt Schmadtke selbst hin. Helfen tut das Stöger nicht und dem FC nicht. Im Advent sind für die Kölner längst alle Bundesliga-Kerzen erloschen. Bitter!

Leon Goretzka macht mit der rechten Hacke das 1:0 gegen Aserbaidschan

DEUTSCHER WELTREKORD

10 Spiele, 10 Siege in der WM-Qualifikation

■ Glück haben sie schon gehabt bei der Auslosung, aber trotzdem musst du erst mal zeigen, wie gut du wirklich bist: In der WM-Quali gewinnt Deutschland 10 von 10 Spielen (gegen Tschechien, Nordirland, Aserbaidschan, San Marino Norwegen). Torverhältnis: 43:4. So gut hat noch keine Mannschaft eine Quali beendet. Der Schlusspunkt, ein 5:1 am 8. Oktober gegen Aserbaidschan. In Russland 2018 warten andere Kaliber auf Jogi Löws (57) Team. Aber, sorry, Titelfavorit sind wieder mal wir.

ROBBEN-RÜCKTRITT

WM ohne Holland!

■ Holland beerdigt seine WM-Träume. Letztes Spiel, Europagruppe A. Das Team um Kapitän Arjen Robben (33) müsste 7:0 gewinnen, um Schweden vom 2. Platz zu verdrängen, die Play-offs zu erreichen. 7:0 schlagen die Holländer aber nicht mal Luxemburg. Schweden erlaubt den Gastgebern in Amsterdam ein 2:0 – zieht in die Play-offs gegen Italien ein. Robben erklärt unter Tränen seinen Rücktritt.

Robben macht 2 Tore und erklärt seinen Rücktritt

Alle 8ung!

■ In Sarasota/Florida geht aus deutscher Sicht eine lange Durststrecke zu Ende: Bei der Ruder-WM holt der Deutschland-Achter zum ersten Mal seit 2011 wieder Gold, vor Gastgeber USA und Italien. Schlagmann Hannes Ocik (26) rang im Ziel kurz nach Luft, brachte das Boot dann jubelnd fast zum Kentern. Der Deutschland-Achter – nach Silber bei Olympia in Rio 2017 praktisch nicht zu schlagen. Der Triumph in Sarasota ist der 12. Sieg im 12. Rennen. Besser geht´s nicht!

RUDER-WM

Harvey Weinstein und das überfällige Ende des Schweigens

„Du sollst hier nicht nur schön schreiben, sondern auch schön mit mir ficken!“ Dieser Satz, gefallen in den 90ern in einer großen deutschen Redaktion, zitiert von STERN-Autorin Ulrike Posche, bringt in griffigen Worten auf den Punkt, warum sie zwingend nötig und längst überfällig war, die Diskussion um Sexismus und sexuelle Nötigung von Frauen in unserer Gesellschaft!

2017 wird für immer verbunden sein mit dem Harvey-Weinstein-Skandal und der #MeToo-Bewegung. In Amerika und auch bei uns. Das Thema beherrscht Gespräche unter Freunden und Kollegen, Talkshows und alle Nachrichtenmagazine.

Hollywood, weit weg und doch so nah. Was Gwyneth, Angelina und Uma mit dem feisten Filmproduzenten erlebt haben, das kennen auch Sabine, Stefanie und Hildegard. Und wie die berühmten Schauspielerinnen haben auch sie lange über das Erlebte geschwiegen. Eine nach der anderen kommt nun raus mit ihrer Geschichte, die auf eklige, leider oft auch brutale Weise darlegt, was Frauen im Beruf erleben. Nicht alle Frauen. Und weiß Gott nicht mit allen Vorgesetzten. Hier sei eine Lanze gebrochen für viele Männer, die das, was jetzt ans Tageslicht quillt, als unvorstellbar empfinden.
Was unvorstellbar ist, kann doch nicht wahr sein. Und genau dieser Unglaube hat dafür gesorgt, dass Frauen verunglimpft wurden: „Da muss die doch noch was dazu gedichtet haben. Da will sich aber eine wichtig machen. Da will eine aber den Mann vernichten.“

MARLENE LUFEN
TV-Moderatorin

Diese Argumente kennt man als Frau. Sie klingen in deinem Ohr, wenn ein sexueller Übergriff passiert. Und weil du keine Lust hast, nach einer ekelhaften Begegnung hinterher als Schlampe dargestellt zu werden, schweigst du lieber.

Das funktioniert seit Jahrhunderten und es funktioniert genauso bei Männern, wenn sie in eine solche Situation geraten. Der Fall Kevin Spacey zeigt, dass auch Männer lieber schweigen als sich der Rache eines mächtigen Täters auszusetzen. Warum sprechen jetzt alle (in Wahrheit noch immer nur ein Bruchteil) aus, was offenbar seit Jahren Praxis in der Arbeitswelt ist? Ist das nicht feige, so lange zu schweigen? Und springen jetzt womöglich Frauen auf den Zug auf, die gerne mal ihren Namen in prominenten Artikeln lesen wollen?

Mag sein, dass das vereinzelt vorkommt. Aber die Vergangenheit zeigt, dass erst eine ungeheure Zahl an Betroffenen den Aussagen Glaubwürdigkeit verschafft. 35 Frauen gegen Bill Cosby, mindestens so viele gegen Harvey Weinstein, allein bei „House of Cards“ acht Mitarbeiter gegen Kevin Spacey. Der singuläre Vorwurf einer einzelnen Person hatte im Normalfall nur eine einzige Konsequenz: das Ende der Karriere des Opfers. Schon 2004 hätte es einen Artikel in der „New York Times“ zu Weinsteins Machenschaften geben können. Er war fertig geschrieben, es gab schon damals genug Vorwürfe. Doch Seilschaften zwischen der Zeitung und Hollywood killten die Veröffentlichung.

Diese Frauen haben geschwiegen, weil sie wussten, dass sie sich selbst mit dem Vorwurf das Leben zur Hölle machen würden. Also lieber Haken dran und vergessen. Das ist oft die einzige Entscheidung, die Betroffene selbst fällen können und eine Form der zurückgewonnenen Selbstbestimmung.

Übergriffe finden in Deutschland genauso statt wie in Hollywood. Ist es in der Unterhaltungsbranche schlimmer als anderswo? Ich fürchte ja, denn die Gelegenheiten sind zahlreicher, in denen mächtige Chefs über die Karrieren von Frauen entscheiden. In unserer Branche möchten manche Glauben machen, es hätte alles mit Sympathie, Einschleimerei und womöglich Sich-Hoch-Schlafen zu tun. Nichts davon trifft übrigens zu.
In den 20 Jahren, die ich für das Fernsehen arbeite, erlebe ich, dass Frauen nur dann mehr Verantwortung erlangen und mehr Gehalt, wenn sie besonders gut sind.

Haben uns also die Diskussion über Sexismus, das Ausmaß sexueller Nötigung am Arbeitsplatz und der eklige Harvey Weinstein weitergebracht als Gesellschaft? Wird es in Zukunft weniger selbstzerstörerisch sein, über ein solches Erlebnis zu berichten? Ich glaube, dass dem so ist und das ist die gute Nachricht. Es wird jetzt anders diskutiert, besonnener, kenntnisreicher. Während früher bei praktisch jedem öffentlichen Vorwurf sofort die Möglichkeit einer Falschbeschuldigung angeführt wurde, scheint die Realität heute bekannter zu sein. Männer können sich heute unbeschwerter an die Seite von Betroffenen stellen, die den Mut haben, einen Übergriff offen zu legen. Frauen haben zahlreich und überall auf der Welt #MeToo gerufen und Männer haben sie unterstützt. Ich sehe das als einen Meilenstein, der im Jahr 2017 erreicht wurde!

Harvey Weinstein bei der Oscar-Verleihung 1999 mit einem seiner mutmaßlichen Opfer: Gwyneth Paltrow (damals 26), beste Hauptdarstellerin in „Shakespeare in Love". Der von Weinstein produzierte Film räumt sieben Oscars ab

NOVEMBER 2017

Perfekte Inszenierung für ein perfektes Paar

London, 27. November. Hand in Hand treten Prinz Harry (33) und seine Meghan (36) in den Garten des Kensington-Palastes. Der Ort ist mit Bedacht gewählt: Harrys Mutter, Lady Diana († 1997), war hier oft und gern, als Harry noch ein kleines Kind war. Jetzt ist er hier, um der Welt-Öffentlichkeit zu sagen: Er wird die amerikanische Schauspielerin heiraten. Im nächsten Frühjahr. An Meghans linker Hand funkelt der Verlobungsring. Harry hat ihn selbst entworfen.

DAS ERSTE INTERVIEW Die Frischverlobten auf der Couch für die BBC

Den Verlobungsring hat Harry selbst entworfen

„Vom ersten Tag an wusste ich, dass sie die Richtige ist", sagt Prinz Harry. Jetzt ist er mit Meghan verlobt, die Welt freut sich auf eine Traumhochzeit im Mai

Am Ring funkeln Dianas Diamanten

Arm in Arm laufen Harry und Meghan in ihr neues Leben

Die Queen ist „außer sich vor Freude", lässt der Buckingham-Palast wissen. Und die Queen ist eher selten „außer sich". Zuerst hat es Harry (33) seiner Großmutter, Queen Elizabeth II. (91), gesagt, sicher auch seinem Vater, Prinz Charles (69). Und dann hat er Meghan Markle (36, geschieden) im November den Heiratsantrag gemacht – beim gemeinsamen Kochen (Hähnchen aus dem Ofen) daheim in seinem Nottingham Cottage. Sie hat sofort JA gesagt. „Es war so süß, so natürlich und romantisch", sagt sie im Interview mit der BBC. Den Verlobungsring hat Harry selbst entworfen. Der Juwelier der britischen Royals fertigte den Goldring mit zwei kleinen Diamanten aus dem Erbe von Lady Di sowie einem großen Stein aus Botswana (Afrika). Harry und die US-Schauspielerin hatten sich 2016 kennengelernt. Nach etwa einem halben Jahr machte Harry die Beziehung öffentlich. Der Druck auf die beiden war enorm. Aber sie haben ihm standgehalten.

Geheiratet wird in der St. George´s-Kapelle auf Schloss Windsor, wo Harry getauft wurde. Meghan trägt dann den Titel „Her Royal Highness", Herzogin von Sussex.

Dezember 1986: Der kleine Harry mit seinem Bruder William und den Eltern, Prinz Charles und Lady Di

Fröhlich, lässig, international – das sind die Royals von morgen. Meghan ist geschieden, die Mutter unterrichtet Yoga und die beste Freundin ist ein Tennis-Idol

MAMA IST DIE BESTE Meghan mit ihrer Mutter, der Yoga-Lehrerin Doria Ragland (61)

DIE SCHÖNSTE ROLLE Meghan trug für die US-Serie „Suits" ein Brautkleid von „Anne Barge"

DIE STYLING QUEEN Jessica Mulroney (l.) ist seit Jahren eng mit Meghan befreundet

ENGE FREUNDINNEN Tennis-Idol Serena Williams (36) gehört zu Meghans engstem Freundeskreis

TUSCHELN BEIM SPORT Harry und Meghan in Toronto bei den „Invictus Games" für kriegsversehrte Soldaten

NORBERT KÖRZDÖRFER
BILD-Reporter

Eine märchenhafte Liebe mit dem Reiz und dem Zauber des Möglichen

Wer Prinz Harry (33) trifft, mag ihn. Typ „Prinz Kumpel", roter Wuschelkopf, rosa Bartstoppeln, offene blaue Augen, lässig-schlaksig (1,82 m) mit der Körpersprache eines Rugby-Soldaten und Snowboarders. Ein Mann zum Biertrinken.

Harry ist der Prinz, der nie König wird (Nr. 5 in der Thronfolge). Gelebte Konsequenz: Er wurde das wilde Schaf der Royals. Nackt-Fotos, Nazi-Kostüm, Kneipen-Skandale, Party-Orgien.

Hinter dem Glanz allzu menschliche Schatten: Psychotherapie wegen des Unfall-Todes seiner Mutter Lady Diana († 36), als er 12 war (schwere Minderwertigkeitsgefühle).

Aber: Es gibt auch Harry, den Helden: Pilot im Apache-Kampfhubschrauber in Afghanistan, Expedition zum Südpol, ein freiwilliger Einsatz im Irak wurde aus Sicherheitsgründen abgesagt.

Das Wunder Harry: Er ist der Stachel in der Königsfamilie – aber auch der Freieste, Lustigste.

Wie konnte ein Hollywood-Star Harry zähmen? Er verliebte sich in sie beim Fernsehgucken (die Kult-Anwaltsserie „Suits"). Meghan Markle (36) kannte Harry gar nicht: „In Amerika ist die Königsfamilie kein so großes Ding!" Eine Freundin arrangierte ein Date. Aus dem Flirt wurde eine einsame, zweisame Camping-Woche in Afrika.

Weil dieses Märchen so unmöglich schien, hatte diese märchenhafte Liebe den Reiz und Zauber des Möglichen.

Beim Hähnchengrillen kniete sich Harry hin und hielt um ihre Hand an. Zwei Fremde, zwei Welten, zwei Liebende.

Meghan ist ein Kind der neuen Welt (Mutter: Yoga-Lehrerin, Vater: Kameramann).

Harry: aus der berühmtesten Monarchie der Erde, begehrtester Prinz der Welt.

Ihr neues Heim: das Gartenhaus im Kensington-Palast, wo auch William und Kate wohnen: „Hoffentlich räubert Harry nicht unseren Kühlschrank aus."

Die Queen (92) ist happy. Harry: „Ihre Corgi-Hunde haben Meghan gleich ins Herz geschlossen. Mich bellen sie seit 33 Jahren an!"

Und Lady Diana lächelt vermutlich im Himmel. Harry: „Sie ist immer bei uns und gerade hüpft sie vor Freude nur an einem anderen Ort."

Mittwoch, 1. November

Donnerstag, 2. November

Freitag, 3. November

Samstag, 4. November

FDP-CHEF LINDNER BRICHT SONDIERUNG MIT UNION UND GRÜNEN AB

AUS! Jamaika abgesagt

Christian Lindner sagt, die FDP wolle sich nicht verbiegen lassen. Er hat das Land in der Nacht zum 20. November kalt erwischt

Es ist, politisch, der Knall des Jahres. 19. November, ein Sonntag. In Baden-Würt-tembergs Berliner Landesvertretung sondieren Union, Grüne und Liberale über die Aufnahme von Verhandlungen über eine Jamaika-Koalition. Man ist auf der Zielgeraden, denken (fast) alle. Letzte Details. Immerhin sind seit der Bundestagswahl acht Wochen vergangen.
Um 23.44 Uhr verlässt FDP-Chef Christian Lindner (38) die Verhandlungen, tritt draußen in der Kälte allein vor die Presse. Und sagt: „Unsere Bereitschaft zum gemeinsamen Handeln ist erschöpft." Die FDP erklärt die Sondierungen im Alleingang für gescheitert. Die Liberalen haben dafür sogar gleich einen Slogan: „Es ist besser, nicht zu regieren, als falsch zu regieren."
Grüne und Union sind geschockt, wissen angeblich nicht, warum genau die FDP jetzt nicht mehr will. Die Abschaffung des Soli? Die Flüchtlings-Politik? Bildung?
Wie weiter? Die SPD will nicht regieren, die FDP auch nicht. Grüne und Union haben keine Mehrheit. Die AfD will gar keiner. Neuwahlen? Echt? Dafür braucht es den Bundespräsidenten …

Die CSU-Verhandler Horst Seehofer und Alexander Dobrindt mit Kanzlerin Angela Merkel

Die Grünen-Spitzen Cem Özdemir und Karin Göring-Eckardt

HEUTE!
24 MENSCHEN IN KIRCHE ERSCHOSSEN
BORIS SCHLÄGT ZURÜCK!
CASH CALL!
Erstmal zu Penny
MONTAG, 6. NOVEMBER 2017
Bild
Bin ich nur vergesslich oder schon krank?
DEMENZ
Der große Test

Montag, 6. November

DIENSTAG, 7. NOVEMBER 2017
Bild
Sind die kleinen Leute wirklich ehrlicher als die Reichen?
Die Wahrheit über Steuer-Betrug in Deutschland
Video-Boss Krug abgesetzt!
Cash Call wieder da
800 000 Euro zu gewinnen
WENIGER UNTERHALT FÜR SO VIELE KINDER!

Dienstag, 7. November

MITTWOCH, 8. NOVEMBER 2017
Bild
CASH CALL
1 Million Euro zu gewinnen
Panik-Attacken aus Angst vor dem Tod
Strafbefehl wegen Steuerhinterziehung
Finanzamt jagt Chef aller Sparkassen

Mittwoch, 8. November

DONNERSTAG, 9. NOVEMBER 2017
Bild
UNSER 1. BOND-GIRL
Karin Dor tot im Pflegeheim
CASH CALL
800 000 Euro zu gewinnen!
NEUE TÜV-LISTE
Finger weg von diesen Gebrauchten!
Höchstes Gericht beschließt das 3. Geschlecht

Donnerstag, 9. November

TRAURIG

Susan Stahnke insolvent

■ Man staunt, wie lange das schon her ist: In den Neunzigerjahren war Susan Stahnke (50) „Tagesschau"-Sprecherin, beliebt, geschätzt. 1999 verließ sie die ARD, als es Kritik an erotischen Fotos für ein People-Magazin gab. Schauspielerin wollte Susan Stahnke werden, aber das hat nicht so richtig geklappt. Am 2. November enthüllt BILD, dass sie unternehmerische Insolvenz anmelden musste. Im März schon wurde am Amtsgericht Hamburg das Verfahren eröffnet. Für einen Zeitraum von bis zu sechs Jahren muss die TV-Moderatorin den pfändbaren Teil ihres Einkommens an einen Insolvenzverwalter abführen. Die genaue Schuldensumme ist nicht bekannt.

2004: Susan Stahnke (mit Daniel Küblböck) im ersten RTL-„Dschungelcamp"

MIT 93 JAHREN

Mugabe entmachtet

■ Er will sich 2018 allen Ernstes wieder zum Präsidenten von Simbabwe wählen lassen, aber am 17. November ist für Robert Mugabe (93) Schluss. Das Militär putscht, der greise Diktator hat jetzt Hausarrest. Seine Regierungspartei setzt ihn ab, seine Ehefrau Grace (52), die auch gern mal Präsidentin werden wollte, wird aus der Partei geworfen. Mugabe hat das Land im Süden Afrikas in den 37 Jahren seiner Herrschaft durch Vetternwirtschaft und Korruption ruiniert.

Ältester Staatschef der Welt: Robert Mugabe mit seiner gut 40 Jahre jüngeren Frau Grace

DEUTSCHE AUTOFAHRER REICHEN KLAGE EIN

VW soll 250 Mio. Euro zahlen

■ 15 374 deutsche Autobesitzer reichen am 6. November beim Landgericht Braunschweig Klage gegen VW ein. Sie wollen für ihre Schummel-Diesel das Geld zurück. Es geht insgesamt um rund 250 Millionen Euro. Die Klageschrift ist 1700 Seiten stark.
Weil es in Deutschland keine Sammelklagen gibt, haben die Autobesitzer ihre Ansprüche gegen Volkswagen an die „financialright GmbH", einen in Deutschland zugelassenen Rechtsdienstleister, abgetreten.
VW hält die Forderungen für völlig unbegründet. Alle Fahrzeuge seien „technisch sicher und fahrbereit", betont ein Sprecher.
Trotz allem Ärger um den Diesel-Skandal: Die VW-Aktie steigt allein im 2. Halbjahr 2017 um mehr als 30 Prozent.

RHINOZEROS MIT KALB ERSCHOSSEN

Das Werk der Wilderer

■ Als würde sie schlafen, liegt diese trächtige Rhinozeros-Kuh mit ihrem zweijährigen Kalb im Pilanesberg-Nationalpark in Südafrika. Doch die Tiere sind tot – erschossen von Wilderern. Sie töten jährlich rund 1000 Rhinozerosse, verkaufen die Hörner für bis zu 10 000 Euro pro Kilo als „Medizin" nach Asien. Als die Täter die Hörner absägen wollten, wurden sie gestört und flohen ohne Beute. Auch das ungeborene Kalb starb. Das macht richtig wütend.

„Meistens ist eine einfache Idee auch eine gute Idee“

Nur 1,57 m groß, aber auf der Bühne ein Riese: Malcolm Young, Gründer und Gitarrist von AC/DC

■ Die Rockwelt trauert um den besten Rhythmus-Gitarristen aller Zeiten: Am 18. November stirbt Malcolm Young, Gründer von AC/DC („Highway to Hell“) mit 64 Jahren in Australien. Er war lange krank, litt nach einem Schlaganfall an Demenz. „Er war er die treibende Kraft hinter der Band“, heißt es in einem bewegenden Facebook-Post von AC/DC am Tag seines Todes. „Als Gitarrist, Songwriter und Visionär war er ein Perfektionist und ein einzigartiger Mann“, schreiben seine Band-Kollegen. „Er war sehr stolz auf alles, was er getan hat.“

1973 gründete Malcolm Young, der Ehefrau Linda und zwei Kinder hinterlässt, die Band, zunächst allein – später stieg sein jüngerer Bruder Angus (heute 62) mit ein. Youngs Wurzeln liegen in Schottland. Im Januar 1953 wurde er in Glasgow als siebtes von acht Kindern geboren. Eine Arbeiterfamilie, die nach Sydney (Australien) zog, als der Vater keinen Job mehr fand, mit dem er für die große Familie hätte sorgen können.

Malcolms Schwester Margaret brachte ihre Brüder zur Musik, nahm sie mit zu Konzerten – und hatte auch die Idee für den Band-Namen. Das Zeichen für Wechselstrom/Gleichstrom fand sie auf ihrer Nähmaschine.

Mehr als 200 Millionen Platten haben AC/DC weltweit verkauft. Aber die Band hat nicht nur Musik verkauft – AC/DC ist ein Glaubensbekenntnis, eine Lebenseinstellung. Einmal AC/DC, immer AC/DC. Forever Young.

MALCOLM YOUNG

Der Gründer von AC/DC stirbt mit 64 Jahren nach jahrelanger Demenz

Freitag, 10. November

Samstag, 11. November

Montag, 13. November

Dienstag, 14. November

AFFÄRE

Notlandung wegen Ehekrach am Himmel

■ Ein iranisches Ehepaar auf dem Flug von Doha (Katar) nach Bali: Der Mann schläft tief und fest. Seine Frau neben ihm entsperrt mit seinem Fingerabdruck sein Handy – und entdeckt, dass ihr Gatte eine Affäre hat. Sie schlägt sofort auf ihn ein – immer wieder. Weil sie sich auch von den Stewardessen nicht beruhigen lässt, macht der Pilot eine außerplanmäßige Landung in Chennai (Indien) – und wirft das Ehepaar samt Kind aus der Maschine.

FORSCHER

Menschen sollten nicht zum Mars fliegen

■ Auch wenn es faszinierend erscheint, sollten Menschen besser nicht zum Planeten Mars reisen. Schon nach drei Monaten in der Schwerelosigkeit verändere sich die Gehirnstruktur gravierend, belegt eine im November vorgestellte Studie der Uni-Klinik Frankfurt. Die Forscher hatten die Gehirne von 34 Astronauten untersucht. Viele klagten über Sehstörungen und Kopfschmerzen. Ein bemannter Flug zum Mars würde nach heutigem Stand der Technik etwa sieben Monate dauern.

Die Moschee im Dorf Bir al-Abed, Schauplatz eines Massakers an Moslems

ISIS-Terroristen töten auf dem Sinai 305 Moschee-Besucher

■ Die Gläubigen haben gerade das Freitagsgebet beendet, verlassen gerade die Al-Rawdah-Moschee im Norden der ägyptischen Sinai-Halbinsel, als der Terror mit Bomben und Schüssen losbricht.
305 Menschen, darunter 27 Kinder, werden bei dem blutigen Anschlag Ende November getötet, 128 weitere verletzt. Ein Terrorist hat sich im Eingang des Gebäudes in die Luft gesprengt. Als die Menschen flüchten, schießen 40 Vermummte auf sie.
Seit Jahren überzieht ein ägyptischer ISIS-Zweig den Sinai mit Terror, tötet Polizisten, Soldaten, Christen. Und jetzt auch Muslime. Die Al-Rawdah-Moschee ist Anlaufpunkt für Anhänger des Sufismus, einer islamischen Glaubensströmung mit mystischen Inhalten. Bei vielen konservativen, sunnitischen Muslimen gelten Sufisten als Abtrünnige.
Rund 15 Terroristen sterben bei einer Schießerei mit Sicherheitskräften, die anderen entkommen.

STRAFBEFEHL WEGEN STEUERHINTERZIEHUNG

Chef aller deutschen Sparkassen muss gehen

Da lacht er: Georg Fahrenschon mit dem Sparkasen-Schwein

■ Der Mann war Finanzminister in Bayern, ist jetzt Präsident des Sparkassen- und Giroverbands: Georg Fahrenschon (49, CSU). Im November soll er als oberster Sparkassenchef wiedergewählt werden. Da enthüllt „BILD am SONNTAG", dass das Amtsgericht München gegen Fahrenschon einen Strafbefehl wegen Steuerhinterziehung erlassen hat. Fahrenschons dürre Erklärung: „Ich habe meine Einkommen- und Umsatzsteuererklärungen für die Jahre 2012 bis 2014 verspätet, nämlich erst im Jahr 2016, beim zuständigen Finanzamt abgegeben. Das ist ein Versäumnis, das ich sehr bedaure." Er glaubt, anders als der Staatsanwalt, dass er sich nicht strafbar gemacht hat. Er habe 2016 alle Steuern mit Säumniszuschlägen nachgezahlt. Fahrenschon akzeptiert den Strafbefehl nicht, es wird zum Prozess kommen. Als Sparkassenpräsident muss er noch im November abtreten.

BAMBI

Ganz großes Kino bei der 69. Verleihung

Claudia Schiffer (in „Versace"), ausgezeichnet in der Kategorie Fashion

Laudatorin Iris Berben herzt Preisträger Hugh Jackman

Bambi-Preisträgerin Diane Kruger

★ **WO?** ★
Stage Theater, Potsdamer Platz, Berlin

★ **WER?** ★
Die Helden unserer Zeit, Promis und Nicht-Promis

★ **WARUM?** ★
Ausgezeichnet für heldenhafte und bewegende Taten

Claudia Schiffer begeistert Berlin

Bei der 69. Bambi-Verleihung ist Supermodel Claudia Schiffer (47) für die Fotografen der Star auf dem diesmal schwarzen Teppich am Potsdamer Platz in Berlin. Dabei ist die Promi-Konkurrenz groß: Rita Ora (26), Arnold Schwarzenegger (70), Tom Jones (77), Hugh Jackman (49), Diane Kruger (41). Helene Fischer (33, „Musik National") darf sich über ein Goldenes Reh freuen, Joachim Gauck (77, „Millenium") und Heino Ferch (54, „Schauspieler National") auch. Der Mut-Bambi geht an den chinesischen Künstler und Menschenrechtler Ai Weiwei (60). Klasse!

Birgit Schrowange mit ihrem neuen Freund Frank

Klimaschutz-Bambi für Arnold Schwarzenegger

Außenminister Sigmar Gabriel applaudiert Ai Weiwei

Starker Auftritt: Helene Fischer, Preisträgerin „Musik National"

Musik-Legende und Bambi-Preisträger Tom Jones

Bild
Darum lärn unsre Kinda Nich mer richtich Schreibn!
Schweiger for Gäricht
Grundschul-Irrsinn „Schreiben nach Gehör"

Mittwoch, 15. November

Bild
So kaufte Katar die WM
Ältere sind nur Kunden 2. Klasse!
Wagner bat um Freigabe für Bayern
Erster Zeuge packt vor US-Gericht aus
Fifa-Bonzen mit Millionen bestochen
„Sie schüttelten ihn und fragten: Stimmst du nicht für Katar?"
Beschummelt Helene Fischer ihre Fans?

Donnerstag, 16. November

Bild
Runen-Tattoos, Hitler-Bild in der Wohnung, rechtsextreme Musik
Nazi-Polizist kassiert seit 10 Jahren fürs Nichtstun
Erstmal zu Penny
SCHAND-URTEIL IN FRANKFURT
Neuer Auba-Skandal
Die härtesten Hartz-IV-Strafen!

Freitag, 17. November

Bild
NEUWAHLEN, ODER...
Das passiert, wenn Jamaika platzt!
Boris will nicht mehr Boris sein
1:2 in Stuttgart! BVB verliert nach Auba-Rauswurf

Samstag, 18. November

HANS SCHÄFER (†90)

■ Das Wunder von Bern, unsere Weltmeister von 1954. Der Linksaußen, der am Ball war, bevor Helmut Rahn († 2003) das entscheidende 3:2 gegen Ungarn machte, stirbt am 7. November in seiner Heimatstadt Köln: Hans Schäfer, gerade 90 Jahre alt geworden, stürmt jetzt im Himmel, schreibt BILD. Zweimal war er mit dem 1. FC Köln Deutscher Meister (1962 und 1964), der sicher beste Linksaußen seiner Zeit. Von der Weltmeister-Elf 1954 lebt jetzt nur noch einer, Horst Eckel (85).

GUIDE MICHELIN

11 deutsche Restaurants jetzt mit drei Sternen

Sterne-Regen in Deutschland. Die Gourmet-Bibel „Guide Michelin" verleiht Sterne an 300 deutsche Restaurants. So viele wie noch nie!

Deutschland zeigt, wie Feinschmecken geht! Elf Restaurants bekommen die höchste Auszeichnung des „Guide Michelin": 3 Sterne. 39 Restaurants haben jetzt 2 Sterne, weitere 250 einen. Darunter erstmals zwei Restaurants, die rein vegetarisch kochen: das „Cookies Cream" in Berlin und das „Seven Swans" in Frankfurt.

Die Chefs des „Guide Michelin" berichten über Entwicklungen in der Spitzengastronomie: „Casual fine dining", also das Essen in legerer Atmosphäre, regionale Küche und vegetarische und vegane Menüs sind die großen Trends der Zeit.

Strahlender Sterne-Sieger des Abends ist Jan Hartwig (35) vom „Atelier" in München. Das Restaurant ist als einziges neu in der deutschen Drei-Sterne-Elf.

FRIEDEL RAUSCH (†77)

■ Am 18. November stirbt der Ex-Fußball-Profi und Trainer Friedel Rausch in seiner Wahlheimat Luzern (Schweiz). Rausch, eine Legende auf Schalke. 195 Spiele hat er für die Knappen bis 1971 gemacht. Als Trainer war er 1977 Vizemeister mit Schalke, 1980 holte er den Uefa-Cup mit Frankfurt. Unvergessen: Am 6. September 1969 biss ein Polizeihund Rausch beim Revierderby BVB-Schalke ins Gesäß. Rausch blutete stark, ließ sich am Spielfeldrand behandeln, bekam eine Tetanusspritze, und spielte bis zum Ende weiter. So war Fußball damals.

FLUCHT NACH BELGIEN

Haftbefehl gegen Katalanen-Chef Puigdemont

■ Spaniens Zentralregierung in Madrid hat ihn abgesetzt, der Generalstaatsanwalt klagt ihn wegen „Rebellion" an – da flieht Carles Puigdemont (54) nach Belgien. Der Chef der Regionalregierung von Katalonien hat hoch gepokert, das Parlament in Barcelona hat rechtswidrig die Unabhängigkeit von Spanien ausgerufen. Jetzt sitzt Puigdemont in Brüssel fest, es gibt einen europäischen Haftbefehl gegen ihn. Er stellt sich der Polizei, bleibt aber frei. Die Spanier ziehen diesen Haftbefehl und den damit verbundenen Antrag auf Auslieferung zurück. Es würde das Verfahren gegen Puigdemont in Spanien erschweren. Wenn er nach Katalonien zurückkehrt, wird er verhaftet. Für den 21. Dezember sind Neuwahlen angesetzt. Und Puigdemont tritt wieder an. Krass.

Carles Puigdemont im belgischen Exil. Ihm drohen in Spanien 30 Jahre Haft. Aber er gibt keinen Millimeter nach

Montag, 20. November

Dienstag, 21. November

Mittwoch, 22. November

Donnerstag, 23. November

Oscar-Preisträger soll junge Männer missbraucht haben

Vorwürfe gegen TV-Präsident Spacey

Kevin Spacey erhielt 2000 den Oscar als bester Hauptdarsteller („American Beauty")

■ Es ist der nächste tiefe Fall eines Hollywood-Stars: Nach dem Mega-Skandal um Filmproduzent Harvey Weinstein (65) melden sich Anfang November mehr als zehn Männer, die Oscar-Preisträger Kevin Spacey (58) sexuelle Belästigung vorwerfen.

„Star Trek"-Schauspieler Anthony Rapp (46) beschuldigt Spacey als Erster. Mit 14 sei er von dem 12 Jahre älteren Spacey auf einer Party begrapscht worden. Der mexikanische Schauspieler Roberto Cavazos (35) erklärt, Spacey habe sich als Leiter eines Londoner Theaters (2003 bis 2015) an junge Schauspieler rangemacht.

Fast täglich melden sich neue mutmaßliche Opfer zu Wort. Es geht um Oralsex und versuchte Vergewaltigung.

Man wusste wohl lange von Spaceys Übergriffen auf junge Männer. Seine Produktionsfirma soll sogar gewarnt haben, sich allein mit Spacey am Set aufzuhalten.

Spacey wurde mit der Netflix-Serie „House of Cards" als skrupelloser US-Präsident endgültig weltberühmt. Jetzt feuert ihn Netflix. Scotland Yard ermittelt gegen Spacey. Offenbar musste er seinen Pass abgeben – Fluchtgefahr.

Hollywood hat in diesem Jahr viel Glanz verloren.

Spacey als machthungriger Politiker („Francis Underwood") in der Kult-Serie „House of Cards"

DIETER BELLMANN (†77)

■ Die TV-Nation trauert um „In aller Freundschaft"-Star Dieter Bellmann, der Ende November in Leipzig stirbt. Er war Millionen Zuschauern als Prof. Dr. Gernot Simoni bekannt, stand mehr als 19 Jahre für die ARD-Erfolgsserie vor der Kamera. Bellmann stammt aus Dohna (Sachsen). Nach dem Abi begann er 1958 ein Schauspielstudium in Leipzig. Er blieb im Osten, spielte Theater, wurde zu einem großen ostdeutschen Schauspieler. Er hinterlässt seine Ehefrau, Schauspielerin Astrid Höschel-Bellmann, und einen Sohn.

GLÜCKSATLAS

Die Küste macht die Menschen happy

■ Wie zufrieden sind die Deutschen – auf einer Skala zwischen 0 (unglücklich) bis 10 (sehr glücklich)? Insgesamt sind sie laut „Glücksatlas" ziemlich glücklich, vor allem im Norden. Ganz vorn sind die Schleswig-Holsteiner (7,43) und die Hamburger (7,28). Hinten liegen die Ost-Bundesländer Sachsen-Anhalt (6,83) und Brandenburg (6,86).

JANA NOVOTNA (†49)

■ Sie war eine große Kämpferin, aber ihre schwerste Schlacht gewinnt Jana Novotna nicht. Mit 49 Jahren stirbt die Wimbledon-Siegerin von 1998 an Krebs. Unvergessen ist ihr Finale von 1993 gegen Steffi Graf (damals 24). Novotna war beim Stand von 6:7, 6:1 und 4:1 bei eigenem Aufschlag nur einen Wimpernschlag vom Sieg entfernt. Und verlor. Ihre Tränen gehen in die Tennis-Geschichte ein.

Ex-Soldat Devin Patrick Kelley erschoss sich selbst

Schauplatz eines Blutbades: die Baptistenkirche in Sutherland Springs

Wieder ein Anschlag, diesmal in Texas. Ex-Soldat schießt auf Männer, Frauen und Kinder

26 MENSCHEN IN KIRCHE ERSCHOSSEN

Das jüngste Opfer war erst 18 Monate alt: Kirchen-Massaker in Texas! Mit einem Gewehr stürmt ein Mann am Sonntag eine Baptistenkirche. Als er das Gotteshaus betritt, eröffnet er das Feuer: 26 Menschen sterben an diesem 5. November in Sutherland Springs. Der Täter: Devin Patrick Kelley (26) aus einem Nachbarort. Auf Facebook hat er mit seiner Waffe geprahlt. Nach dem Blutbad flüchtet Kelley im Auto und richtet sich nach einer Verfolgungsjagd selbst. Kelley war Soldat bei der Air Force. 2012 verurteilt ihn ein Militärgericht zu zwölf Monaten Haft, weil er seine erste Frau und deren Sohn angegriffen hat. Dem Kind hat er den Schädel zertrümmert. Kelley wird aus der Luftwaffe entlassen und später zu einer Bewährungsstrafe verurteilt – er hat einen Hund misshandelt. Warum er 26 Menschen in der Kirche erschoss, bleibt unklar. Ein Motiv: Die Mutter seiner zweiten Frau, mit der er Streit hatte, war Mitglied der Kirche.

Brooke (5, vorne l.) und Emily (7, rotes Shirt) starben in der Kirche, wie ihre Mutter

TROTZ REKORD-GEWINNEN

Siemens streicht 3000 Stellen in Deutschland

Bei Siemens knallt es Mitte November richtig! Nach Vorlage des Sparpakets im Turbinen- und Antriebsbau spricht die IG Metall von einem „breit angelegten Angriff" auf die Belegschaft. Sie verspricht „entschiedenen Widerstand". Siemens will Werke in Görlitz und Leipzig schließen, Offenbach und Erlangen zusammenlegen. Hierzulande sollen ca. 3000 Stellen gestrichen werden, weltweit 6900, vor allem in der Kraftwerkssparte. Es hagelt Kritik, auch, weil Siemens Rekordgewinne einfährt. Konzernchef Joe Kaeser (60): „Ich verstehe die Menschen, wenn sie sagen, ist das jetzt Turbokapitalismus." Aber ändert das was?

++ Ex-General bringt sich vor laufenden Kameras mit Zyankali um ++

Slobodan Praljak (Mitte) hat sich zur Urteilsverkündung erhoben

Als er den Schuldspruch hört, setzt Praljak ein braunes Fläschchen an die Lippen

Der Ex-General kippt das Zyankali runter, in wenigen Augenblicken wird er zusammenbrechen

KRIEGSVERBRECHER SLOBODAN PRALJAK TRINKT NACH URTEIL GIFT

■ Es ist der feige Selbstmord eines Kriegsverbrechers, der seine gerechte Strafe nicht ertragen wollte.

Ende November hört der bosnisch-kroatische Ex-General Slobodan Praljak (72) vor laufenden Kameras vor dem Internationalen Kriegsverbrecher-Tribunal in Den Haag (Niederlande) sein Urteil. 20 Jahre Haft für Massenmord, Vergewaltigung, Folter.

Plötzlich schreit Praljak auf: „Slobodan Praljak ist kein Kriegsverbrecher! Ich weise Ihr Urteil zurück!"

Dann greift er ein braunes Fläschchen, kippt den Inhalt hinunter: Zyankali!

Als Praljaks Anwältin erklärt, ihr Mandant habe Gift geschluckt, unterbricht der Richter die Verhandlung: „Bitte schließen Sie die Vorhänge! Und fassen Sie sein Trinkglas nicht an!"

Ex-General Praljak bricht zusammen, wird wiederbelebt, stirbt kurz darauf.

Wie der seit 2004 inhaftierte und rund um die Uhr bewachte Ex-General an das Gift kam – unklar. Praljak war im Bosnienkrieg (1992–1995) Militärchef der bosnischen Kroaten und Kommandant des selbst proklamierten Ministaates Herzeg-Bosna. Er war für systematische Kriegsverbrechen gegen die muslimische Bevölkerung verantwortlich und für die Zerstörung der weltberühmten Brücke von Mostar.

Freitag, 24. November · Samstag, … November · Montag, 27. November · Dienstag, 28. November

DÜSSELDORF

Die Hauptstadt der Taschendiebe

■ Nirgendwo in Deutschland langen Diebe so oft hin wie in Düsseldorf! 400 Städte und Kreise hat das Internet-Portal „shopping.de" nach der Anzahl der gemeldeten Taschendiebstähle (pro 100 000 Einwohner) verglichen. 1314 waren es 2016 in Düsseldorf. Platz zwei: Berlin (1271) vor Hamburg (1032) und Köln (937). Die gefährlichsten Langfinger-Landkreise sind die Region Aachen (285) und Saarbrücken (285). Besonders sicher sind Salzgitter (38) und Fürth (39).

KARIN DOR (†79)

■ Vor 50 Jahren wurde sie als erstes und bis heute einziges deutsches Bond-Girl berühmt: Karin Dor. Am 6. November stirbt sie in einem Pflegeheim in München, mutmaßlich an den Spätfolgen eines Unfalls: Im Sommer 2016 wurde sie in Südtirol von einer Mutter mit Kinderwagen umgefahren, stürzte mit dem Kopf auf einen Bordstein, war 15 Minuten bewusstlos. Ärzte erkannten die schwere Verletzung nicht, schickten Dor heim. Sie spielte sogar wieder Theater. Im März verschlechterte sich ihr Zustand drastisch, sie war seitdem ans Bett gefesselt. Karin Dor war mit 16 das „Rosen-Resli", später die „Ribanna" in den Karl-May-Filmen. Sie glänzte in Edgar-Wallace-Streifen. 1967 war sie das Bond-Girl in „Man lebt nur zweimal" mit Sean Connery (83).

Immer perfekt in Schale: Sylvie Meis

GROSSES KINO FÜR 20 EURO?

Junge nach Bordell-Besuch stinksauer

■ Man wird sich als Kunde ja wohl mal beschweren dürfen! In Braunschweig ruft ein Junge (14) die Polizei zu Hilfe. Er ist in einem Bordell, hat sich dort als 20-Jähriger ausgegeben – und will es mit 20 Euro mal richtig krachen lassen. Eine Prostituierte (53) nimmt ihn mit aufs Zimmer. Aber über den Leistungsumfang gibt es schnell Streit. Die Frau wirft den Jungen raus. Also muss die Polizei her. Die Beamten setzen den Schüler in den nächsten Bus nach Hause.

AUS DIE MEIS BEI „LET'S DANCE"

Ist Sylvies Deutsch zu schlecht für RTL?

✷ Nach sechs Jahren „Let's Dance" ist für Moderatorin Sylvie Meis (39) Schluss mit lustig bei der RTL-Tanzshow. Die Ex von Fußballer Rafael van der Vaart (34) erzählt BILD, man habe ihr am Telefon gekündigt. „Ich bin natürlich wahnsinnig enttäuscht. Ich habe die Sendung geliebt, mich immer wohlgefühlt."

Warum es zu Ende ist? Die Holländerin sagt, RTL sei plötzlich ihr Deutsch zu schlecht gewesen. Das könnte stimmen, kann aber nicht alles gewesen sein. Divenhaft sei sie gewesen, wird getuschelt. Und habe für 2018 zu viel Geld verlangt. Stimmt alles nicht, sagt Sylvie. Und wünscht dem „Let's Dance"-Team dann „alles Liebe und von ganzem Herzen viel Erfolg". Sie ist halt Profi.

MÄNNER, FRAUEN & DIVERSE

Richter sagen Ja zum 3. Geschlecht

■ Das Bundesverfassungsgericht entscheidet am 8. November: Neben den Geschlechtern „weiblich" und „männlich" muss es eine 3. Kategorie geben: für Menschen, die von Geburt an biologisch weder das eine noch das andere sind. Sogenannte Intersexuelle. (AZ: 1BvR 2019/16). Geklagt hat „Vanja" (27), aus Leipzig. Spätestens ab Ende 2018 soll es nach der Geburt möglich sein, als dritte Variante „Anderes" oder „Inter" anzukreuzen. Anschreiben von Behörden sollen künftig statt „Sehr geehrte Damen und Herren" eine geschlechtslose Anrede haben, oder es kommt ein „... und Diverse" hinzu.

WM-QUALI

Gianluigi Buffon schreit seinen Schmerz hinaus. Der Traum von seiner 6. WM – zerstört. Er tritt aus dem Nationalteam zurück

Bild

Exklusives Interview

Das Geständnis der RAF-Terroristin

Wie wurde Schleyer hingerichtet, Frau Maier-Witt? „Ich denke, hinterrücks"

Not-Plan Veh

1 Million Euro zu gewinnen!

Mittwoch, 29. November

Bild

Am Telefon!

RTL feuert Sylvie Meis

Cash Call 800 000 Euro Weihnachtsgeld

Kriegs-Verbrecher trinkt Gift!

Die große Online-Abzocke Gebraucht-Wagen

Donnerstag, 30. November

WM-AUS

Arrivederci, Italia!

Ex-BVB-Stürmer Ciro Immobile tunnelt Schweden-Keeper Robin Olsen, doch der Ball geht nicht rein

■ Ein Tor brauchen die Italiener am 13. November im San Siro, Mailand. Play-off-Rückspiel in der WM-Quali gegen Schweden. Das Hinspiel hat Italien 0:1 verloren. Aber jetzt werden sie das schon reparieren, die Weltmeister von 2006 um Torwart-Methusalem Gianluigi Buffon (39). Aber es fällt nicht, dieses eine Tor. 0:0 steht es nach 90 Minuten, Schweden fährt nach Russland. Italien weint, hadert. Aber manche sind auch einfach ehrlich: „Wir haben es nicht verdient."

BOX-WM

Manuel Charr (l.) ist jünger, leichter, kleiner und viel schneller als der Russe Ustinow

DER ERSTE DEUTSCHE CHAMPION IM SCHWERGEWICHT SEIT MAX SCHMELING

Manuel Charr besiegt in Oberhausen den Riesen-Russen Ustinow

■ Was für eine irre Geschichte: Gut sechs Monate, nachdem er zwei künstliche Hüftgelenke eingesetzt bekommen hat, wird Manuel Charr (33) in Oberhausen Box-Weltmeister im Schwergewicht. Ein einstimmiger Punktsieg im Kampf um den vakanten Titel der WBA. Der Russe Alexander Ustinow (40) ist zwar 2,02 m groß, aber nach der Hälfte des Fights konditionell am Ende.
Charr, der erste deutsche Box-Weltmeister seit Max Schmeling vor 85 Jahren. Charr, gebürtiger Libanese, kam mit 5 Jahren nach Deutschland. Nach seinem Sieg jubelt er: „Was soll ich sagen: Deutschland, wir sind Weltmeister!" Jetzt wartet Charr auf neue Gegner – und seinen deutschen Pass.

NACH 7 MONATEN

Ibrahimovic feiert Comeback bei ManU

■ Einer der Großen des Fußballs kehrt am 13. November zurück auf den Rasen: **Zlatan Ibrahimovic** (36) feiert nur sieben Monate nach seinem Kreuzbandriss ein Comeback bei Manchester United. Er sagt: „Löwen erholen sich anders als Menschen." Aber Ibra muss kämpfen, bis Weihnachten kommt er über Mini-Einsätze nicht hinaus. Kein Tor, das Knie schmerzt noch. Sind Löwen am Ende auch nur Menschen?

TRAINERWECHSEL

Kohfeldt ist Werders neue Hoffnung

■ Nach 10 Spieltagen übernimmt **Florian Kohfeldt** (35, bis dahin U23-Coach, Foto) Werder Bremen als Cheftrainer. Die Mannschaft ist Vorletzer, hat noch kein Spiel gewonnen, deshalb muss **Alexander Nouri** (38) gehen. Bis zum Ende der Vorrunde gewinnen die Bremer immerhin dreimal, aber die Lage bleibt brenzlig: Drittletzter, punktgleich mit dem Erzrivalen HSV (Vorletzter). Wie war das mit der Relegation?

Schalkes Naldo köpft in der Nachspielzeit das 4:4

Ist das alles zu fassen? Schalke-Trainer Tedesco flippt fast aus

BVB 4 SCHALKE 4

Das Jahrhundert-Spiel in Dortmund. 4:4 nach 4:0. So was siehst du nur einmal im Leben

Das tut dem BVB weh: Die Bayern jubeln über das 3:1 am 11. Spieltag in Dortmund

■ Der BVB ist angezählt, vor diesem Ruhr-Derby. 1:3 gegen die Bayern, 1:2 in Stuttgart, nur Pleiten in der Champions League. Und jetzt, am 25. November also Schalke 04. Und Dortmund legt los: Zwischen der 12. und 25. Minute macht der BVB vier Tore. 4:0 – Schalke ist hoffnungslos unterlegen, die Schwarz-Gelben spielen wie im Rausch. Halbzeit, das Spiel ist entschieden, ein 4:0 holst du nicht auf. Nicht in der Bundesliga, nicht beim BVB. Nie im Leben. Doch, einmal im Leben. Nach einer guten Stunde steht es 4:2, vier Minuten vor Schluss macht Caligiuri das 4:3. Und in der 4. Minute der Nachspielzeit köpft Naldo das 4:4.
Die Schalke-Fans feiern jetzt Weihnachten, Ostern und Geburtstag zugleich. So ein Tag, so wunderschön.

ZWEI PUNKTE AUS 13 SPIELEN

Der krasse Absturz des 1. FC Köln

Der Anfang vom Ende: Ibisevic macht das 0:1 für Hertha

■ Ende November läuft in Köln die Karnevals-Session, aber der FC schunkelt nicht mit. Nach 13. Spieltagen ist dieser 1. FC Köln, 5. der Vorsaison, praktisch abgestiegen: kein Sieg, zwei Pünktchen. Ein Offenbarungseid. Zuletzt ein 0:2 daheim gegen Hertha. Peter Stöger (51) darf aber weitermachen, noch. Köln trägt Trauer im Advent. Die 2. Liga ist nah, und Erzrivale Fortuna Düsseldorf droht, erstklassig zu werden. Schlimmer gehts nimmer, für Kölle.

Die Kölner Eckfahne muss leiden: Ibisevic macht beide Tore für Hertha

Nach 40 Jahren gebe ich der Entführerin meines Vaters die Hand

Als ich ihr die Hand zum Gruß entgegenstrecke, spricht Frau Maier-Witt das aus, wozu die Mörder meines Vaters nicht in der Lage waren. 40 Jahre lang nicht.

„Es klingt so platt. Aber ich möchte erst einmal um Verzeihung bitten.“ Dann verspricht sie mir: „Ich bin bereit, Ihnen alles zu sagen, was ich weiß.“

Vor 40 Jahren hat die RAF meinen Vater entführt und ermordet. Die Terroristen erschossen seinen Fahrer Heinz Marcisz und seine Personenschützer Reinhold Braendle, Roland Pieler und Helmut Ulmer. Nach 43 Tagen Gefangenschaft ermordete die RAF meinen Vater mit drei Schüssen in den Kopf.

Ich war damals 23 Jahre alt.

Nun sitze ich – 40 Jahre danach und inzwischen so alt wie mein Vater damals – in Mazedonien der Frau gegenüber, die wegen der Entführung und des Mordes verurteilt wurde.
BILD hat dieses Treffen ermöglicht. Die Reporter haben zuvor recherchiert, wie Frau Maier-Witt heute in Skopje lebt. Und ob sie zu dieser Begegnung bereit wäre. Mit mir haben die Reporter in den vergangenen Jahren oft über ein solches Treffen gesprochen.

JÖRG SCHLEYER
Unternehmer

Ob ich dazu in der Lage und es mir zumutbar wäre?

Ob ein solches Gespräch eine Hilfe für unsere Familie sein könnte?

Sieben Stunden und 40 Minuten versuche ich Antworten auf die Fragen zu bekommen, die unsere Familie seit 40 Jahren beschäftigen. Fragen, die bis heute unbeantwortet sind, weil die RAF-Mörder ein sogenanntes Schweigegelübde abgelegt haben.

▷ Wie wurde unser Vater ermordet?
▷ Wusste er, dass die Mörder ihn im nächsten Augenblick erschießen?
▷ Wurde er gedemütigt?
▷ Und so banale Fragen, wie: Bekam er genug zu essen? Hat er wieder mit dem Rauchen begonnen? Er hatte es gerade erst aufgegeben.

Silke Maier-Witt sagt, sie sei bei der Ermordung meines Vaters nicht direkt dabei gewesen. Sie berichtet aber sehr detailliert, wie sie selbst den Anschlag vorbereitete und wie sie die Fahrwege meines Vaters ausgespäht hat. Wie sie den Kinderwagen gesehen hat, der vor das Auto meines Vaters gerollt wurde – und in dem die Mörder ihre Waffen versteckt haben. Sie erinnert sich – nach 40 Jahren – noch sehr genau daran, wie sie die Tonbänder mit den sogenannten „Verhören“ meines Vaters abgetippt hat.

Sie kann sich noch genau an die Worte meines Vaters erinnern. Zum Beispiel, dass er ihnen gesagt hat, dass es mit dem Kapitalismus und dem Imperialismus nicht so einfach sei, wie sie sich das vorstellen würden.

Und sie schämt sich – offensichtlich aufrichtig – für die Sätze, die sie nach dem Mord an meinen Vater bei ihrem Bekenneranruf der Deutschen Presseagentur gesagt hat: „Wir haben nach 43 Tagen Hanns Martin Schleyers klägliche und korrupte Existenz beendet.“

Das Gespräch mit Frau Maier-Witt hat mich weniger aufgewühlt, als ich befürchtet hatte. Ich habe die Ereignisse sehr gut verarbeitet.

Ich bin gefragt worden, ob ich die Entschuldigung von Frau Maier-Witt angenommen habe. Das habe ich. Denn Frau Maier-Witt hat sich in Mazedonien mir gegenüber anständig verhalten.

Aber einen fünffachen Mord kann ich ihr nicht vergeben. Für die Lossprechung von Sünden bin ich der falsche Ansprechpartner. Das Verzeihen und das Vergeben ist einer anderen Institution vorbehalten.

Jörg Schleyer (63) mit Silke Maier-Witt (67) in Skopje, Mazedonien. Die Ex-RAF-Terroristin war 1977 an der Entführung und Ermordung von Arbeitgeberpräsident Hanns Martin Schleyer beteiligt. Maier-Witt tauchte in der DDR unter, saß nur von 1990 bis 1995 in Haft

DEZEMBER 2017

Der Bundespräsident will keine Neuwahlen

■ Was macht ein Bundespräsident eigentlich so? Er reist viel, macht im Ausland einen guten Eindruck, hält kluge Reden und verleiht Orden. Und sonst? Nach dem Scheitern der Jamaika-Sondierungen Ende November schlittert Deutschland auf eine Staatskrise zu. Will denn keiner mehr dieses Land regieren? Neuwahlen? Einfach mal gucken, ob das Ergebnis dann passt? Das ist die Stunde von Frank-Walter Steinmeier (61). Seit März ist er Staatsoberhaupt – und sorgt dafür, dass den Partei-Chefs im Advent ein Licht aufgeht: Wer gewählt werden will, muss auch regieren wollen.

KARSTEN RIECHERS
BILD-Reporter

Nach einem gnadenlosen Kampf um die Macht ist Seehofer geschlagen

Montagmorgen, 4. Dezember. Ich stehe mit Dutzenden Kollegen zwischen Kameras im engen Gang vor dem Konferenzsaal im 4. Stock des Erweiterungsbaus Nord im Maximilianeum, Sitz des Bayerischen Landtags. Hinter verschlossenen Türen tagt die CSU-Fraktion. Sondersitzung, wieder einmal. Wir hatten sie in Serie seit dem CSU-Debakel (nur noch 38,8 Prozent in Bayern) bei der Bundestagswahl vom 24. September. Doch diesmal fällt die Entscheidung.
Die Fraktion kürt Markus Söder zum Spitzenkandidaten der CSU bei der Landtagswahl im Oktober 2018. Einstimmig, per Akklamation. Streng genommen ist es nur eine Empfehlung der Fraktion an den Parteitag Mitte Dezember in Nürnberg. Doch der Noch-Finanzminister ist am Ziel. Söder wird Regierungschef in München.
Während drinnen die letzten Würfel in einem monatelangen, gnadenlosen Machtkampf fallen, wird die Presse mit süßen Teilchen und Softdrinks bei Laune gehalten. Absurderweise hat man den Vorraum abgesperrt, die Journalisten in den Gang verwiesen. Wachposten blockieren die Zugänge. Als ob wir an den Türen horchen würden! Haben wir gar nicht nötig. Die meisten von uns sind per SMS bei der Sitzung quasi live dabei. So erfahren wir im Minutentakt den Stand der Dinge: „Kein Gegenkandidat, Innenminister Joachim Herrmann verzichtet!", „Offene Abstimmung per Akklamation!" „Söder gewählt, einstimmig!", „Riesenapplaus, große Erleichterung!"
Wenig später drängeln sich Söder und CSU-Fraktionschef Thomas Kreuzer durch die Journalisten in Richtung eines Nebenraums, die frohe Botschaft offiziell zu verkünden. Aus den Augenwinkeln sehe ich unten im Hof Horst Seehofer in seinen Dienstwagen steigen. Ein Geschlagener.
Die erbitterten Parteifeinde Söder und Seehofer loben sich von nun an gegenseitig in den höchsten Tönen. Söder fängt sofort damit an, lobt Seehofers Teil-Machtübergabe als „starke Entscheidung". Beide bringen es fertig, beim Heucheln nicht rot zu werden. Echte Profis halt.

Merkel erläutert Steinmeier das Scheitern von Jamaika

Steinmeier im Gespräch mit FDP-Chef Lindner, der Jamaika platzen ließ

Wer kann, wer soll, wer will, wer muss künftig mit der Merkel-CDU regieren?

Und sie müssen wieder reden, reden, reden

Alle Achtung! Nach dem Desaster wird Schulz mit 82 Prozent wiedergewählt

Am Morgen des 1. Dezember beginnt für das politische Berlin eine neue Zeitrechnung. Das Jamaika-Zeitalter ist vorbei, am Vorabend waren Kanzlerin Angela Merkel (63) und die Parteichefs von CSU (Horst Seehofer, 68) und SPD (Martin Schulz, 61) im Schloss Bellevue bei Bundespräsident Frank-Walter Steinmeier (61). Das Staatsoberhaupt dürfte dem Trio noch einmal deutlich gemacht haben, dass er nicht leichtfertig den Weg für Neuwahlen frei macht.
Es gibt eine klare rechnerische Mehrheit im Bundestag für eine Koalition aus Union und SPD – trotz der krachenden Verluste bei der Wahl im September.
Und auch wenn der gescheiterte SPD-Kanzlerkandidat und -Parteichef Martin

Die Grünen Cem Özdemir und Simone Peter im Gespräch mit Steinmeier

Man sieht ihn nur von hinten, aber er ist noch da: Seehofer bei Steinmeier

Steinmeier (Ex-Kanzlerkandidat der SPD) mit SPD-Chef Schulz: Nicht-reden-wollen hilft nicht

13. Dezember, Jakob-Kaiser-Haus in Berlin: Angela Merkel bereitet sich mit Seehofer (verdeckt) und Alexander Dobrindt auf ein Gespräch mit der SPD-Spitze vor. Eine Etage tiefer berät sich Martin Schulz mit Andrea Nahles

MINISTERPRÄSIDENT

Seehofer übergibt an Söder

■ Die Zahlen waren mies, die Stimmung in der eigenen Partei war es auch. Beim CSU-Parteitag Mitte Dezember in Nürnberg muss sich Ministerpräsident Horst Seehofer (68) geschlagen geben. Die Partei will jetzt Markus Söder (50) – fast einstimmig wird der Finanzminister zum Spitzenkandidaten für die Landtagswahl im Oktober 2018 gewählt. Im ersten Quartal, also bis Ende März, soll er das Amt des Regierungschefs übernehmen. Dafür wird Seehofer als Parteichef bestätigt. Falls die GroKo wiederkommt, könnte er nach Berlin gehen.

Seehofers größter Shrek: Markus Söder (hier in faschingsgrün) wird Bayern künftig regieren

Schulz eine Fortsetzung der Großen Koalition lauthals und trotzig ausgeschlossen hat – jetzt muss geredet werden. Unter Demokraten. Es muss darüber geredet werden, ob man sondieren kann, ob es Sinn macht, über eine Koalition zu verhandeln. Die Hürden sind natürlich hoch, aber eben nicht unüberwindlich: Die SPD will eine Bürgerversicherung, also das Ende von gesetzlicher und privater Krankenversicherung, sie will keine Maut für Ausländer auf deutschen Autobahnen, und sie will die „willkürliche" Befristung von Arbeitsverträgen abschaffen.

Das ist eine Menge, aber reden wird man können. Immerhin: Martin Schulz wird auf dem SPD-Parteitag in Berlin mit 82 Prozent wiedergewählt. Er soll, sagen die Delegierten, ergebnisoffen mit der Union reden. Vielleicht auch über die Tolerierung einer Minderheitsregierung von CDU/CSU, aber das will die Union nicht. Keine Wackelregierung in stürmischen Zeiten. Vor Weihnachten steht fest: Ab Anfang 2018 wird sondiert. Und zwar nicht wochenlang. Schon Mitte Januar könnten konkrete Koalitions-Verhandlungen starten. Übrigens: Jeder 2. Deutsche rechnet jetzt damit, dass die nächste GroKo kommt. Das finden längst nicht alle gut, aber so ist eben das Leben.

Freitag, 1. Dezember

Samstag, 2. Dezember

Montag, 4. Dezember

Dienstag, 5. Dezember

IRAN VOR DEM JAHRESWECHSEL

Proteste gegen das Mullah-Regime

■ Das Mullah-Regime im Iran gerät Ende Dezember massiv unter Druck. Tausende, vor allem junge Menschen protestieren in verschiedenen Städten gegen Arbeitslosigkeit, hohe Preise und Korruption. Die Proteste weiten sich schnell aus, auch nach Teheran. Das Regime reagiert mit aller Härte. Hunderte Demonstranten werden festgenommen, bei den Zusammenstößen fallen Schüsse. Allein in der Silvesternacht sterben mindestens zehn Menschen. Präsident Hassan Rohani (69) versucht zu deeskalieren: „Wir haben eure Probleme gehört", sagt er zum Jahreswechsel. Aber im Mullah-Staat hat nicht der (gemäßigte) Präsident das Sagen. Sondern seit 1989 der Ajatollah, Ali Chamenei (78).

Auch in Teheran kommt es zu Zusammenstößen zwischen Demonstranten und Polizei

Paketbombe auf Weihnachtsmarkt gesprengt

Erpresser verlangt 10 Millionen von DHL

■ Bombenalarm auf dem Weihnachtsmarkt in Potsdam (Brandenburg): Ein verdächtiges Paket vor einer Apotheke wird von der Polizei am 1. Dezember per Roboter kontrolliert gesprengt. Im Paket war laut Polizei ein mit Batterien zündfähiger Sprengsatz. Die Paket-Bombe – das Werk von Terroristen? Nein, dahinter steckt eine Erpressung. Ein Unbekannter (oder mehrere) fordern vom Paketzusteller DHL 10 Millionen Euro. Droht mit weiteren Bomben in Paketen an Firmen und Privatleute.
Die Post rät ihren Kunden, „nur Pakete von Absendern in Empfang zu nehmen, die Sie kennen oder Lieferungen, die Sie erwarten".
Die Verunsicherung ist groß, eine Sonderkommission arbeitet unter Hochdruck. Bis zum Jahreswechsel bleibt der Erpresser unbekannt.

Der Weihnachtsmarkt in Potsdam ist abgesperrt. Eine Paketbombe wird kontrolliert gesprengt

Bild
Stalker-Terror!
Mord-Drohung gegen Harald Schmidts Kinder
IOC knallhart
Russland darf nicht zu Olympia!
1,25 Mio. Euro beim Cash Call zu gewinnen

Mittwoch, 6. Dezember

Bild
GLATZEN-BEICHTE
Cash Call
800 000 EURO im POTT
Mieterhöhung +++ Renovierung +++ nervige Nachbarn +++ Betriebskosten +++ Eigenbedarfs-Klage
IHRE RECHTE ALS MIETER!
CHAMPIONS LEAGUE
Die 50 besten Technik-Geschenke

Donnerstag, 7. Dezember

Bild
Cash Call!
Heute 750000 Euro zu gewinnen
GOLDENES HERZ
BILD ehrt Manuel Neuer
Rekord-Abzocke für kaputtes Tür-Schloss
Schlüsseldienst fordert 1888,53 Euro!
BILD sagt, wie Sie sich schützen können
Keine gute Übersetzung
Papst will Vaterunser umschreiben

Freitag, 8. Dezember

SARAH CONNOR
Tränen im TV
Bild
EIN HERZ FÜR KINDER
20.15 Uhr heute im ZDF
HIER KÖNNEN SIE SPENDEN
01802/10 10 10
MEHMET SCHOLL
Abrechnung mit deutschem Fußball!

Samstag, 9. Dezember

FINANZÄMTER

Weniger Selbstanzeigen von Steuersündern

Die Zahl der Selbstanzeigen wegen Steuerhinterziehung schrumpft massiv. Kurz vor Jahresende haben die Finanzministerien der Länder erst 3622 Selbstanzeigen registriert. 2014 waren es 40 000. Hauptgrund: Seit zwei Jahren müssen Steuersünder trotz Selbstanzeige hohe Summen zahlen. Die bundesweit meisten Selbstanzeigen gab es in Rheinland-Pfalz (974).

MESALE TOLU

Türkei lässt deutsche Journalistin frei

Nach gut sieben Monaten U-Haft lässt die Türkei am 18. Dezember **Mesale Tolu** (33) aus Ulm frei. Der Journalistin und Übersetzerin, seit 2007 Deutsche, wird Terror-Unterstützung vorgeworfen. Auch ihr Mann ist im Frühjahr in der Türkei verhaftet worden. Mesale Tolu saß mit ihrem Sohn (2) im Frauenknast. Bei ihrer Entlassung sagt sie: „Ich bin müde, aber glücklich." Die Türkei verlassen darf sie nicht.

NEUE BAHN-STRECKE

Berlin-München in nur vier Stunden

Weniger als vier Stunden (statt bisher sechs) für die Strecke Berlin–München! Am 10. Dezember nimmt die Bahn den Betrieb auf der neuen ICE-Hochgeschwindigkeitsstrecke auf. Aber: Fast zwei Drittel aller Züge auf der Neubaustrecke sind in den ersten acht Tagen verspätet. Nur 94 von 289 Zügen kamen planmäßig am Zielort an. Zehn Milliarden Euro hat die Trasse gekostet. Pünktlichkeit sollte da im Preis enthalten sein.

US-Botschaft künftig nicht mehr in Tel Aviv. Entscheidung des Präsidenten sorgt weltweit für heftige Reaktionen

Blick über den Tempelberg. Jerusalem beherbergt die heiligsten Stätten der Juden, Muslime und Christen

TRUMP: JERUSALEM IST HAUPTSTADT VON ISRAEL

„Dies ist ein längst überfälliger Schritt!" Am 6. Dezember verkündet US-Präsident Donald Trump (71), dass sein Land Jerusalem als Hauptstadt Iraels anerkennt. Es sei „nicht mehr und nicht weniger als eine Anerkennung der Realität". Trumps Entscheidung hat gewaltige Sprengkraft. Der Status von Jerusalem ist einer der größten Streitpunkte im Nahost-Konflikt. Die Palästinenser beanspruchen den 1967 von den Israelis besetzten und dann 1980 annektierten Ostteil Jerusalems als künftige Hauptstadt ihres angestrebten eigenen Staates. Israels Regierungschef Benjamin Netanjahu (68) begrüßt Trumps Entscheidung: „Ein wichtiger Schritt in Richtung Frieden."

Blanker Hass: Im Westjordanland verbrennen Palästinenser die US-Flagge

Die Palästinenser reagieren mit scharfer Kritik, mit Streiks, mit Demos – und mit Gewalt. Eine weitere Intifada droht. Aber: Noch im Dezember wollen zehn weitere Länder dem US-Beispiel folgen.

DRAMA AM BODENSEE

„Bäder-König" stirbt bei Cessna-Absturz

Auf dem Weg von Frankfurt/Main nach Friedrichshafen am Bodensee stürzt eine Cessna Citation 510 am Abend des 14. Dezember kurz vor dem Ziel nahe Revensburg über einem verschneiten Waldgebiet ab. Der österreichische Pilot (45), ein 49-Jähriger aus Wien und der als „Bäder-König" bekannte Unternehmer Josef Wund (79, „Therme Erding"), sterben bei dem Aufprall. Die Absturzursache ist zunächst unklar, möglicherweise waren die Tragflächen der Cessna vereist.

EIN HERZ FÜR KINDER

Johannes B. Kerner mit Robin (7), der wegen einer Muskelschwäche auf den Rollstuhl angewiesen ist. Dank Spenden hat er Assistenz-Hund „Chester“. Moderatorin Dunja Hayali (l.) macht sich für den Verein „VITA“ von Tatjana Kreidler (r.) stark

Hier schlägt Deutschlands Herz

Bei der Spenden-Gala im ZDF kommen gut 17,5 Mio. Euro zusammen – für Kinder, die unsere Hilfe brauchen. BILD sagt Danke!

Glücklich: Das Ehrenherz geht an Ursula Beier (75), hier mit ihrer Ziehtochter Chandani (39) aus Sri Lanka

■ Es ist ein Abend, der Millionen TV-Zuschauer zu Tränen rührt. Bei der 17. „Ein Herz für Kinder“-Gala im ZDF gehört die Bühne den Kindern dieser Welt, die unsere Hilfe brauchen. Am Ende der von Johannes B. Kerner (53) moderierten Gala gibt es für BILD 17 578 426 Gründe, DANKE zu sagen für die Spenden an die BILD-Hilfsorganisation. Mehr als 60 Prominente sitzen an den Spendentelefonen. Während der Sendung gehen über 100 000 Einzelspenden ein – Rekord! Das „Goldene Herz“ hat sich Weltmeister-Torwart Manuel Neuer (31) verdient – für seine „Manuel Neuer Kids Foundation“ in Gelsenkirchen.

Krebsforscher Prof. Olaf Witt (52) mit Antonia (8), deren Hirntumor endlich besiegt scheint

Friede Springer mit Springer-Vorstandschef Mathias Döpfner und Oscar-Gigant Arthur Cohn (l.)

Die schwangere Cathy Hummels mit Daniela Katzenberger (r.)

Freunde: Der an Krebs erkrankte Frederik (7) trägt das Goldene Herz für Manuel Neuer

Ließen tief blicken: Christine Neubauer, Lilly Becker und Verona Pooth (v. l.)

Küsschen für Mama: Sophia und Simone Thomalla

Ursula von der Leyen mit den Scorpions Rudolf Schenker und Klaus Meine sowie Tatort-Star Jan Josef Liefers (v. l.)

Peter Maffay und Katie Melua singen „Ich wollte nie erwachsen sein“

Wotan Wilke Möhring, Sebastian Ströbel und Pasquale Aleardi (v. l.)

Seilspringen für den guten Zweck: die Box-Idole Henry Maske und Vitali Klitschko (l.)

Montag, 11. Dezember

Dienstag, 12. Dezember

Mittwoch, 13. Dezember

Donnerstag, 14. Dezember

IM SCHILF

Keiler verletzt Jäger (50) tödlich

■ Neun Jäger und vier Treiber sind am 3. Dezember bei Neuenkirchen (Mecklenburg-Vorpommern) unterwegs, um Wildschweine zu schießen. **Ronald A.** (50) schießt auf ein Tier, läuft danach in einen Schilfgürtel – und wird dort von einem Keiler angegriffen und schwer am linken Oberschenkel verletzt. Der erfahrene Jäger stürzt ins Wasser, verliert viel Blut, wird bewusstlos. Als er geborgen wird, kommt jede Hilfe zu spät.

HEILIGABEND

Auto rast in Berliner SPD-Zentrale

■ Ein Lebensmüder (58) rast Heiligabend mit seinem Kleinwagen absichtlich in die Berliner SPD-Parteizentrale, das Willy-Brandt-Haus. Vorher hat er an der Bundesgeschäftsstelle der CDU eine Tasche mit brennbaren Materialien deponiert. Die Tat hat keinen politischen Hintergrund. Das Auto ist in der Vorhalle der SPD-Zentrale zum Stehen gekommen und in Brand geraten. Die Sprinkleranlage startete zum Glück sofort. Der Mann sitzt jetzt in U-Haft.

Das Auto des Lebensmüden steht im Eingang der SPD-Zentrale

Schweden-Royals feiern auf Schloss Drottningholm

Prinzessin Sofia hält den Täufling Gabriel im Arm. Prinz Alexander winkt auf dem Arm seines Vaters, Prinz Carl Philip

Prinz Carl Philip und Prinzessin Sofia taufen ihren Gabriel

▲ Erzbischof Anders Wejryd tauft den schreienden Gabriel

▶ Kronprinzessin Victoria herzt während des Gottesdienstes ihren Sohn Oscar

■ Fast die ganze schwedische Königsfamilie ist dabei, als Anfang Dezember Gabriel (3 Monate), der zweite Sohn von Prinz Carl Philip und Prinzessin Sofia, getauft wird. Der Täufling heißt mit vollem Namen Gabriel Carl Walther und ist das 6. Enkelkind von König Carl Gustaf. Gabriel steht auf Platz sechs der schwedischen Thronfolge. Sein Taufkleid ist mehr als 100 Jahre alt, schon Gabriels Urgroßvater, Prinz Gustav Adolf, hat es getragen.

Bild
Exklusiv
DIESE 12 PROMIS GEHEN IN DEN TV-DSCHUNGEL
... und wer das RTL-Camp absagte!
Schiri Steinhaus erklärt National-Spieler Abseitsregel
NACH NIKI-PLEITE Bis zu 150 Mio. Steuer-Geld einfach verbrannt!
CASH CALL 750 000 EURO

Freitag, 15. Dezember

Bild
Gutschein-Heute BILD
100 Mega-Rabatte auf Weihnachts-Geschenke
Zum Beispiel 30 Prozent auf Wintermode
Gladbach – Hamburg 3:1
Dschungel-Kandidatin Tatjana Gsell Callgirl-Beichte!
CASH CALL 800 000 EURO

Samstag, 16. Dezember

HEUTE!
Media Markt
Bild
BILD bei Elite-Soldat Robert O'Neill
So erschoss ich Osama bin Laden
Erstmal zu Penny
900 000 beim Cash Call gewinnen!
Geheim-Vertrag für Auba

Montag, 18. Dezember

Bild
So jung, so voller Hass!
Polizei sucht diese Krawall-Barbie
... und 103 weitere G20-Chaoten
Miese Hunde-Schummel beim Supertalent
FÜHRUNGSKRAFT IM AUSLAND GESUCHT
Morgen gegen Dortmund Bayern plant Blitz-Einsatz von Robben
Cash Call 800 000 EURO IM POTT

Dienstag, 19. Dezember

JOHNNY HALLYDAY (†74)

■ Sein Tod trifft Frankreich ins Herz: Am 5. Dezember stirbt Altrocker Johnny Hallyday mit 74 Jahren an Lungenkrebs. Der Mann, der den Rock'n'Roll nach Frankreich brachte, ist schon zu Lebzeiten eine Legende. Über 100 Millionen Platten hat er verkauft, die größten Konzerthallen gefüllt. Das ganze Land liebt seine Hits wie „Ma gueule" (Meine Schnauze). Präsident Emmanuel Macron (39) schreibt tief betroffen, „in jedem von uns steckt etwas von Hallyday". Er ordnet einen Trauerzug vom Pariser Triumphbogen über die Champs-Elysées an. Bis zu einer Million Menschen säumen den Weg. Die Grande Nation weint.

OTTO KERN (†67)

■ Am Morgen des 11. Dezember wird auf der Terrasse eines luxuriösen Hochhauses in Monte Carlo (Monaco) die Leiche von Otto Kern gefunden. Der Hemden-König ist nachts vom Balkon seiner Wohnung im 13. Stock gestürzt. Es gibt keinerlei Anzeichen für ein Fremdverschulden. Spekulationen über einen Suizid bleiben unbestätigt. Der Designer hatte 1970 die „Otto Kern GmbH & Co. KG" in Kaiserslautern gegründet, mit seiner ersten eigenen Hemdenkollektion. 1993 verkaufte Kern Teile seines Unternehmens, 2000 zog er sich ganz ins Privatleben zurück. Sein Vermögen wird auf 100 Millionen Euro geschätzt. Otto Kern war seit 2008 in vierter Ehe mit Naomi Valeska Salz (36) verheiratet, er hat aus seinen ersten beiden Ehen drei Kinder.

BILD Besuch

US-ELITESOLDAT ROBERT O'NEILL ERZÄHLT

So erschoss ich Osama bin Laden

Robert O'Neill mit BILD-Chef Julian Reichelt in New York. Der Elitesoldat ist stolz, Osama bin Laden (kl. Foto) getötet zu haben

■ In New York trifft BILD-Chef Julian Reichelt den US-Soldaten Robert O'Neill (41), der im Mai 2011 Terrorfürst Osama bin Laden in dessen Versteck in Abbottabad (Pakistan) erschoss. Seit den Anschlägen vom 11. September 2001 (3000 Tote) war bin Laden der meistgesuchte Terrorist der Welt. „Es war die größte Ehre meines Lebens, bin Laden zu töten", sagt der Navy SEAL Sniper. Bin Laden sei „größer und dünner" gewesen, als er erwartet habe: „Aber ich habe ihn sofort erkannt." Mit drei Schüssen in den Kopf tötete O´Neill den Terrorchef. Und wundert sich: „Ich hatte nicht damit gerechnet, dass wir von dieser Mission zurückkehren würden. Wir dachten alle, bin Laden würde das Haus mit sich und uns in die Luft jagen."

41 VERLETZTE BEI SCHWEREM UNGLÜCK IN MEERBUSCH

Die Unglücksstelle: Das Bild zeigt, mit welcher Wucht der RE 7 in den Güterzug geprallt ist

Regional-Express rast in Güterzug

■ In Meerbusch-Osterath (NRW) fährt am Abend des 5. Dezember ein Zug der Regional-Express-Linie 7 auf einen stehenden Güterzug der DB Cargo. Dabei werden mehrere Waggons aus den Gleisen geschleudert. Es gibt 41 Verletzte. Offenbar haben Kommunikationspannen zwischen zwei Stellwerken zu dem Unglück geführt. Der Fahrdienstleiter des Stellwerks in Meerbusch-Osterath soll seinem Kollegen an der Abzweigung Weißenberg erklärt haben, der Gleisabschnitt, den der RE 7 von Köln nach Krefeld befahren wollte, sei frei. In diesem Abschnitt stand aber der Güterzug, auf den der Regional-Express dann auffuhr.

Bild
Der Bomber der Nation hat Demenz!
So lebt Gerd Müller im Pflegeheim
1,75 Mio. Euro im Pott
Wie gut sind Wetter-Apps wirklich?
EU-Chefs ERHÖHEN sich schon wieder das Gehalt

Mittwoch, 20. Dezember

HEUTE!
Armin Rohde vergleicht Ösi-Kanzler mit Hitler
Bild
Cash Call 800 000 Euro zu gewinnen

Donnerstag, 21. Dezember

Bild
Altersarmut 350 000 Rentner müssen zur Suppenküche
DFB ermittelt gegen Herrlich
750 000 Euro im Cash Call zu gewinnen!

Freitag, 22. Dezember

Bild
Fest der Liebe ...und der Gewalt
Gomez nach Stuttgart
800 000 Euro zu gewinnen!

Samstag, 23. Dezember

KURZ VOR WEIHNACHTEN

Schöne Bescherung: Niki Air pleite

■ Wie die Mutter, so die Tochter: Nach Air Berlin meldet im Dezember auch Niki Insolvenz an. Die Übernahme durch die Lufthansa ist geplatzt – Kartellrechts-Bedenken. Der Flugbetrieb wird sofort eingestellt. Insgesamt verfallen gut 300 000 Tickets. 1000 Niki-Mitarbeiter bangen um ihre Jobs – und die Bundesregierung um ihren 150-Mio.-Kredit, mit dem sie im Sommer Air Berlin in der Luft gehalten hat. Der Kredit sollte getilgt werden durch den Verkauf von Niki. Am 29. Dezember die Nachricht: Der Luftfahrtkonzern IAG kauft Niki für 36,5 Mio. Euro, 750 Jobs sollen erhalten beiben.

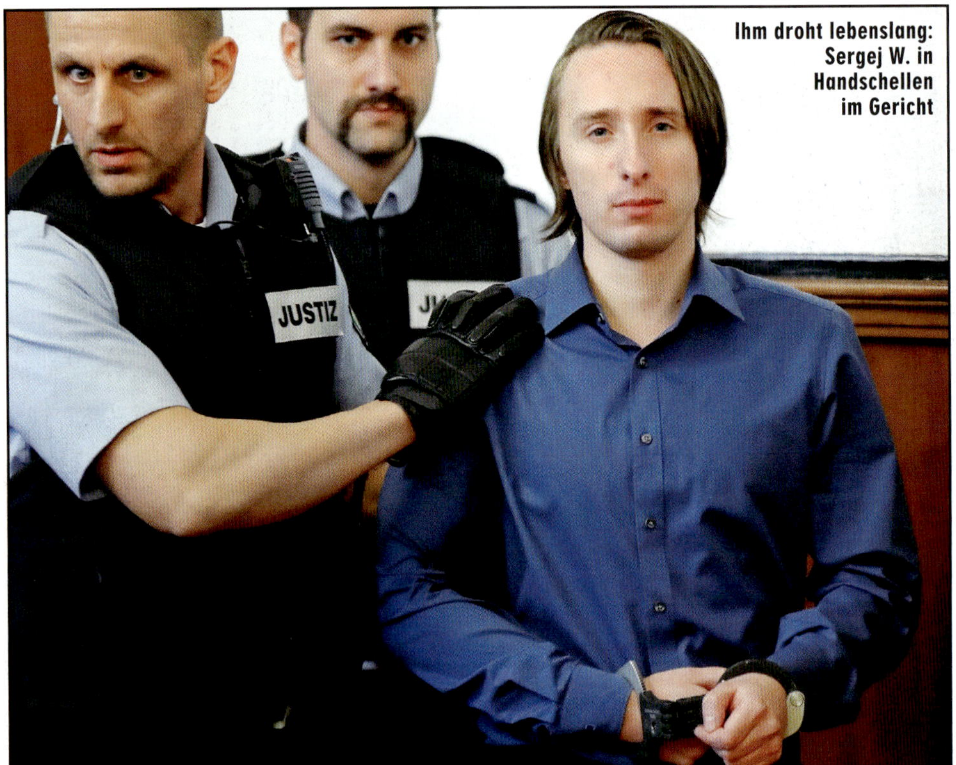

Ihm droht lebenslang: Sergej W. in Handschellen im Gericht

ANSCHLAG AUF BVB-MANNSCHAFTSBUS

DER BOMBENLEGER VOR GERICHT

■ Am Morgen des 21. Dezember wird Sergej W. (28) in den Saal 130 des Landgerichts Dortmund geführt. Der Deutsch-Russe hat im April mit einem Bomben-Anschlag auf den Mannschaftsbus von Borussia Dortmund weltweit Schlagzeilen gemacht.
Der vermeintliche ISIS-Terrorakt stellte sich schnell als perfides Verbrechen eines geldgierigen Angebers heraus. Sergej W. hatte unmittelbar vor der Tat 26 000 Euro auf einen fallenden Kurs der BVB-Aktie gesetzt. Bei einem Totalabsturz der Aktie, wenn z.B. die ganze Mannschaft bei dem Attentat getötet worden wäre, hätte Sergej W. mehr als eine halbe Million Euro kassiert.
Die Anklage: 28-facher versuchter Mord, Herbeiführen einer Sprengstoffexploson, gefährliche Körperverletzung. BVB-Star Marc Bartra (26) erlitt einen Armbruch, ein Metallstift aus einer der drei Bomben drang in die Kopfstütze seines Sitzes ein.
Sergej W. schweigt vorerst. Dafür vergleicht sein Anwalt den Anschlag mit einem missratenen Torschuss. Nur ein einziger der Metallstifte, mit denen die drei Bomben gespickt waren, sei im Bus gelandet. Da müsse man sich fragen: „Wollte er nicht, oder konnte er nicht?"
Das ist geschmacklos, aber für den Prozess unerheblich. Urteil: 2018.

NORDKOREA

Kim droht den USA mit einem Atomkrieg

■ Es ist das Allerletzte in einem bisweilen chaotischen Jahr: Nordkoreas Diktator **Kim Jong-un** (33) heizt zum Jahreswechsel den Konflikt mit den USA weiter an. Sein Land habe den Aufbau einer Atomstreitmacht abgeschlossen. Das gesamte US-Terrritorium liege in Reichweite nordkoreanischer Atomwaffen. „Das ist Realität", so Kim. Der „Atomwaffenknopf" sei immer auf seinem Schreibtisch. Der Mann ist eine Gefahr für die Menschheit.

ANGEBLICHER SYRER

Terror-Anklage gegen Bundeswehr-Offizier

■ Die Bundesanwaltschaft erhebt im Dezember Anklage gegen Bundeswehr-Oberleutnant **Franco A.** (28) wegen Vorbereitung eines Terroranschlags. Der Offizier wurde im April verhaftet. Er hat sich als syrischer Flüchtling ausgegeben. Wollte so Anschläge, die er plante, den Flüchtlingen in die Schuhe schieben. Franco A. ist seit November wieder frei, fliegt Ende des Jahres erst mal in Urlaub. Muss man nicht verstehen.

IM DROGERIEMARKT

Afghane (15) tötet seine Ex-Freundin

■ Ein afghanischer Flüchtlings-Junge (15) ersticht am 27. Dezember in einem Drogeriemarkt in Kandel (Rheinland-Pfalz ein gleichaltriges Mädchen. Die Schülerin war offenbar bis vor einigen Wochen seine Freundin, hat sich dann aber von ihm getrennt. Der Täter kam 2016 als unbegleiteter minderjähriger Flüchtling nach Deutschland. Er hat dem Mädchen nach der Trennung in sozialen Medien gedroht. Er sitzt jetzt wegen Totschlags-Verdachts in U-Haft.

Himmelsspektakel der Superlative

ES IST EIN BILD VON MAGISCHER KRAFT: IM DEZEMBER ZEIGT SICH DER SUPERMOND AM KAPITOL IN WASHINGTON

■ Er ist riesig, er ist rot, er ist toll: Am Abend des 3. Dezember begeistert der Supermond die Menschen. Es gibt ihn nur einmal im Jahr, wenn Vollmond herrscht und sich Mond und Erde aufgrund ihrer ovalen (eliptischen) Umlaufbahnen auch besonders nahe sind. An diesem Abend ist der Mond nur 357 900 km entfernt (sonst bis zu 384 400 km). Deshalb erscheint der Mond größer und heller.

Oliver Schmidt sitzt seit Anfang 2016 in den USA hinter Gittern

ABGAS-BETRUG IN DEN USA

Sieben Jahre Haft für VW-Manager Schmidt

■ VW-Manager Oliver Schmidt (48) wird am 6. Dezember in Detroit (USA) wegen seiner Vergehen in der Abgas-Affäre zu sieben Jahren Haft verurteilt und muss 400 000 Dollar Strafe zahlen. Schmidt war wegen Verschwörung zum Betrug und Verstoßes gegen Umweltgesetze angeklagt. Er hat sich im Prozess schuldig bekannt und Reue gezeigt. Schmidt war bei VW von Februar 2012 bis März 2015 für Umweltfragen in den USA verantwortlich. Kurz vor Weihnachten feuert VW den inhaftierten Manager. Die Affäre um gefälschte Abgas-Werte kostete VW bisher 30 Milliarden Dollar durch zivil- und strafrechtliche Vergleiche.

Mittwoch, 27. Dezember

Donnerstag, 28. Dezember

Freitag, 29. Dezember

Samstag, 30. Dezember

SUPER-G

Ferstl-Sieg und Felix-Frust

Josef Ferstl ist in Gröden nicht zu schlagen

■ Als erster Deutscher seit Markus Wasmeier 1991 in Lake Louise (Kanada) gewinnt am 15. Dezember Josef Ferstl (28) ein Weltcup-Rennen im Super-G. Mit 0,02 Sekunden Vorsprung triumphiert Ferstl in Gröden (Italien). Am selben Tag die bittere Nachricht aus Innsbruck: Der Olympia-Traum von Felix Neureuther (33) ist endgültig geplatzt – unser größter Winterstar ist am Kreuzband operiert worden, fällt sechs Monate aus. Neureuther: „Da ich meine Karriere auf jeden Fall fortsetzen möchte, habe ich mich für diese Operation entschieden." Auch Stefan Luitz (25) muss seine Olympia-Träume begraben. Er wird nach einem Sturz beim Riesenslalom am Kreuzband operiert – im selben Krankenhaus wie Felix Neureuther. Geteiltes Leid ist halbes Leid.

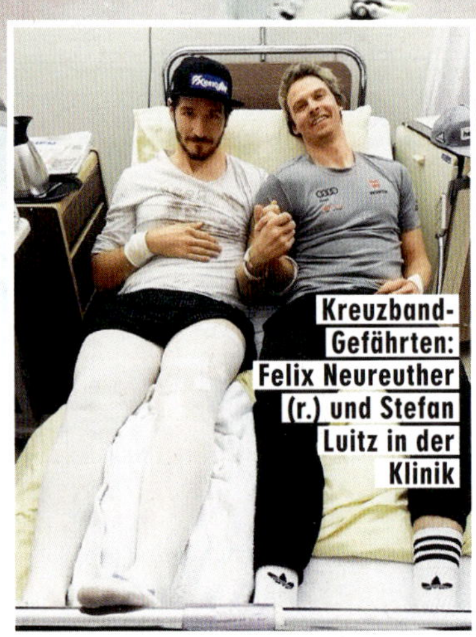
Kreuzband-Gefährten: Felix Neureuther (r.) und Stefan Luitz in der Klinik

BOSZ-NACHFOLGE

Stögers fliegender Wechsel zum BVB

■ Beim Schlusslicht 1. FC Köln ist er eine Woche zuvor geflogen – jetzt ist **Peter Stöger** (51, Foto) wieder (Übergangs-)Trainer. Der Österreicher löst beim BVB am 10. Dezember den Holländer **Peter Bosz** (54) ab. Nach 15 Spieltagen nur Tabellen-Achter, viel zu wenig für die Dortmunder. Stöger soll bis Sommer bleiben. Kommt dann wirklich **Julian Nagelsmann** (30)?

TRANSFER-HAMMER

Mario Gomez kehrt heim nach Stuttgart

■ Klingt wie ein Weihnachtswunder: Kurz vor dem Fest verkündet Nationalstürmer **Mario Gomez** (32) seinen Wechsel vom VfL Wolfsburg zum VfB Stuttgart. Stuttgart ist so etwas wie Heimat für ihn. Bis 2009 spielte er beim VfB, feierte da 2007 sogar die Meisterschaft. Jetzt muss Super-Mario helfen, den Abstieg zu vermeiden. Drei Mio. Euro Ablöse zahlt der VfB dafür.

WM-AUSLOSUNG

Spanien und England bleiben uns erspart

■ Mexiko, Schweden, Südkorea – das sind unsere Gruppengegner bei der WM 2018 in Russland. Beschweren kann sich **Jogi Löw** (57) nicht: Es hätten auch Spanien oder England sein können. Erster Gegner bei der WM (14.6. bis 15.7.) ist am 17. Juni in Moskau Mexiko. Am 23. Juni geht es in Sotschi gegen Schweden und am 27. Juni in Kasan gegen Südkorea. Das Viertelfinale: am 3. Juli in St. Petersburg. Falls wir Gruppensieger werden. Falls?

Einmarsch der Russen bei Olympia 2014 in Sotschi. Sogar Fahnenträger Alexander Subkow war gedopt

DER TOUR-DE-FRANCE-SIEGER

Christopher Froome gedopt

■ Der vierfache Tour-de-France-Gewinner Christopher Froome (32) war bei der Spanien-Rundfahrt Vuelta gedopt. Mitte Dezember wird bekannt, dass bei dem Briten eine extrem hohe Dosis des Asthmawirkstoffs Salbutamol nachgewiesen worden ist. Froome hatte die Vuelta im September erstmals gewonnen. Salbutamol ist bei Rad- und anderen Ausdauersportlern sehr beliebt, weil es die Bronchien weitet. Die Einnahme ist in Ausnahmefällen und unter Auflagen gestattet, wenn der Sportler unter Asthma leidet. Froome sagt, es sei bekannt, dass er unter Asthma leide, und verneint jede Doping-Absicht. Ob er gesperrt wird, Titel verliert, das ist zum Jahresende offen. Der Tour-Chef fordert Klarheit, eine Entscheidung des Radsport-Weltverbandes – und zwar schnell.

Christopher Froome gewann die Tour 2013, 2015, 2016 und 2017

DOPING-SPERRE

Winter-Spiele ohne Russland

■ Es ist eine Blamage für Russlands Präsident Wladimir Putin! Die Olympia-Auswahl seines Landes wird am 5. Dezember vom IOC für die Winterspiele 2018 in Pyeongchang/Südkorea (9. bis 25. Februar) gesperrt!
Grund: systematisches Staats-Doping bei den Winterspielen 2014 in Sotschi. Putins Geheimdienst FSB war laut Welt-Doping-Agentur in den Betrug involviert. Und sein Ex-Sportminister Witali Mutko (58) wird auf Lebenszeit vom Besuch der Spiele ausgeschlossen. Der Mann ist Organisations-Chef der Fußball-WM 2018 – muss diesen Posten aber noch im Dezember abgeben!

FABIAN HAMBÜCHEN

Der Goldjunge hört auf

■ Er hat alles erreicht, was ein Turner erreichen kann: Er war Weltmeister, sechsmal Europameister und 2016 in Rio Olympiasieger am Reck. Und jetzt ist für den Goldjungen Schluss: Fabian Hambüchen (30) beendet am 3. Dezember in Ludwigsburg seine Karriere. Er führt sein Team vom KTV Obere Lahn zum 3. Platz bei der Deutschen Mannschafts-Meisterschaft. „Es war eine geile Zeit", sagt der Turn-Gigant, der jetzt sein Sport-Studium in Köln beenden und mehr Zeit für sich haben will. Es sei ihm gegönnt.

Gerührt: Fabian nach dem letzten Wettkampf mit Mama Beate und Papa Wolfgang

Fünf von sechs deutschen Klubs scheitern in Europa

Neven Subotic stört Real-Superstar Ronaldo (l.). Der BVB verliert bei Real 2:3

Nur Bayern schafft es locker ins Achtelfinale. BVB schwach wie noch nie

Leipzig (hier mit Timo Werner, l.) vergeigt das letzte Spiel daheim gegen Besiktas 1:2

■ Am 7. Dezember ist Fußball-Inventur. Ende der Gruppenphase in der Champions League und der Europa League – mit einer miesen deutschen Bilanz. In der CL schafft es nur Bayern als Gruppenzweiter ins Achtelfinale. Der BVB – mit 2 Pünktchen grandios gescheitert. Auch für RB Leipzig ist die Königsklasse (noch) eine Nummer zu groß. Und in der EL – außer Spesen nichts gewesen. Hertha Gruppenletzter. Hoffenheim Gruppenletzter. Köln Gruppendritter. Alle drei sind raus. Im Februar dürfen der BVB (gegen Bergamo) und Leipzig (gegen Neapel) in der EL ran. Nicht gerade einfache Lose.

Vielleicht waren die Deutschen zu naiv

Am 19. September hätten wir unseren 40. Hochzeitstag gefeiert. Vielleicht wären Dalia und ich nach München gefahren. Oder nach Berlin. Reisen war unsere gemeinsame Leidenschaft. Dalia liebte Berlin.

Jetzt ist Dalia tot. Ermordet auf dem Weihnachtsmarkt am Berliner Breitscheidplatz. Getroffen von einem mit 25 Tonnen Baustahl beladenen Sattelschlepper, den ein ISIS-Terrorist in die Menge unschuldiger Menschen steuerte. Direkt vor der Gedächtniskirche.

Meine Tochter Chen hat meine geliebte Dalia zu Hause auf dem Neuen Friedhof in Herzliya zehn Kilometer nördlich von Tel Aviv ohne mich zu Grabe tragen müssen. Mein Sohn Or war bei mir. Davon habe ich aber nichts mitbekommen. Elf Tage lag ich nach dem Anschlag im Koma. Als ich aus dem Koma erwachte, war eine meiner ersten Fragen: „Wo ist Eure Mutter?“ Sie haben es mir gleich gesagt.

Wir sind am 18. Dezember 2016 ganz früh morgens von Tel Aviv nach Berlin geflogen. Ein Hotel hatten wir am Alexanderplatz gebucht. Um 12.10 Uhr schickten wir unseren Kinder gleich eine WhatsApp-Nachricht: „Wir sind sicher gelandet.“

RAMI ELYAKIM
Terror-Opfer

Am Tag des Anschlags waren wir zu einem späten Mittagessen bei einem Italiener. Beim anschließenden Bummel über den Ku'Damm schickten wir unseren Kindern eine letzte Nachricht: „Regnet es viel in Israel?“ Auf dem Weihnachtsmarkt wollten wir noch einen Glühwein trinken. 200 Meter davor reißt meine Erinnerung ab. Ich habe nur die hellen Lichter gesehen. Und Dalia.

Eine Erinnerung habe ich an das, was danach geschah, nicht mehr.

Als unsere Kinder in Israel von dem Anschlag erfuhren, haben sie die ganze Nacht versucht, uns zu erreichen. Aber das ging nicht mehr. Sie kamen sofort am nächsten Tag nach Berlin geflogen. Zwei Tage suchten sie ihre Mutter. Am 22. Dezember fanden sie Dalia in der Gerichtsmedizin der Charité. Sie wurde über ihre Zähne identifiziert.

Wir dachten immer, Deutschland ist ein sicheres Land. Nie hätten wir – die wir Jahrzehnte Angst und Terror in unserer Heimat erleben – mit so einem Terror-Anschlag gerechnet.

Ich denke, Deutschland war auf ein solch wuchtiges und fürchterliches Attentat gar nicht vorbereitet. Die Pannen der Sicherheitsbehörden werden mich ein Leben lang wütend machen. In Israel würde jemand, der so etwas plant, auf jeden Fall nicht frei herumlaufen. Aber vielleicht waren die Deutschen da zu naiv.

In meiner Heimat wurde ich nach meiner Rückkehr oft gefragt, wie die Deutschen uns gegenüber Anteilnahme und Hilfsbereitschaft gezeigt haben. Wir dachten damals, dass Deutschland Verantwortung übernehmen würde. Aber die deutschen Behörden haben nicht viel getan. Sie haben nicht angerufen. Nicht nachgefragt, ob wir Hilfe benötigen.

Bei uns in Israel war die Reaktion dagegen ganz anders. Mitarbeiter der Botschaft in Berlin waren Tag und Nacht für uns zur Stelle. Das Parlament hat sofort die Gesetzeslage so geändert, dass Dalia und ich als Terroropfer in unserer Heimat anerkannt werden, obwohl uns der Terror in Berlin traf.

Meine Tochter Chen hat in den vergangenen Monaten häufig gesagt, dass sich unser ehemals ganz normales Leben seit dem Anschlag so anfühlt, als würden wir das Leben von anderen Menschen führen.

Früher waren wir eine glückliche Familie.

Früher war ich ein starker Mann.

Heute – ohne Dalia – habe ich nichts.

Kanzlerin Angela Merkel am 12. Dezember 2017 mit einer Rose am Breitscheidplatz, dem Tatort des Terroranschlags.
Das Gedenken kommt spät. Der deutsche Staat hat versagt, die Opfer vergessen, sagt Rami Elyakim. Der Israeli verlor seine Frau Dalia (kl. Foto) beim Terroranschlag, er selbst wurde schwer verletzt

DAS JAHR WAR

GROSSZÜGIG

Mehr als 60 Prominente haben sich bei der ZDF-Gala „Ein Herz für Kinder" für die BILD-Hilfsorganisation an die Spendentelefone gesetzt. Mehr als 100 000 Einzelspenden gingen an diesem Abend ein. Ein Rekord, der Kinder glücklich macht.

BILDNACHWEIS

261News S. 161 A-Way S. 75 Action Press S. 28, 43, 88, 106, 109, 120, 139, 145, 187, Umschlag innen hinten AFP Titel, S. 7, 23, 28, 29, 38/39, 52, 54, 65, 74, 77, 83, 92, 110, 116, 117, 130/131, 132, 133, 142/143, 147, 149, 154, 155, 163, 165, 167, 179, 188, 194, 196, 197 Agency People Image S. 60, 88, 90, 152, 182, 198, 199 AKG-Images S. 87 Alamy S. 89 All4Foto S. 65 AP/DPA Titel, S. 20/21, 22, 23, 27, 30, 43, 54, 55, 71, 72, 74, 84, 99, 109, 111, 121, 125, 128/129, 132, 135, 149, 157, 164, 166, 167, 168, 176, 184, 186, Umschlag innen hinten ARD S. 125 Babiradpicture S. 88,122 Bachmann, Silke S. 45 BackGrid S. 59, 148 Baumann, Sascha / Ein Herz für Kinder S. 198, 199 BBC/BackGrid S. 176 Becker, Klaus S. 103 Beescoop Umschlag innen hinten Berg, Lars Titel, S. 86, 146, Umschlag innen hinten Bergmann, Jörg S. 166 Berliner Morgenpost/Massimo Rodari S. 169 Beurich, Timo S. 169 BILD Infografik S. 69 Biskup, Daniel S. 23, 58, 85, 96/97, 99, 100, 101, 102, 103, 148, 199 Breuel-Bild S. 9, 182, Umschlag innen hinten Brosda, Dennis S. 49, 155, Umschlag innen hinten Buck, Andreas S. 69 Bullspress S. 57 Camera 4 S. 155 Caro Umschlag innen hinten Carroll, Kim S. 164 Caters News Agency S. 15 CF Photo Art S. 188 Danapress S. 135, 151, 200 Davids S. 75, 182 DDP Images S. 41, 87, 89, 90, 109, 137, 180, 199, 205 DeFodi S. 110 Diekmann, Kai S. 101 Dilly, Nadine S. 172 DPA Titel, Rücktitel, S. 12, 13, 25, 26, 27, 28, 30, 36/37, 38/39, 40, 41, 42, 53, 55, 59, 60, 63, 65, 75, 76, 78, 79, 83, 86, 87, 91, 93, 98, 98/99, 99, 102, 113, 119, 120, 123, 136, 138, 145, 153, 158/159, 163, 164, 165, 168, 170, 171, 179, 182, 185, 192/193, 194, 194/195, 195, 197, 201, 202, 203, 205, 207, Umschlag innen hinten Engers, Uli S. 24 English, Joe S. 74 Eventpress S. 60, 139, 148, 150, 198, 199, Umschlag innen hinten Everke, Tobias S. 23 Face to Face S. 75, 90, 121, 201 FilmMagic S. 29, 45 Firo Sportfoto S. 11, 111 Fishing4 S. 33, 138 Foto Seven S. 188 Geissler-Fotopress S. 75, 121, 122 GES-Sportfoto S. 63, 154 Getty Images Titel, S. 15, 29, 43, 46, 54, 57, 58, 62, 63, 71, 86, 90, 93, 99, 110, 111, 116, 117, 118/119, 120, 122, 123, 124, 125, 130, 135, 139, 144/145, 145, 148, 153, 154, 171, 173, 176, 177, 183, 199, 200, Umschlag innen hinten Gnoni-Press S. 60 Günther, Ralf S. 84 Günther, Ralf / Ein Herz für Kinder S. 198, 208/209 Hartenfelser, Peter S. 46, 171 Hecker, David/MSC S. 41 Heiland, Siegbert S. 160 Heuser, Eric Umschlag innen hinten HGM-Press S. 4 Hipp-Foto S. 84 Horstmüller S. 62 Huebner, Jan Titel, S. 66 Huebner, Michael S. 83, 156, 161 Huebner/Voigt S. 92 Imago S. 8, 41, 47, 91, 134, 154, 161, 171, 174/175, 179, 183, 187, 196, 199 In-Sight Umschlag innen hinten InterTopics S. 62, 108, 137, 184 Kalozois, George S. 153 KDF-TV & Picture 2017 S. 61 Keith, Stephanie S. 201 Kempe, Det Umschlag innen hinten Khan, Abdullah S. 191 Kahn, Sascha S. 33 Klein, Theo S. 24 Kleinfeldis S. 177 Knoop, Thomas S. 161, 169 Koch, Jens Umschlag innen vorn, S. 56, 122 Kreft, Michael S. 155 Krudewig, Malte S. 205 Krudewig, Stephan S. 47 LAIF S. 136 Laura, Stefano S. 190 Link, Albert S. 70 Lok, Topaz S. 70 Lux, Wolf Umschlag innen vorn, S. 198 LVMPD S. 170 M.I.S.-Sportpressefoto S. 77 Matzerath, Fabian Titel, S. 134 MDR S. 47 Mega Agency S. 90, 165, 177 Meissner, Sven S. 56 MSSP Umschlag innen hinten Mueller, Moritz S. 110 Müller, Peter S. 118, 145 N24 S. 120 Netflix S. 184 Nordphoto S. 77, 189, Umschlag innen hinten Oellermann, Jens S. 42, 181 Olive, Jim S. 136 OMA S. 84 Parwez Umschlag innen vorn, S. 112, 177 Paul, Eric S. 194 People Picture S. 152 Pfaffenbach, Kai S. 148 Photoarena S. 189 Photothek S. 40 Pixathlon S. 138, 139 Plambeck, H.C. Umschlag innen hinten Polezhaka, Sergey S. 53 Polizei S. 72 PR S. 34, 141 Pressefoto Baader S. 18 Privat S. 27, 31, 33, 42, 46, 61, 64, 66/67, 68, 69, 72, 82, 83, 88, 121, 147, 149, 153, 164, 166, 169, 170, 177, 185, 204, 207 Promediafoto S. 102, 103 Purwin, Thomas S. 47 Reuters Titel, S. 10, 23, 32, 33, 35, 43, 55, 59, 68, 76, 80/81, 83, 87, 95, 104, 114/115, 117, 119, 125, 130, 131, 136, 138, 149, 162, 165, 170, 183, 185, 186, 189, 194, 195, 204, 205, Umschlag innen hinten Revierfoto S. 139 Ropi S. 30 Rosicka, Richard S. 70 RTL S. 179 Sawatzki, Ronald S. 165 Schacht, Christopher S. 5 Schäfer, Renate S. 165 Schaffer, Grayson S. 91 Scheewel, Gerd S. 110 Schneider-Press S. 70, 122, 132 SchwabenPress S. 28 Selchow, Olaf S. 45, 166 Senf, Ekkehard S. 133 Senftleben, Frank S. 39 Shutterstock S. 6, 16/17, 23, 30, 40, 43, 56, 58, 68, 72, 73, 76, 82, 86, 91, 133, 145, 147, 151, 178, 181, 197, 203, 205, Umschlag innen hinten Sindt, Sven S. 107 SITE Intel Group S. 45 Sommerfeld, Dominik S. 121 SplashNews S. 43 Sport Moments S. 138 Spreepicture S. 45, 161 Starnick, Niels S. 28 Star Press S. 152 Sung-Jun, Chung S. 147 Sven Simon S. 92, 98, 124, 204 SWNS S. 127 Sylent-Press S. 25 SZ Photo S. 191 Team2 S. 63, 189 Thelen, Andreas S. 19, 27, 39 Tunnat, Frank S. 106 Ucta, Ufuk Umschlag innen vorn Urban, Marco Umschlag innen hinten Ullstein Bild S. 99 Vario-Images S. 59 Vistapress S. 152 Voelkerling, Joerg S. 24 Vollmannshauser, Marc S. 68, 147 von Unwerth, Ellen S. 44 Wahl, Christian S. 206 Wallocha, Stephan S. 48 Wartenberg, Frank P. S. 14 Wegener, Andreas S. 132 Weinmann, Claas S. 50/51, 52 Winter, Ottmar S. 189 Wire Image S. 88 Wirsel, Meike S. 126 Witters S. 33, 184, 188, Umschlag innen hinten Wolff, Hans-Peter S. 131 Yücel, Deniz Rücktitel Zauritz, Frank S. 94 ZDF S. 31 Zibner, Benjamin Umschlag innen vorn Zitzow, Marco S. 119, 160

Das
war
2017
Bild